IDEOLOGIA, CULTURA, MARXISMO

COLEÇÃO ARTE E SOCIEDADE

Cultura, arte e literatura: textos escolhidos
Karl Marx e Friedrich Engels

Marxismo e teoria da literatura
György Lukács

As ideias estéticas de Marx
Adolfo Sánchez Vázquez

Nem uma lágrima
Iná Camargo Costa

O estilo literário de Marx
Ludovico Silva

Os marxistas e a arte
Leandro Konder

A arte no mundo dos homens
Celso Frederico

Samba, cultura e sociedade
Marcelo Braz

Celso Frederico

IDEOLOGIA, CULTURA, MARXISMO

1ª edição
Expressão Popular
São Paulo – 2025

Copyright © Celso Frederico 2025, by Editora Expressão Popular Ltda.

Produção editorial: Lia Urbini
Preparação de texto: Letícia Bergamini Souto
Revisão: Milena Varallo
Projeto gráfico: Krits Estúdio
Diagramação: Zap Design
Impressão e acabamento: Paym

Dados Internacionais de Catalogação-na-Publicação (CIP)

F852i   Frederico, Celso
         Ideologia, cultura e marxismo / Celso Frederico.--1.ed.– São
         Paulo : Expressão Popular, 2025.
         236 p. : (Coleção Arte e sociedade).

         ISBN 978-65-5891-154-8

         1. Ideologia. 2. Cultura 3. Marxismo. I. Título. II. Série.

                                                              CDU 316.7

Bibliotecária: Eliane M. S. Jovanovich - CRB 9/1250

1ª edição: maio de 2025

Todos os direitos reservados. Nenhuma parte deste livro
pode ser utilizada ou reproduzida sem a autorização das editoras.

EDITORA EXPRESSÃO POPULAR
Alameda Nothmann, 806
CEP 01216-001 – Campos Elíseos, São Paulo, SP
atendimento@expressaopopular.com.br
www.expressaopopular.com.br
 ed.expressaopopular
 editoraexpressaopopular

Celso Frederico

IDEOLOGIA, CULTURA, MARXISMO

1ª edição
Expressão Popular
São Paulo – 2025

Copyright © Celso Frederico 2025, by Editora Expressão Popular Ltda.

Produção editorial: Lia Urbini
Preparação de texto: Letícia Bergamini Souto
Revisão: Milena Varallo
Projeto gráfico: Krits Estúdio
Diagramação: Zap Design
Impressão e acabamento: Paym

Dados Internacionais de Catalogação-na-Publicação (CIP)

F852i   Frederico, Celso
         Ideologia, cultura e marxismo / Celso Frederico.--1.ed.– São Paulo : Expressão Popular, 2025.
         236 p. : (Coleção Arte e sociedade).

         ISBN 978-65-5891-154-8

         1. Ideologia. 2. Cultura 3. Marxismo. I. Título. II. Série.

                                                              CDU 316.7

Bibliotecária: Eliane M. S. Jovanovich - CRB 9/1250

1ª edição: maio de 2025

Todos os direitos reservados. Nenhuma parte deste livro pode ser utilizada ou reproduzida sem a autorização das editoras.

EDITORA EXPRESSÃO POPULAR
Alameda Nothmann, 806
CEP 01216-001 – Campos Elíseos, São Paulo, SP
atendimento@expressaopopular.com.br
www.expressaopopular.com.br
 ed.expressaopopular
 editoraexpressaopopular

SUMÁRIO

Introdução 9

Althusser: o marxismo estrutural 13
    A crítica da identidade 13
    Ideologia: do "imaginário social" aos aparelhos
    ideológicos de Estado 20
    Modo de produção e ideologia 21
    A materialidade da ideologia 24
    Da arte como conhecimento ao conhecimento da arte 28
    Macherey: do estruturalismo ao pós-modernismo 36

Adorno: a dialética negativa 43
    Totalidade..43
    Constelações... 48
    Mutações da arte 51
    O todo e as partes................................... 54
    Ideologia, sociologia.................................61
    A crítica da sociologia como ideologia 64
    Jazz.. 72
    Música ou músicas? 82
    Fredric Jameson: a culturalização da economia 86
    A "dominante cultural" 94
    Jameson e Marx 96

Gramsci: o historicismo absoluto 101
    Prismas..101
    O Anti-Croce 105
    Bukharin...113
    Ideologia... 129
    Cultura..140
    Dialética e revolução 158
    Contradição e transição 164
    Hegemonia: revolucionários e reformistas 168

    Interpretação e superinterpretação .172
    Stuart Hall: o universalismo e o culto às diferenças 180
    Teoria sem disciplina 183
    Contra o "essencialismo": a cultura popular e o negro 187
    Contra o "determinismo": as classes sociais 190
    O cenário histórico. 193
Raymond Williams: o materialismo cultural 197
    "Uma discussão oblíqua com o marxismo" 197
    Romantismo revolucionário 200
    A guinada subjetiva 203
    Base e superestrutura 206
    Materialismo cultural. 217
Referências 229

Para Michael Löwy

INTRODUÇÃO

Os marxistas, independentemente de suas heterogêneas orientações, sempre afirmaram que a cultura não é uma esfera autônoma e que ela, de uma forma ou de outra, mantém vínculos com a base material da sociedade. Esse consenso, entretanto, deixa de existir quando se relaciona a cultura com a ideologia. São tantas as concepções de ideologia que os nexos com a cultura e seus múltiplos sentidos permanecem um tema aberto e sujeito às mais diferentes interpretações.

Há os que aproximam as duas esferas a ponto de identificá-las, seja de forma imediata (como os defensores da *proletkult*), seja num plano mais mediado (como Althusser e seus discípulos). Mas há, também, autores que se recusam a diluir a cultura na esfera ideológica (como Gramsci e Raymond Williams).

Cada formulação remete a uma ou outra passagem em que Marx tratou do tema, mas tais passagens não nos oferecem uma solução definitiva. E mais: são, muitas vezes, ambíguas e comportam significados que apontam para direções opostas.

O mesmo pode-se dizer de Engels. Numa famosa carta a Franz Mehring, de 14 de julho de 1893, encontram-se mescladas duas concepções diferentes de ideologia. Uma negativa: "a ideologia é um processo que o chamado pensador realiza, de fato, conscientemente – mas com uma falsa consciência. As verdadeiras forças propulsoras que o movem permanecem ignoradas por ele – de outro modo, tal processo não seria ideológico". Em seguida, surge uma concepção positiva:

> como negamos um desenvolvimento histórico independente às distintas esferas ideológicas que desempenham um papel na história, eles deduzem que lhes negamos igualmente qualquer *eficácia histórica*. Este modo de ver se baseia numa representação vulgar e antidialética de causa e efeito como dois polos rigidamente opos-

tos, com absoluto desconhecimento do jogo de ações e reações. Que um elemento histórico, uma vez esclarecido por outros fatos (que, em última instância, são fatos econômicos), repercuta por sua vez sobre aquilo que o cerca e inclusive sobre suas causas – eis o que esquecem esses cavalheiros.[1]

Em geral, os estudiosos concentram-se no livro *A ideologia alemã*, procurando, às vezes, dele extrair uma teoria geral da ideologia, uma tentativa de sistematizar e, ao mesmo tempo, afirmar a presença, *in nuce*, dos fundamentos da concepção materialista da história. Tal procedimento, contudo, extrapola os limites de uma obra focada exclusivamente na crítica de uma forma especial de ideologia – a alemã (como, aliás, anuncia o título), presente nos textos dos jovens hegelianos que invertiam a relação entre realidade e pensamento. Marx foi claro quando escreveu, em 1859, que ele e Engels abandonaram o manuscrito à "crítica roedora dos ratos", pois ao que ambos visavam, o esclarecimento das próprias ideias, já havia sido conseguido.

Acresce que o texto inacabado sofreu diversos arranjos, desde a edição pioneira organizada por Riazanov e utilizada indevidamente pelo stalinismo para fixar uma interpretação afinada com o marxismo soviético e sua "concepção materialista da história". As edições posteriores surgidas acrescentaram uma nova ordenação e incluíram partes que haviam sido suprimidas do texto. *A ideologia alemã*, a partir daí, passou a merecer novas interpretações.[2]

A reflexão sobre ideologia em Marx, entretanto, não se restringe a essa obra. Os teóricos marxistas procuraram, cada um a seu modo, apoiar-se nas referências que lhes pareciam mais essenciais. Terry Eagleton afirma que há em Marx pelo menos três concepções de ideologia: uma epistemológica, outra ontológica, e

---

[1] Marx, K.; Engels, F. *Cultura, arte e literatura. Textos escolhidos.* São Paulo: Expressão Popular, 2010, p. 109, 111.
[2] Cf. Musto, M. "Vicissitudes e novos estudos de A Ideologia Alemã", *Antítese, marxismo e cultura socialista.* Goiânia: n. 5, 2008; e Zanola, G. "Inversão ideal e inversão real: a crítica da ideologia em A Ideologia Alemã", *Cadernos de filosofia alemã.* São Paulo, v. 27, n. 2, 2022.

uma terceira política.[3] Os autores que iremos estudar em seguida (Althusser, Adorno e Gramsci) representam exemplarmente essas três concepções.

Althusser, a partir de *A ideologia alemã*, inicialmente interpretou a ideologia como visão distorcida, como falsa consciência. Num segundo momento, ela deixa de ser um fenômeno restrito à consciência e passa a ser entendida como um instrumento de dominação a serviço da reprodução social. Ela transita, assim, da consciência para os aparelhos ideológicos do Estado.

Adorno, por sua vez, tem como ponto de apoio *O capital*, especialmente o capítulo sobre o fetichismo da mercadoria: a ideologia, assim, desloca-se do sujeito (consciência) para o objeto (a realidade social).

Gramsci recorre ao prefácio de 1857 da *Contribuição à crítica da Economia Política* para desenvolver uma concepção política – a ideologia como o espaço em que os homens tomam consciência dos conflitos sociais e lutam para impor seus ideais.

Vamos nos concentrar, nas páginas seguintes, nas relações que esses autores estabelecem entre ideologia e cultura. Mas, para isso, precisei realizar uma apresentação dos fundamentos teóricos de cada autor para melhor compreender o contexto geral que dá sentido às relações entre aquelas duas esferas.

Cada autor estudado teve discípulos que retomaram e transformaram suas teorias originais. Escolhemos fazer uma apresentação de três deles: o althusseriano Pierre Macherey, o adorniano Fredric Jameson e o gramsciano Stuart Hall.

Finalmente, há um capítulo sobre a trajetória solitária de Raymond Williams, um "marxista insular" que desenvolveu uma teoria heterodoxa a partir da sua experiência como crítico literário.

Os diversos capítulos que se seguem tiveram uma redação provisória e foram publicados sob a forma de artigos no site *A terra é redonda* e nas revistas *Novos Rumos*, *Margem Esquerda* e *Matrizes*.

---

[3] Eagleton, Terry. *Ideologia. Uma introdução*. São Paulo: Boitempo-Unesp, 1977.

ALTHUSSER: O MARXISMO ESTRUTURAL

A CRÍTICA DA IDENTIDADE

Depois de 1960, a dialética, que até então era glorificada pelo marxismo existencial e pela fenomenologia, passou a ser duramente contestada nos meios intelectuais franceses, num momento em que o estruturalismo se tornou a corrente hegemônica nas ciências humanas. Um historiador das ideias atento, como Vincent Descombes, observou que a dialética passou a ser vista como "a forma mais insidiosa da 'lógica da identidade'. O que os estruturalistas chamam de 'lógica da identidade' é a forma de pensamento que não pode representar *o outro* sem reduzi-lo ao *mesmo*, que subordina a diferença à identidade. A esta lógica da identidade se opõe um "pensamento da diferença".[1] Althusser, por exemplo, afirma que "não é possível que uma forma de consciência ideológica contenha em si como sair de si pela sua própria dialética interna, que não há, no sentido estrito, dialética da consciência [...]; a consciência acede ao real não pelo seu desenvolvimento interno, mas pela descoberta radical *de outra coisa que ela*".[2] Em outro registro teórico, Adorno também se opôs ao triunfo da identidade na filosofia hegeliana para assim, como veremos mais em frente, formular a sua "dialética negativa".

O marxismo existencial de Sartre, gozando até então de alto prestígio, valorizava a consciência e as escolhas do indivíduo – valorizava, assim, a experiência, o "vivido". Essa relação estreita entre experiência e consciência será duramente criticada por todo o pensamento estruturalista. Separando o conhecimento do "vivido", Althusser dirá, por exemplo, que a relação dos homens com o vivido

---

[1] Descombes, V. *Lo mismo y lo otro. Cuarenta y cinco años de filosofia francesa (1933-1978)*. Madrid: Catedra, 1998, p. 105.
[2] Althusser, L. *Análise crítica da teoria marxista*. Rio de Janeiro: Zahar, 1967, p. 126.

se dá no interior da ideologia – esta, portanto, é uma representação imaginária dos homens com suas condições de existência. O fundamento do legado marxiano não deveria mais apoiar-se na práxis ou numa filosofia da identidade, mas "em uma *epistemologia* cuja tese central será a oposição entre a consciência e o conceito".[3] A filosofia marxista, doravante, abandonada a preocupação com o ser, precisaria tornar-se um discurso científico; e este, dedicar-se a "interrogar o objeto em vez de deixar-se guiar por ele".[4] A ciência, assim, afasta-se da experiência sensível, do vivido, da consciência, do círculo fechado da ideologia. Contra a "lógica da identidade", que segundo a fenomenologia permitiria o trânsito da experiência para o conhecimento, Althusser, retomando um conceito de Bachelard, propõe o "corte epistemológico". Não há mais passagem entre o vivido e o conhecimento, "lógica da identidade", unidade dos diversos, com a instauração da ruptura epistemológica. A ciência, afirma Althusser, não é um espelho, um reflexo da realidade vivida. Ela não reproduz o objeto: ao contrário, o objeto é construído pelo pesquisador. O conhecimento deve ser entendido sempre como produção, como trabalho sobre uma matéria-prima.

A crítica à identidade, no plano epistemológico, insiste na cisão entre ser e pensamento, objeto real e objeto do pensamento, história e lógica, replicando, no pensamento marxista, a lógica binária que caracteriza o estruturalismo. Antonio Candido, a propósito, observou:

> Um traço curioso do Estruturalismo é o que se poderia chamar de fixação pelo número 2. A busca de modelos genéricos se associa nele a uma espécie de postulado latente de simetria, que o faz balançar entre o cru e o cozido, alto e baixo, frio e quente, claro e escuro, como se a ruptura da dualidade rompesse a confiança em si mesmo.[5]

Assim fazendo, o estruturalismo se opõe à visão triádica da dialética hegeliana em seu movimento de tese-antítese-síntese,

---

[3] Idem, p. 158.
[4] Idem, p. 159.
[5] Candido, A. *Textos de intervenções*. Seleção, apresentação e notas de Vinicius Dantas. São Paulo: Duas Cidades/Editora 34, 2002, p. 51.

ritmo que "pressupõe equilíbrios fugazes; e isso permite dar conta dos conjuntos irregulares, mantendo um reflexo mais fiel da irregularidade dos fatos, que os esquemas diádicos tendem a simplificar, preferindo à visão dinâmica do processo a contemplação estática dos sistemas em equilíbrio".[6]

Relacionar esse desejo de estabilidade com o capitalismo tardio, em sua aparente imutabilidade, é tema a ser tratado para quem se arriscar a uma história social das ideias. Aqui, interessa-nos apenas apontar que, influenciado pela lógica binária, Althusser aproximou o marxismo com o que havia de mais avançado na epistemologia francesa do período: Bachelard, Foucault, Lacan, Canguilhem. Inserindo o marxismo nesse movimento estruturalista renovador, Althusser pretendia dar-lhe um estatuto de cientificidade após tantos anos de estreito relacionamento com as diversas filosofias da consciência.

Se o marxismo é um discurso científico, qual é o seu objeto, qual é a matéria-prima sobre a qual trabalha? E ainda: uma vez rompida a ligação entre objeto real e conhecimento, qual é a relação entre essas duas esferas?

Althusser enfrenta essas questões voltando suas baterias contra o empirismo e, principalmente, contra Hegel. O empirismo, segundo Althusser, identifica o conhecimento com a abstração. Conhecer é abstrair a essência do objeto real que passa a ser posse do sujeito. Trata-se, aqui, de uma verdadeira extração, à semelhança do ouro que é *"extraído* (ou abstraído, portanto, separado) da ganga da terra e da areia na qual ele é tomado e contido". O conhecimento, no empirismo, está, portanto, contido no real como uma de suas partes, tendo por função "separar no objeto as duas partes existentes nele: o essencial do inessencial", sendo que "a parte inessencial ocupa todo o *exterior* do objeto, a sua *superfície* visível; por outro lado, a parte essencial ocupa a parte *interior* do objeto real, o seu núcleo *invisível*". O conhecimento, nessa perspectiva, pode ser traduzido pela palavra descoberta em seu sentido real: "remover o que

---

[6] Ibid, p. 52.

recobre, como se retira a casca que envolve a amêndoa, a casca que envolve o fruto, o véu que envolve a moça".[7]

Essa concepção empirista que entende o conhecimento como uma parte do objeto real ("lógica da identidade"), diz Althusser, está "no cerne da problemática da filosofia clássica" e, "por mais paradoxal que isso possa parecer, na filosofia hegeliana". E, por meio dela – para desgosto de Althusser –, no pensamento de Marx que, na falta de conceitos novos, apropriou-se do vocabulário hegeliano: aparência e essência, exterior e interior, movimento aparente e movimento real etc.

Salta aos olhos o despropósito da inclusão de Hegel no empirismo. O filósofo, como se sabe, não se furtou a elogiar o empirismo que, diferentemente da metafísica, que buscava a verdade no próprio pensamento, vai encontrá-la na experiência. Essa "ternura pelos fatos", expressa pelo empirismo e encampada por Hegel, entretanto, é apenas um momento que deve ser superado pela razão dialética que rompe o isolamento dos fatos, sua finitude, ao considerá-los como *momentos* de um processo. Na lógica hegeliana, o empirismo comparece na seção dedicada à "segunda posição do pensamento em relação à realidade". Indo além dessa segunda posição, Hegel afirma:

> Pensar o mundo empírico significa antes, essencialmente, transmudar sua forma empírica e convertê-la em um universal: o pensar exerce, ao mesmo tempo, uma atividade *negativa* sobre aquele fundamento: a matéria percebida, quando determinada pela universalidade, *não permanece* em sua primeira forma empírica.[8]

A crítica althusseriana ao empirismo e a Hegel estende-se também para o marxismo existencial:

> Não é por acaso que Sartre, e todos os que, sem possuir o seu talento, tendo necessidade de preencher um vazio entre categorias '*abstratas*' e o '*concreto*', cometem esse erro de falar em *origem, gênese e mediações*. O conceito de origem tem por função, como

---

[7] Althusser, L. "De *O Capital* à filosofia de Marx", em: Althusser, L.; Ranciére, J. e Macherey, P. *Ler O Capital*. v. 1. Rio de Janeiro: Zahar, 1979, p. 36-37.

[8] Hegel, G. W. Enciclopédia das ciências filosóficas em compêndio (1830). v. 1. Em: *A ciência da lógica*. São Paulo: Loyola, 2012, p. 124-5.

> no pecado original, assumir numa expressão o que não se deve pensar para poder pensar o que se quer pensar. O conceito de gênese tem por função pôr em ação, para as camuflar, uma produção ou uma mutação cujo reconhecimento ameaçaria a continuidade vital do esquema empiricista de história. O conceito de mediação está investido de uma última função: assegurar de modo mágico, num espaço vazio, a terra-de-ninguém entre princípios teóricos e o 'concreto', como os pedreiros fazem uma corrente para passar uns aos outros os tijolos.[9]

A partir dessa crítica generalizada, Althusser reafirma a distinção entre o objeto real (por exemplo, o círculo) e objeto do conhecimento (a ideia de círculo, que não é circular), do mesmo modo que "conhecimento da história não é histórico, tanto quanto não é açucarado o conhecimento do açúcar".[10] A distinção objeto real/objeto do pensamento é uma das mais complexas da obra de Althusser, aparecendo inicialmente indicada nos ensaios de *Por Marx*, ganhando uma densidade teórica em *Ler O capital*, em que o tema surge em diversos momentos, mas sempre com a ressalva de que as indicações são ainda preliminares, e ganham finalmente uma retificação nos *Elementos de autocrítica*.

Para os fins de nossa pesquisa, interessa basicamente a escorregadia conceituação apresentada em *Ler O capital* em sua insistência em criticar a "lógica da identidade" e em manter o pensamento distante da realidade empírica. Afirma Althusser:

> Jamais o conhecimento se acha, como o quereria desesperadamente o empirismo, diante de um *objeto puro* que fosse então idêntico ao *objeto real* do qual o conhecimento visa justamente produzir... o conhecimento. Trabalhando sobre o seu 'objeto', o conhecimento não o faz então com o objeto *real*, mas com sua própria matéria-prima, que constitui, no sentido rigoroso do termo, o seu '*objeto*' (de *conhecimento*) que é, desde as formas mais rudimentares do conhecimento, distinto do *objeto real*.[11]

---

[9] Althusser, L.; Rancière, J. e Macherey, P. *Ler O Capital*. v. 1, cit., p. 67.
[10] Althusser, L. "O objeto de *O Capital*", em: Althusser, L., Balibar, É. e Establet, R. *Ler O Capital*. v. 2. Rio de Janeiro: Zahar, 1980, p. 46.
[11] Althusser, L.; Rancière, J. e Macherey, P. *Ler O Capital*, v. 1, cit., p. 44.

Em sua insistência em separar o pensamento da realidade, Althusser acaba num raciocínio circular em que o conhecimento parece debruçar-se sobre si mesmo: "É perfeitamente lícito dizer que a produção do conhecimento, que é o peculiar da prática teórica, constitui um processo que se passa inteiramente no pensamento".[12] Sem o referente, o que validaria a verdade? Não é a adequação entre o pensamento e o real, como tradicionalmente postula a teoria do conhecimento: "A *prática teórica* é bem por si mesma seu próprio critério, contém precisamente em si protocolos determinados de *validação* da qualidade de seu produto, isto é, os critérios da cientificidade dos produtos da prática teórica".[13]

Mas o que seria afinal a matéria-prima do conhecimento, já que ela não é o objeto real? Althusser responde que a prática científica "se funda e se articula nas práticas econômicas, políticas e ideológicas já existentes, que lhe fornece direta ou indiretamente o essencial de sua "matéria-prima".[14] Assim deve-se entender a leitura que Marx fez da economia política, transformando os seus produtos ideológicos, que lhe serviram de matéria-prima, em conhecimento (o que evidentemente só foi possível a partir da revolução teórica empreendida por Marx: a "ruptura epistemológica" com a economia clássica, a adoção de uma epistemologia científica, e a instauração de um discurso científico). Marx não é, portanto, um "continuador" da economia clássica que agregou novos conhecimentos e retificou erros: sua obra rompe com a ideologia, instaura uma nova problemática e propõe um novo objeto.

As páginas iniciais do primeiro tomo do livro *Ler O capital* são dedicadas ao tema da leitura: a leitura que Marx fez da economia clássica e a leitura que Althusser faz de Marx. No primeiro caso, Marx teria feito duas leituras. Na primeira, acompanhou o discurso de Adam Smith, mostrando seus sucessos e fracassos e apontando suas lacunas e falhas. É só na segunda leitura que Marx aponta a combinação entre os resultados de Smith, suas falhas e lacunas, pois a primeira leitura

---

[12] Idem, p. 42.
[13] Idem, p. 62.
[14] Idem, p. 43.

> não enxerga esse problema, precisamente porque esse problema só é visível enquanto invisível, porque esse problema diz respeito a coisa inteiramente diversa de objetos dados, para os quais bastaria ter vista clara para ver; uma relação invisível necessária entre o campo do visível e o campo do invisível, como um efeito necessário da estrutura do campo visível.[15]

Trata-se, assim, da identidade do não ver e do ver no próprio ver. Essa leitura, que Althusser designa de *sintomal*, remete a Freud que na interpretação dos sonhos discernia entre o "conteúdo manifesto" e o "conteúdo latente", mas remete também ao prefácio da História da loucura de Michel Foucault e à ideia de que o invisível, produto do visível, é o seu interdito que recalca a reflexão.

Marx, assim, seria um epistemólogo que se manteve distante do mundo empírico. Sua relação com a economia clássica, segundo Althusser, resume-se em denunciar a ideologia e fazer falar o recalcado. Mas Marx, contrariamente, além de se apropriar dos conceitos científicos e mostrar os limites que a ideologia impunha aos seus predecessores, estava atento também ao referente – a realidade da sociedade capitalista expressa também nos dados empíricos. Basta lembrar a atenção dispensada aos relatórios feitos por inspetores governamentais nas fábricas inglesas, os dados estatísticos recolhidos, as informações jornalísticas a que recorreu, sem contar a *enquête ouvrière* de 1880 (o questionário que elaborou para que os operários discorressem sobre as condições de trabalho vividas no interior das fábricas).[16] Sua obra não é um exercício de exegese epistemológica, restrita à abstração – o pensamento que interpela o pensamento anterior denunciando seu viés ideológico e, por meio de um corte epistemológico, institui o discurso científico. Mas, assim fazendo, Althusser recalca a distinção feita por Marx no prefácio de O *capital* entre modo de exposição-apresentação (*Darstellung*) e modo de pesquisa. Somente assim torna-se possível abstrair a fundamentação histórica baseada nos dados do real

---

[15] Idem, p. 1
[16] Cf. "A enquête ouvirière de Marx", reproduzida em Bottomore, T. B. e Rubel, M. *Sociologia e filosofia social de Karl Marx*. Rio de Janeiro: Zahar, 1964, p. 195-204.

e transformar Marx num epistemólogo às voltas com o discurso científico autonomizado.

Em seu horror ao empírico, Althusser apegou-se à leitura sintomal, aplicando-a aos textos de Marx, autor que, segundo afirma, "não dispunha, na época em que vivia, e não se dispôs a isso enquanto viveu, do conceito adequado para pensar aquilo que produzia: o *conceito de eficácia de uma estrutura sobre seus elementos*".[17] Trata-se, como afirma no segundo volume de *Ler O capital*, de propor a Marx "a questão do seu objeto". Desse modo, Althusser detecta os silêncios de Marx para obrigar esses silêncios a falar. A plena compreensão da teoria científica de Marx precisou assim esperar muitas décadas até poder ser finalmente compreendida graças à epistemologia francesa dos anos 1960.

Ideologia: do "imaginário social" aos aparelhos ideológicos de Estado

Nas páginas de *A ideologia alemã*, encontramos uma concepção epistemológica que entende a ideologia como uma visão distorcida da realidade. Quando escreveram o texto, Marx e Engels procuravam se distanciar das ideias de Feuerbach, mas nem por isso conseguiram se afastar da teoria da alienação que se projeta no entendimento da ideologia como inversão (a câmara escura). Feuerbach havia criticado a filosofia hegeliana por ser uma filosofia alienada que partia da consciência para desta derivar o mundo real. Nasce com Feuerbach a proposta da inversão materialista: a criação de uma filosofia que tenha como ponto de partida o ser e não a consciência. Marx e Engels levaram adiante esse projeto e replicaram a crítica feuerbachiana a Hegel e aos seus discípulos. A ideologia então passou a ser vista como falsa consciência à qual os autores opõem o processo social material. Por isso, afirmam que não se deve partir, como faziam os jovens-hegelianos, da consciência, do que os homens pensam, mas sim dos homens ativos, reais.

Althusser parte dessa problemática. Observa, porém, que a *Ideologia alemã*, obra de ruptura, está marcada ainda pela influên-

---

[17] Idem, p. 29.

cia humanista e positivista. Para Althusser, o antídoto da ideologia não são "os homens reais, ativos", mas a ciência. Por isso, contesta a tese da inversão materialista da dialética hegeliana afirmando que "não se obtém uma ciência invertendo uma ideologia".[18] A referência aos "homens ativos, reais" é compreendida como uma influência direta da problemática humanista de Feuerbach. Para romper com essa formulação ideológica, Althusser defende a cientificidade do pensamento de Marx. Por isso, influenciado por Lacan, corrige a formulação: na ideologia, os homens representam não suas condições reais, seu mundo real, mas sua relação com as condições de existência; portanto, trata-se de uma representação imaginária do mundo real. E essa representação não é uma questão relativa à consciência, mas uma estrutura inconsciente.

Modo de produção e ideologia

O marxismo, em Althusser, ao romper com o humanismo, transformou-se numa ciência dedicada ao estudo das estruturas e, portanto, à compreensão da categoria modo de produção. Assim fazendo, ele procurou resgatar o caráter científico do marxismo tornando-o contemporâneo do rigor que o estruturalismo cobrava das ciências humanas.

O contexto em que Althusser marcou sua interpretação estrutural do legado de Marx estava dominado por dois temas que então agitavam o movimento comunista: a discussão sobre o caráter da sociedade socialista e sobre a Revolução Cultural chinesa. Essa discussão, evidentemente, trazia para o centro do debate as relações entre a base material e a superestrutura, bem como a crítica ao determinismo mecânico. Se a sociedade é socialista, a superestrutura também o é: como explicar então o stalinismo? Qual a necessidade de uma revolução cultural em um país que já é comunista como a China?

Para criticar as visões mecanicistas, Althusser revolucionou a interpretação tradicional da categoria modo de produção. Mas, para isso, precisou também criticar as concepções historicistas e,

---

[18] Althusser, L. *Análise crítica da teoria marxista*, cit., p. 168.

em especial, sua versão hegeliana. A totalidade em Hegel, segundo observa, é uma totalidade expressiva na qual o todo se faz presente em cada uma de suas partes. Nessa perspectiva, a concepção de história apoia-se na crença de um tempo linear, homogêneo e, também, de um tempo contemporâneo de si mesmo: "Todos os elementos do todo coexistem sempre no mesmo tempo, no mesmo presente, e são, pois, contemporâneos uns dos outros no mesmo período".[19] Althusser critica essa concepção expressiva da totalidade e a visão linear do tempo histórico. Contrapõe à primeira, a concepção de um todo complexo estruturado já dado. Assim, quando fala em modo de produção, afirma que nele coexistem tempos heterogêneos, níveis diferentes de historicidade das diversas instâncias. Estas não são partes expressivas da totalidade que as contém, e não mantêm entre si relações simétricas que espelham a mesma determinação do todo. A totalidade de Althusser também é estruturada em sua descentração articulada, em seus efeitos estruturais: é, enfim, uma totalidade que substitui a determinação simples da base material pela sobredeterminação, conceito importado da psicanálise.

Os historiadores como Braudel, Labrousse e Febvre, afirma Althusser, perceberam o caráter descontínuo do tempo histórico, a existência de tempos curtos, durações médias e longas durações, mas não foram além da constatação, não viram que tais variações são variações da estrutura do tempo. O projeto althusseriano de uma "história estrutural" tem como modelo declarado a antropologia de Lévi-Strauss.[20]

Tal modelo não se contenta em ser uma simples "inversão" da dialética hegeliana, a substituição da Ideia pelos momentos sucessivos da economia. Para Althusser, há em Marx uma nova concepção das relações entre base e superestrutura. "Jamais a dialética econômica age *em estado puro*"; "nem no primeiro nem no último instante, a hora solitária da 'última instância' jamais soa".[21] Isso porque em Marx, ao contrário de Hegel, não estamos dian-

---

[19] Althusser, L., Balibar, É., Establet, R. *Ler O Capital*, v. 2, cit., p. 33.
[20] Idem, p. 48.
[21] Althusser, L. *Análise crítica da teoria marxista*, cit., p. 99.

te de uma contradição simples, mas do acúmulo de contradições que coexistem na vida social. Althusser apoia-se aqui no texto de Mao Zedong, "Sobre a contradição", que analisa as conjunturas revolucionárias. Mao afirmou que a contradição principal coexiste com as contradições secundárias, que há contradições antagônicas e não antagônicas etc. Desse modo, a visão temporal própria do historicismo hegeliano é substituída por uma visão espacial em que as múltiplas contradições coexistem, que elas são hierarquizadas, sobredeterminadas, sendo que a instância econômica é determinante em última instância. Por isso, as modificações ocorridas na base material não modificam automaticamente a superestrutura, pois as suas várias instâncias possuem uma temporalidade própria e um poder de sobrevivência.

Segundo Althusser, modo de produção é uma estrutura complexa formada por três instâncias (a econômica, a jurídico-política e a ideológica). Assim concebido, ele é interpretado como uma combinatória de instâncias, cada qual com seu nível específico de historicidade. No lugar da antiga causalidade simples (a superestrutura mecanicamente determinada pela base), Althusser propõe a causalidade estrutural ou causalidade metonímica. Entre as instâncias não há uma causalidade direta. A instância econômica continua sendo a determinante "em última instância", mas outra instância pode exercer o papel de dominante. No mundo feudal, por exemplo, a instância ideológica (o catolicismo) exerce esse papel, pois é ela que garantia a reprodução social. Mas essa esfera está sobredeterminada pelas contradições presentes nas demais instâncias. Assim, a causalidade estrutural procura explicar a combinação entre as várias instâncias de um determinado modo de produção.

A superestrutura, convém insistir, não é um reflexo da base, algo oferecido à visão do pesquisador. O conceito de sobredeterminação designa, contrariamente, a ausência da estrutura – uma estrutura invisível que, não obstante, produz efeitos. Nas palavras de François Dosse:

> Esse conceito de eficácia de uma ausência, essa estrutura definida como causa ausente para os seus efeitos, na medida em que ela excede cada um de seus elementos, da mesma maneira que o signi-

ficante excede o significado, se aproxima a essa estrutura a-esférica que define o Sujeito em Lacan, esse Sujeito construído a partir da falta, da perda do primeiro Significante.[22]

Nesse plano extremamente abstrato, a ideologia perde a sua inércia e, em sua autonomia relativa, ganha eficácia podendo exercer, em alguns casos, o papel dominante sobre as demais instâncias do modo de produção.

A MATERIALIDADE DA IDEOLOGIA

Nas obras de Althusser, encontra-se a proposta de uma teoria geral da ideologia apoiada em três teses básicas:
1) a ideologia não tem história;
2) a ideologia é uma representação da relação imaginária dos indivíduos com suas condições reais de existência;
3) a ideologia interpela os indivíduos enquanto sujeitos – essa terceira tese é inspirada no conhecido ensaio de Lacan, "O estádio do espelho como formador da função do eu".[23]

No célebre ensaio "Ideologia e aparelhos ideológicos do Estado", de 1970, Althusser sai da abstração filosófica que caracterizava os seus textos até então para compreender como se efetua a reprodução das relações de produção. Na verdade, o ensaio é um fragmento retirado de um livro que ele pretendia escrever e que só foi publicado postumamente, em 1995, a partir das anotações deixadas pelo autor.[24] A compreensão da teoria sobre os aparelhos ideológicos torna-se mais clara quando se leva em conta o momento histórico em que as ideias foram gestadas e quando inserida no livro do qual é apenas uma parte.

Diversos intérpretes já observaram que o vendaval de 1968 era uma possibilidade inexistente na obra de Althusser (como, aliás, em outros autores). Althusser, numa avaliação otimista logo desmentida pela história, viu naquele acontecimento, bem como as lutas

---

[22] Dosse, F. *História do estruturalismo*, v. 1. O campo do signo, 1945/1966. São Paulo: Ensaio, 1993, p. 341.
[23] Lacan, J. "O estágio do espelho como formador da função do eu", em *Escritos*. Rio de Janeiro: Zahar, 1998.
[24] Althusser, L. *Sobre a reprodução*. Petrópolis: Vozes, 2008.

pela libertação nacional nos países colonizados e o movimento dos negros nos Estados Unidos e das mulheres em diversos países, o prenúncio de uma irresistível ofensiva socialista. Numa previsão delirante, afirmou: "Estamos entrando em um século que verá o triunfo do socialismo na terra inteira. Basta observar a corrente irresistível das lutas populares para concluir que, em um prazo mais ou menos curto, e por meio de todas as peripécias possíveis, inclusive a gravíssima crise do Movimento Comunista Internacional, *a Revolução está, desde agora, na ordem do dia*. Dentro de 100 anos ou até mesmo, talvez, 50, a face do mundo estará modificada: a Revolução levará a melhor na terra inteira".[25]

Os textos de Althusser, a partir de 1968, padecem desse diagnóstico voluntarista e de sua aproximação com o maoismo. Cito apenas um exemplo dessa guinada à esquerda: a apresentação que escreveu, em 1971, para o livro de sua discípula Marta Harnecker, *Os conceitos elementares do materialismo histórico*. Essa autora, que foi a grande divulgadora da obra de Althusser, especialmente na América Latina, havia reescrito o livro para a sua sexta edição acompanhando as mudanças de orientação de seu mestre. As classes sociais, que até então eram vistas como "suporte" das estruturas, são agora postas em ação: a luta de classes, diz Althusser, em 1971, na introdução da obra, está "no coração da prática cotidiana do movimento operário. Está no coração de *O capital*, no coração da teoria marxista".[26] Convém lembrar que o trânsito do reino das estruturas para o das práticas assinala, também, a influência de Michel Foucault que, no mesmo período, abandonou o estruturalismo rígido para enfocar as práticas – no seu caso, as práticas discursivas.

O elogio ao Foucault de *História da loucura*, contudo, coexistia com a crítica implacável feita aos grupos neoanarquistas que se apoiavam nas ideias daquele autor. Para eles, afirmava Althusser, "a essência da exploração é a repressão", ambas dispersas nas várias instituições e não, como quer o marxismo, no Estado. A irritação de Althusser voltava-se especialmente contra a tese do caráter repressor

---
[25] Idem, p. 26.
[26] Althusser, L. "Introdución", em: Harnecker, M. *Los conceptos elementales del materialismo histórico*. Santiago de Chile: Editorial Universitária, 1972, p. XVI.

do saber e sua consequência política: "Daí a necessidade da 'revolta' contra a 'autoridade do saber'; daí a rebelião 'antiautoritária' contra a representação do saber"[27] – o próprio marxismo era desse modo contestado pelos discípulos de Foucault no movimento estudantil.

Pode parecer surpreendente que num momento de convulsão social Althusser tenha dado ao seu livro o título *Sobre a reprodução* – o que ecoa as preocupações de Lévi-Strauss sobre a estabilidade das chamadas "sociedades frias", condenadas a não se desenvolverem. Althusser, contudo, adverte que pretende inicialmente lembrar "a natureza da exploração, da repressão e da ideologização capitalista", prometendo um segundo volume em que trataria da "luta de classes nas formações sociais capitalistas".[28] Como Marx já havia tratado detalhadamente da reprodução das forças produtivas, Althusser se dedica a desenvolver a reprodução das relações de produção.

Defendendo enfaticamente a tese do primado das relações de produção sobre as forças produtivas, o autor critica as passagens em que Marx afirma o contrário como, por exemplo, a *Miséria da filosofia* ("com o moinho de água, temos o feudalismo, com a máquina a vapor, o capitalismo"), o prefácio de 1859 e os *Grundrisse*. Critica igualmente as teses humanistas modernas que afirmam o primado do homem sobre os meios de produção a partir do momento em que, pretensamente, "a ciência tornou-se força produtiva direta" (embora não cite nenhum autor, trata-se de uma referência direta ao movimento "autonomista" e ao seu principal teórico, Toni Negri).

A defesa do primado das relações de produção privilegia a análise sincrônica em detrimento da diacrônica. Mas o que move Althusser não é a contemplação de realidades estáveis e, sim, a denúncia da exploração capitalista que se realiza na esfera produtiva e se perpetua na reprodução. E a reprodução, segundo afirma, se realiza graças à intervenção do Estado e de seus aparelhos repressivos e ideológicos.

A compreensão da ideologia sofre nesse momento uma súbita modificação. Ela, agora, habita lugares institucionais, como a esco-

---

[27] Idem, p. 201.
[28] Idem, p. 21.

la, a família, os sindicatos, os partidos etc. Não estamos mais nas análises anteriores que contrapunham a ciência à ideologia e que consideravam esta algo perene, como se pode ver nessa citação:

> Tudo se passa como se as sociedades humanas não pudessem subsistir sem essas *formações específicas*, esses sistemas de representações (de diversos níveis) que são as ideologias. As sociedades humanas segregam a ideologia como o elemento e a atmosfera mesma indispensáveis à sua respiração, à sua vida histórica. Só uma concepção ideológica do mundo pode imaginar sociedades sem ideologias.[29]

Tínhamos, até então, uma compreensão trans-histórica em que a ideologia era sempre determinada pela estrutura em todas as sociedades existentes e sobredeterminada, no capitalismo, pela luta de classes. O "imaginário social" em que se constituía a ideologia sofre uma inesperada mudança de rumos quando incluída nos aparelhos ideológicos do Estado. Não se trata mais de uma relação espontânea dos homens com suas condições de existência e nem da "atmosfera" presente em toda sociedade. A ideologia agora está a serviço de um sistema de dominação. Ela perdeu sua "autonomia relativa" e passou a servir de instrumento para assegurar a reprodução social. No feudalismo, dominava o aparelho ideológico religioso; no capitalismo, o escolar (lembremos aqui que Althusser convidou Pierre Bourdieu e Jean-Claude Passeron para lecionarem na École Normale Supérieure).

Com essa inflexão, Althusser observou que Marx

> fala da ideologia e que nós falamos dos aparelhos ideológicos do Estado [...]. A ideologia não existe no 'mundo das ideias' concebido como 'mundo espiritual', mas em instituições e nas práticas sociais dessas mesmas instituições. Seríamos até tentados a dizer que a ideologia existe em *aparelhos e nas práticas próprias desses mesmos aparelhos*.[30]

Sendo assim, pode-se constatar que o autor transitou de uma visão estritamente epistemológica (a ideologia como representação

---

[29] Althusser, L. *Análise crítica da teoria marxista*, cit., p. 205.
[30] Althusser, L. *Sobre a reprodução*, cit., p. 178-9.

da relação imaginária com as condições de existência, vista sempre em oposição à ciência) para uma visão política diretamente influenciada por Gramsci.

Não há muita diferença entre os aparelhos privados e públicos de hegemonia listados por Gramsci e os aparelhos ideológicos enumerados por Althusser. Os autores diferem, contudo, nas concepções políticas daí derivadas. Gramsci, falando sobre hegemonia, considerava fundamental antes da tomada do Estado a "guerra de posição", a luta no interior das diferentes instituições. Althusser, a rigor, não desdenha essa necessidade: a luta de classes no interior dos aparelhos ideológicos do Estado pode fazer "ranger as estruturas", como no caso dos estudantes em 1968 em sua contestação do aparelho escolar ou dos padres progressistas, tendo como exemplo citado Camilo Torres que, ao aderir à guerrilha, confrontou a orientação do aparelho religioso. A súbita guinada à esquerda, influenciada pelo maoismo, levou Althusser a incentivar a "guerra de movimento" e a necessidade de destruir o aparelho estatal e não a "guerra de posição" preconizada por Gramsci.

DA ARTE COMO CONHECIMENTO AO CONHECIMENTO DA ARTE

Um dos maiores conhecedores da obra de Althusser, Warren Montag, observou que "o período mais produtivo de Althusser coincidiu com um interesse recém-descoberto pela pintura e literatura contemporâneas, em especial pelo teatro". Observou, também, que a crítica que fazia ao humanismo havia começado, anteriormente, pela vanguarda artística. Graças a essa afinidade, Althusser, diferentemente dos demais intelectuais comunistas, passou a valorizar essas práticas artísticas:

> Foi seu compromisso com o anti-humanismo teórico que permitiu ler na disrupção formal do teatro minimalista, do expressionismo abstrato em pintura e nos mais austeros experimentos do cinema da *Nouvelle Vague* francesa, não o rechaço subjetivista da realidade social ou o formalismo elitista [...], mas nada menos que um assalto à fundamentação humanista da ideologia burguesa.[31]

---

[31] Montag, W. "Hacia uma teoria de la materialidad del arte". Em: Penozaga, A. S. (org.) *Escritos sobre el arte*. Madri: Terra de Nadie Ediciones 2011, p. 168 e 174.

As incursões de Althusser no campo das artes incluem os seguintes textos: "Lettre à Paolo Grassi"; "Sobre Brecht e Marx"; "Lettre sur la connaissance de l'art"; "Devant le surrealisme: Alvarez-Rios"; "Cremonini, pintor do abstrato"; "Sur Lucio Fanti"; e "Lam", 1995) e um capítulo de *Por Marx* ("O 'Piccolo', Bertolazzi e Brecht").

Um momento esclarecedor para a compreensão de suas ideias sobre a arte foi proporcionado pela revista *Nouvelle critique* em 1966. O impacto causado pelos textos althusserianos sobre a oposição entre ciência e ideologia e a crítica ao humanismo levou a revista a incentivar o debate sobre as artes por meio da publicação de uma carta do professor André Daspre dirigida a Althusser e da resposta de Althusser.

Em seu texto, Daspre elogia a defesa do rigor científico em Althusser, mas considera um equívoco "falar de maneira geral da ideologia como de um conjunto quase coerente",[32] não atentando para as características próprias da religião, moral e arte e, também, considerando tudo aquilo que não é ciência como inadequação.

A arte, também, não é uma forma de conhecimento? Não se trata, adverte Daspre, da teoria do reflexo, pois o artista não copia a realidade e sim faz uma transcrição, uma interpretação original. A arte não é um registro fotográfico, como demonstra a obra de Balzac que, diferentemente dos historiadores e dos economistas de sua época, conseguiu ver as contradições presentes no real e, com isso, captar as forças do futuro inscritas no presente. Mas isso pressupõe um conhecimento da realidade. Por isso afirma, como Lukács, que "toda grande literatura é realista".

Sendo assim, a grande questão a ser enfrentada é compreender que forma de conhecimento nos traz a arte. A resposta do autor está bem próxima da *Estética* de Lukács:

> O que faz insubstituível o conhecimento artístico é precisamente que este não entra em concorrência com o conhecimento científico, mas que se situa em outro nível. É ao nível do homem que se coloca

---

[32] Daspre, A. "Dos cartas sobre el conocimiento del arte", *Pensamiento Crítico*. Havana: 1967, n. 10, p. 111.

> o artista, das relações vividas entre os homens. Com o artista, a história se torna humana.[33]

Em sua resposta, Althusser concorda que seus textos sobre o humanismo apresentam o inconveniente de oferecer uma ideia massiva de ideologia. Retomando a pergunta de seu crítico sobre as relações entre arte e ideologia, se elas são a mesma coisa, afirma: "Eu não situo a arte verdadeira entre *as ideologias*, apesar de que a arte mantém uma relação totalmente singular e específica com a ideologia".[34] Ela não oferece um conhecimento em sentido estrito, como o conhecimento científico, mas contém "certa relação específica" com o conhecimento. A arte nos faz ver "algo que faz alusão à realidade". E o que ela nos faz ver é "a ideologia da qual nasce, na qual se banha, da qual se desprende como arte, e à qual faz *alusão*".[35] Essa alusão torna-se possível porque o romancista toma uma distância interior da própria ideologia da qual emana os elementos que compõem o romance. Não há uma relação direta entre o romance e a realidade, pois o que este revela, ou melhor, faz alusão, é "a realidade da ideologia deste mundo", pois a ideologia "se desliza em todas as atividades dos homens, que é idêntica ao 'vivido' da existência humana: é por isso que a forma pela qual nos é 'dado ver' a ideologia no grande romance tem por conteúdo o 'vivido' dos indivíduos".[36]

A tese sobre a "vitória do realismo", como se pode perceber, é descartada por Althusser que, talvez por querer afirmar sua ortodoxia, não ousou criticar abertamente o seu autor: Engels. Escrevendo sobre Balzac, Engels apontou a contradição entre a posição conservadora daquele autor e o caráter progressista de sua obra. Como indivíduo, Balzac simpatizava com a pequena nobreza, então em plena decadência. Como escritor, mostrou criticamente o caráter parasitário daquele segmento social, bem como o arrivismo de uma burguesia alheia e hostil aos valores humanos. O caráter progressista da obra se devia ao compromisso com o realismo e a honestidade

---

[33] Idem, p. 114.
[34] Althusser, L. *Écrits philosophiques et politiques*, v. 2. Paris: Stock/Imec, 1995, p. 560.
[35] Idem, p. 562.
[36] Idem, p. 562.

de um autor que se entregou à lógica do movimento da sociedade francesa e à lógica do método realista de composição. Desse modo, a realidade triunfava sobre as opiniões pessoais do autor: vitória do realismo, vitória do "eu artístico" sobre o "eu empírico".

Althusser, contrariamente, afirma que Balzac jamais abandonou sua ideologia reacionária e sua postura crítica deriva de sua própria ideologia e não da lógica interna do método realista. É ela, a ideologia, que produziu na obra de Balzac essa distância interior que possibilitou a mirada crítica. É a visão descentrada do "eu artístico", sua distância em relação ao tema tratado, é a existência incontornável de uma ideologia omnipresente o que permite a distância interior e a visão crítica.

O conceito de "distância interior" não é explicitado, embora seja central na argumentação de Althusser. Em outros textos, o conceito ganha, como veremos, outras designações, como estrutura latente, distanciamento, deslocamento etc.

A carta de Althusser se encerra opondo a tese da arte como conhecimento à necessidade de um conhecimento sobre a arte. O que se chama de conhecimento proporcionado pela arte não é senão uma "ideologia da arte", um exemplo da "ideologia humanista latente" que pode ser induzida das afirmações de André Daspre sobre as relações entre "a arte e o 'humano' da 'criação' artística" etc.[37]

A concepção de ideologia presente nos primeiros textos de Althusser é reafirmada na carta a Daspre – ela é a "atmosfera" no qual os homens estão inseridos. Mas tal definição continua muito geral e não diferencia a arte das demais formas ideológicas. Além disso, a questão de saber se a arte propicia conhecimento não foi enfrentada – a afirmação de que a arte, na forma de "ver", "perceber" e "sentir" nos "brinda" com o mesmo objeto da ciência, é uma forma vaga utilizada para substituir a questão proposta por outra. A saber: em vez de responder se a arte é ou não uma forma de conhecimento, Althusser afirma a necessidade de se constituir um conhecimento da arte, o que pressupõe o abandono da ideolo-

---

[37] Idem, p. 565.

gia humanista da arte e a adesão aos "princípios fundamentais do marxismo".

Quando fala em arte, Althusser se refere basicamente à "arte verdadeira". Se as artes menores são pura ideologia, a "arte verdadeira" parece não ser. Embora Althusser não explicite o que entende pela singularidade da arte, suas preferências estéticas e seu apreço pelos artistas filiados à vanguarda servem de referência para a crítica do realismo. O que o realismo nos apresenta, segundo Althusser, não é a realidade, mas as ideologias, os mitos e as ideias por meio das quais os homens vivem suas relações com o real. A "arte verdadeira", ao contrário, não pretende refletir diretamente a realidade, e sim mostrar criticamente como vivemos essa realidade. A possibilidade da crítica deve-se ao distanciamento da arte perante a realidade. Os exemplos da "arte verdadeira", estudados por Althusser são, principalmente, a pintura de Leonardo Cremonini e o teatro de Bertolazzi e Brecht.

Cremonini, pintor do abstrato foi publicado em 1966. Dois anos antes, o pintor havia exposto sua obra pictórica na Bienal de Veneza. Seus quadros apresentam a história natural em quatro momentos: o geológico, o vegetal, o animal, o humano.

A visão materialista faz-se acompanhar do anti-humanismo quando chegamos ao último momento. Os rostos humanos aparecem intencionalmente deformados, anônimos, rostos em que toda expressão está ausente. A visão humanista via o rosto humano como expressão da alma. Sendo assim, ele só pode ser pintado em sua individualidade, identificável e reconhecível, prova visível da existência do sujeito humano. Cremonini não é expressionista, como afirmaram os seus críticos. A deformação por ele operada não pretende revelar uma essência escondida. Os rostos de Cremonini, contrariamente, "são tais que não podem ser *vistos*, isto é, identificados como portadores da função ideológica de expressão de sujeitos". Esses contornos mal definidos, deformados, estão atormentados por uma ausência: a da estrutura de um mundo que fez deles seres anônimos, "efeitos estruturais das relações reais que os governam".[38]

---

[38] Idem, p. 583.

Essa concepção materialista e anti-humanista faz de Cremonini não um pintor abstrato, mas um pintor da abstração. É impossível se reconhecer naqueles rostos, o que seria normalmente a função da ideologia estética. Como os pensadores revolucionários, Cremonini entendeu que "a liberdade dos homens passava, não pela complacência de seu *reconhecimento* ideológico, mas pelo *conhecimento* das leis de sua servidão, e que a 'realização' de sua individualidade concreta passava pela análise e o domínio das relações abstratas que o sustentam".[39]

A oposição entre reconhecimento ideológico e conhecimento levou Althusser a refletir sobre o teatro de Brecht, então objeto de viva discussão graças às intervenções de Roland Barthes. Sobre Brecht, Althusser nos deixou dois textos.

O primeiro deles, "O 'Piccolo', Bertolazzi e Brecht (notas sobre um teatro materialista)", foi publicado em 1962. O segundo, "Sobre Brecht e Marx", em 1968. Este último texto permaneceu inacabado, mas é nele que se condensa a leitura que Althusser fez de Brecht.

Althusser enaltece a obra de Brecht por encontrar nela profundas afinidades com a sua leitura de Marx. Desse modo, Brecht surge como um aliado na cruzada de Althusser contra a ideologia humanista. Diz ele: "A revolução filosófica de Marx é em todos os aspectos parecida com a revolução teatral de Brecht".[40] Trata-se, nos dois autores, de uma revolução que consiste em instaurar uma nova prática (filosófica e política). Ambos teriam percebido que a filosofia, no caso de Marx, e o teatro, em Brecht, se caracterizam por manter uma relação mistificada com a política: ambas "falam sempre para encobrir a voz da política".[41] A nova prática, contrariamente, está voltada para a transformação do mundo. Tal objetivo, em Brecht, levou-o a utilizar como ferramenta a *Verfremdungseffekt* – o efeito de distanciamento, que Althusser traduz por deslocamento e decalagem.

Essa nova prática estabeleceu um conjunto de deslocamentos, tendo como centro o deslocamento do ponto de vista. Em Marx,

---

[39] Idem, p. 584.
[40] Idem, p. 545.
[41] Idem, p. 547.

tratava-se de ultrapassar a filosofia como interpretação especulativa; em Brecht, o mero entretenimento. Os dois autores deslocaram o seu enfoque para outro lugar: o da política.

Com esse deslocamento fundamental, Brecht procurou mostrar ao público aquilo que ele não quer ver – que aquilo que é encenado é teatro e não a vida real. Para isso, Brecht deslocou a concepção tradicional da peça em seu teatro épico. A peça, assim, é descentrada com a finalidade de romper com a representação espontânea que o público faz da vida. No caso de Galileu, por exemplo, o processo de sua condenação não é representado. O público, naturalmente, esperava ouvir a famosa frase sobre a Terra "e, contudo, ela gira", mas esse momento não aparece. O resultado, diz Althusser, "é que o centro da peça não está na peça, mas fora da peça, e que esse centro, a gente não o vê nunca".[42] Outro deslocamento é o papel do ator. Este não "encarna" mais o personagem, não se identifica com ele, mas toma diante dele uma distância crítica.

Os vários recursos da prática teatral inaugurada por Brecht têm como objetivo o fim da identificação. O público deixa de se identificar com a cena e os personagens; o ator distancia-se do personagem; o teatro se afasta da vida real. Com isso, o público é levado a assumir uma posição crítica perante a representação. Assim, segundo Althusser, o teatro brechtiano tem como objeto

> *as opiniões e os comportamentos dos homens*. Em nossa linguagem teórica marxista, diremos: o objeto do teatro é o ideológico. O ideológico não são somente ideias, ou sistemas de ideias, mas como bem viu Gramsci, são ao mesmo tempo ideias e comportamentos, ideias *nos* comportamentos, que formam um todo.[43]

Brecht teria assim promovido uma total subversão da prática teatral. Até então, o público ia ao teatro para se reconhecer nos personagens e seus problemas. Mas tal reconhecimento é uma função da ideologia humanista. Reconhecer não é conhecer. Os defensores do realismo viam no reconhecimento e no efeito da catarse o processo de educação dos sentidos e de humanização do espectador;

---

[42] Idem, p. 551.
[43] Idem, p. 554.

Althusser, ao contrário, afirma que o reconhecimento não se dá no terreno da psicologia, mas no plano da ideologia que interpela os indivíduos. O reconhecimento ideológico põe no centro do jogo a dialética da consciência, condenada a girar eternamente em torno de si mesma. Brecht rompeu com essa concepção ao produzir o deslocamento. Com isso, ele fez movimentar o imóvel, esse "espelho infinito" da consciência ilusória. O teatro de Brecht visa "a produção de um novo espectador, esse ator que começa quando termina o espetáculo".[44]

O fantasma da ideologia fez, assim, uma nova aparição por meio da forma original com a qual o teatro de Brecht interpela os novos sujeitos. Mas esse exemplo não resolve as relações da arte com a ideologia, como também não atinge a materialidade que logo mais lhe será concebida no ensaio sobre os aparelhos ideológicos. Do mesmo modo, não é esclarecido que forma de conhecimento a arte nos proporciona.

No ensaio sobre Cremonini, o impasse de Althusser se mostra com toda clareza:

> sendo a função específica da obra de arte dar a *ver*, pela distância que estabelece com ela, a realidade da ideologia existente (de tal ou qual de suas formas), a obra de arte *não pode não exercer* um efeito diretamente ideológico, que, portanto, estabelece com a ideologia relações muito mais estreitas que qualquer outro *objeto*, e que não é possível pensar a obra de arte em sua existência especificamente estética sem ter em conta essa relação privilegiada com a ideologia, isto é, sem ter em conta *seu efeito ideológico direto e inevitável*.[45]

Assim, a distância interior da arte torna visível a atmosfera ideológica em que vivemos, contrapondo a ela, em negativo, as condições reais de existência. Mas as relações "estreitas" e "privilegiadas" com a ideologia têm como resultado um "efeito ideológico" (progressista nas poucas grandes obras e regressiva nas medianas), mas não um conhecimento. A arte, assim, está condenada a per-

---

[44] Althusser, L. *Análise crítica da teoria marxista*, cit., p. 133.
[45] Althusser, L. *Écrits philosophiques et politiques*, cit., p. 585-6.

manecer no círculo de ferro da ideologia, sem dela se diferenciar.[46] Warren Montag, consciente do beco sem saída da concepção althusseriana de ideologia ("representação imaginária"), observou:

> Se a ideologia fosse a matéria-prima da obra de arte, esta última se converteria na representação da representação, a expressão de uma expressão e, portanto, se situaria a uma certa distância do real. Mas o que significa dizer 'fora do real' quando o real é somente representado ou refletido pela obra de arte? [...]. Concebida dessa maneira, a obra perderia sua substância: é um ideal, falando em sentido estrito: uma falsa representação da realidade e da história que existem fora dela.[47]

Althusser não chegou a aplicar na interpretação da arte a nova concepção de ideologia anunciada no ensaio sobre os aparelhos ideológicos do Estado. Essa tarefa coube a Macherey. Mas esse autor nem sempre concordou com Althusser. O seu livro *Para uma teoria da produção literária*, de 1966, já acrescentava elementos novos ao althusserianismo. É o que veremos a seguir.

MACHEREY: DO ESTRUTURALISMO AO PÓS-MODERNISMO

Partindo da dialética entre o dito e o não dito, fulcro da leitura sintomal, Macherey trouxe para a esfera da linguística e da literatura um tema caro à psicanálise e que serviu de guia para os seus trabalhos. Como Althusser, ele quer ver Marx longe do legado hegeliano, não só no que diz respeito ao método como também na interpretação do fenômeno artístico. No interior da filosofia de Hegel, a arte é interpretada como a primeira manifestação do Espírito Absoluto. A arte, para Hegel, contém um sentido: ela é a verdade do sensível que torna, ao mesmo tempo, o Espírito e o homem conscientes de si.

Marxistas como Lukács se recusaram a ver a arte como expressão do autodesenvolvimento do Espírito. Para tanto, recorreram à

---

[46] Numa nota de rodapé, Althusser recomenda elogiosamente um artigo de Roger Establet, "Culture et politique", que reafirma a "identificação do cultural e do ideológico". Publicado originalmente em *Démocratie nouvelle*, foi reproduzido em *Cahiers Marxistes-Léninistes*, n. 12-13, 1966.

[47] Montag, W. "Hacia uma teoria de la materialidad del arte", cit., p. 224.

inversão materialista, substituindo o Espírito pela vida social. Mas mantiveram a definição hegeliana da obra de arte como uma unidade sensível de aparência e essência (ou forma e conteúdo). Ela, portanto, é uma totalidade unificada (seja a "totalidade intensiva", de Lukács, ou a "mônada sem janelas", de Adorno), resultado da criação de personalidades excepcionais.

Macherey, como Althusser, opõe-se à "lógica da identidade" que, quando se refere à arte, entende-a como unidade sensível. Por isso, contesta a ideia de criação e, junto com ela, a de sujeito, tal como pleiteia o humanismo. Por extensão, rejeita também a presença de um sujeito coletivo (as classes sociais) como referência para se entender as manifestações artísticas como pensavam, entre outros, Lucien Goldmann; a crítica de Macherey se volta também contra o reducionismo sociológico que entende a arte como expressão direta da ideologia e, finalmente, contra o empirismo que concebe a arte como cópia ou representação da realidade.

Para Macherey, contrariamente, a arte é trabalho, uma obra especial de linguagem, "seja esta obra uma forma de linguagem ou uma forma dada à linguagem"[48] – e a linguagem, afirma, "fala sempre de si própria";[49] tese estranha a Althusser e que terá desdobramentos futuros.

O autor pôde, assim, falar na existência de um modo de produção literário, do trabalho de transformação de uma determinada matéria-prima. O texto literário é uma prática material que visa, em seu obrar, a transformação de matérias-primas ideológicas e linguísticas. Há, aqui, uma clara analogia com Althusser em sua interpretação das relações do discurso científico de Marx construído a partir da matéria-prima ideológica legada pela economia clássica. Nos dois casos, o referente, a realidade, permanece fora do horizonte, não sendo, portanto, o fundamento, seja do conhecimento científico, seja da representação literária.

Assim sendo, a Paris de Balzac não é uma "expressão" da Paris real: "É o resultado duma atividade de fabricação, adaptada às exi-

---

[48] Macherey, P. *Para uma teoria da produção literária*. Lisboa: Estampa, 1971, p. 57.
[49] Idem, p. 62.

gências da obra (e não da realidade): não *reflete* uma realidade ou experiência, reflete um artifício".[50] A literatura, portanto, tem uma função paródica; ela supõe uma ausência daquilo a que se refere.

Segundo Macherey, uma das características da obra de arte (no caso: a literatura) é o fato de ela ser sempre "des-centrada". Em suas palavras: "Não devemos, portanto, estudar a obra literária como uma totalidade autossuficiente", pois "as hipóteses de unidade e independência da obra literária são arbitrárias". A função do crítico não deve ser a de decifrar o sentido oculto que unifica a narrativa e explicá-la ao público, pois ela não está "fechada sobre um sentido", já que comporta "uma multiplicidade dos seus sentidos" e, mais que isso, "uma incompatibilidade de vários sentidos".[51]

Ela não é, portanto, uma totalidade unificada ("lógica da identidade"), pois é sempre incompleta, já que é um local marcado por significados conflitantes. E tais significados coexistem devido à ideologia que faz com que o autor silencie certos aspectos. E é sobre esse silêncio que o crítico dirige sua atenção, pois os conflitos entre significados no interior da obra se explicam pela ação invisível e inconsciente da ideologia. Freud, diz Macherey, não procurou encontrar no discurso consciente um sentido latente, mas inaugurou uma nova forma de racionalidade que situa o sentido em outro lugar, "lugar das estruturas, ao qual dá o nome de inconsciente". O mesmo procedimento deveria ser aplicado à crítica literária, pois "*conhecer* uma obra literária não seria desmontá-la, 'desmistificá-la', mas sim produzir um saber novo: *dizer aquilo de que fala sem o saber*".[52]

Mas, afinal, o que diz a obra? Para Macherey,

> a obra é articulada em relação à realidade sobre cujo fundo se destaca: não a uma realidade 'natural', dado empírico, mas essa realidade elaborada na qual os homens (os que escrevem e os que leem) vivem, e que é a *sua ideologia*. É sobre o fundo dessa ideologia, linguagem original e tácita, que se faz a obra: feita não para a dizer, a revelar, a traduzir ou lhe dar forma explícita; feita para dar *lugar*

---

[50] Idem, p. 59.
[51] Idem, p. 77 e p. 79.
[52] Idem, p. 145.

> a essa ausência de palavras sem a qual nada teria para dizer. É, portanto, necessário interrogar a obra sobre aquilo que não diz e não poderia dizer, visto que é feita para o não dizer, para que exista esse silêncio. [...] A ordem que a obra a si mesma se atribui não passa duma ordem imaginada, projetada por onde não há ordem, e que serve para resolver ficticiamente os conflitos ideológicos.[53]

Tempos depois, os ventos de 1968 sinalizaram o esgotamento do estruturalismo e, com ele, do marxismo estrutural. A substituição da estrutura inconsciente pelas diversas práticas e destas pela linguagem fez-se presente também em Macherey. Em 1974, ele escreveu em colaboração com Étienne Balibar a apresentação do livro organizado por Renée Balibar, *Les français fictifs e le rapport des styles littéraires au français national*.[54]

Para os diversos participantes do livro, a literatura perde sua "independência ilusória" e ganha uma materialidade ao ser pensada a partir do aparelho escolar. Com isso, seguindo os passos de Bourdieu, a literatura é inserida por Macherey na divisão hierárquica das linguagens (o francês culto e a fala dos pobres) e seus códigos de distinção social e reconhecimento.

A literatura deveria ser estudada não mais por meio do privilégio concedido ao autor, aos diversos estilos etc., mas tendo como centro a escola:

> a base material das diferentes práticas nas quais se realizam os efeitos 'literários' ('escritura' tanto como 'leitura') e, em consequência, a base material da produção mesma desses efeitos, está constituída pelo *funcionamento do aparelho escolar*, então o mecanismo desses efeitos só pode ser clarificado tendo efetivamente em conta o 'lugar' escolar.[55]

Essa formulação, segundo Macherey, dá continuidade ao marxismo clássico em que "a 'crítica' literária já estava deslocada, expulsa de seu lugar clássico e sagrado, e subordinada permanentemente a um objetivo prático, *não literário* (senão diretamente polí-

---

[53] Idem, p. 150.
[54] O texto ganhou uma versão resumida: "Sobre la literatura como forma ideológica", em: Althusser *et al. Para una crítica del fetichismo literario*. Madrid: Akal, 1975.
[55] Idem, p. 92.

tico) na luta ideológica de seu tempo".[56] Assim fazendo, os autores do livro apresentado por Macherey teriam dado um passo além dos clássicos, ao submeterem a literatura a um mecanismo material.

Nesse momento, Macherey acompanhou o percurso de Althusser que, no texto sobre os aparelhos ideológicos, trocou sua antiga concepção de ideologia como representação, sistema de ideias, "atmosfera" (isto é, como um fenômeno restrito ao inconsciente), para uma concepção da ideologia como um sistema de práticas materiais que se realizam no interior dos aparelhos ideológicos. Essa mudança pode ser interpretada como decorrente da radicalização política de 1968 e, em especial, da revolta estudantil contra o aparelho escolar.

As esperanças revolucionárias, contudo, logo murcharam. A ofensiva neoliberal, a reestruturação produtiva e o refluxo dos movimentos sociais produziram um rebaixamento dos horizontes utópicos. Uma nova hegemonia tomou conta do ambiente intelectual: a vaga pós-modernista. E o marxista Macherey também foi por ela envolvido.

Em 1994, publicou o ensaio "Para uma teoria da produção literária", que expressa bem o espírito da época. Investindo contra Sartre e a relação de cumplicidade que ele estabelece entre o autor e o leitor – ambos compartilhando o "sentido" da obra –, Macherey parte da arqueologia de Foucault e de sua crítica às categorias autor, obra e livro. Tais categorias estão atreladas à noção jurídica de sujeito, à função fundadora do sujeito na "criação" literária. Para Foucault, contrariamente, os discursos em geral (neles incluídos os textos literários) devem ser tratados como acontecimentos e não mais como objetos a serem dissecados com a finalidade de se descobrir um sentido oculto, ou da análise de sua estrutura ou ainda do papel do sujeito. O foco no acontecimento põe em evidência as condições de existência que determinam a materialidade própria do enunciado e a relação de forças em disputa.

Retomando a visão foucaultiana de discurso como acontecimento, Macherey se volta contra a ideia da obra literária como

---

[56] Idem, p. 94.

emanação de um sujeito que seria seu autor. Em seu lugar, a compreensão do discurso como acontecimento parte do princípio de que nunca se escreve em uma página em branco:

> a realização de um texto se apoia necessariamente na reprodução de textos anteriores aos quais essa reprodução se refere implícita ou explicitamente. Cada livro contém em si o labirinto de uma biblioteca. Deste ponto de vista, a literatura mesma, em seu conjunto, poderia ser considerada como um só texto, indefinidamente mudado, modulado e transformado, sem que um só de seus estágios pudesse definitivamente ser isolado e fixado. Escreve-se sobre o escrito, isto é, também por cima: o palimpsesto não deve ser somente considerado como um gênero literário que permite dar conta da constituição de certas obras, mas o que define a essência mesma do literário, que coincide com o movimento de sua própria reprodução.[57]

Palimpsesto, como se sabe, originalmente designava um papiro ou pergaminho que contém vestígios de um texto que foi raspado para dar lugar a outro texto. A referência ao palimpsesto, em Macherey, foi retirada de um conto de Jorge Luis Borges, "Pierre Menard, autor do Quixote". Nesse texto clássico, Borges constrói um personagem que tinha como propósito escrever um novo Quixote que não seria uma mera cópia, mas o original, "palavra por palavra". Esse exercício inútil põe em cena um jogo ambíguo em que atuam três escritores: Cervantes, Menard e o narrador (Borges).

O que em Borges era uma fábula, em Macherey se transforma numa teoria da produção, recepção e reprodução da literatura. Qualquer texto literário é um mosaico de referências, de intertextualidade, de sobreposição de autores e narrativas. Nesse novo registro, Macherey se aproximou do pós-modernismo, que afirma o caráter autorreferente da linguagem, restringindo a literatura aos jogos de linguagem e à intertextualidade.

Mas, com isso, afastou-se de Althusser.

---

[57] Macherey, P. *Para uma teoria da produção literária*, cit., p. 161.

ADORNO: A DIALÉTICA NEGATIVA

Totalidade

Chamada à cena, a filosofia em Adorno reaparece num tom melancólico e sombrio. Na *Dialética do esclarecimento*, Adorno e seu parceiro Horkheimer referem-se a Sade e a outros autores "malditos" chamando-os de "escritores sombrios" que "não tentaram distorcer as consequências do esclarecimento recorrendo a doutrinas harmonizadoras".[1] Adorno também é um escritor sombrio, se atentarmos que essa palavra tradicionalmente acompanhou os pensadores dialéticos (a coruja de Minerva voa ao anoitecer). Desde Heráclito, "o obscuro", a Hegel, a dialética distanciou-se da claridade pretendida pela lógica formal. Em sua monumental *Estética*, Hegel insistia na contraposição entre o enganoso "reino das aparências amigáveis" e o "reino das sombras", o obscuro subterrâneo das essências a ser desvelado pela especulação – pela dialética que não quer limitar o pensamento à imediatidade, à impressão primeira, à positividade, à aparência luminosa que nos é fornecida pelo senso-percepção. Adorno, por sua vez, escreveu em sua *Teoria estética*:

> Para subsistir no meio dos aspectos mais estranhos e sombrios da realidade, as obras de arte, que não querem vender-se como consolação, deviam tornar-se semelhantes a eles. Hoje em dia, a arte radical significa arte sombria, negra como sua cor fundamental. Grande parte da produção cultural contemporânea desqualifica-se por não atender nada a este fato, comprazendo-se infantilmente nas cores.[2]

O pensamento saturnino e desencantado de Adorno, construído em sintonia com a música dodecafônica de Schönberg, tem essa referência musical para dialogar conflituosamente com a tradição

---

[1] Adorno, T. e Horkheimer, M. *Dialética do esclarecimento*. Rio de Janeiro: Zahar, 1986, p. 111.
[2] Adorno, T. *Teoria estética*. Lisboa: Edições 70, 1982, p. 53.

dialética. Todo o seu empenho consiste em combater a reconciliação dos opostos que em Hegel ocorreria no momento final – a efetivação do Espírito Absoluto, momento em que a dialética, em repouso, deixaria de agir.

Somos, assim, lançados à clássica distinção entre o caráter revolucionário do método dialético e o caráter conservador do sistema hegeliano. Marx, no segundo posfácio de *O capital*, apresentou-se como discípulo de Hegel, mas afirmou ser necessário separar o cerne racional (o método) do invólucro místico que o envolve (o sistema). A mesma ideia é compartilhada por Engels em *Ludwig Feuerbach e o fim da filosofia clássica alemã*. Adorno, a seu modo, não se limita a separar as duas esferas, pois entende que o sistema contamina, desvirtua e interrompe a dialética. Por isso, defende uma nova concepção: uma dialética sem sistema, "dialética aberta" ou, em sua fórmula final, uma dialética negativa que não promete uma conciliação ilusória, uma síntese reunificadora. Libertada de sua antiga natureza afirmativa, ela se transforma num antissistema que "estaria fora do encanto de tal unidade", da reconciliação, pois a unidade para Adorno é sempre uma violência que pretende submeter o objeto particular a uma classe, tornando-o, assim, mero exemplar de uma espécie, esvaziado de suas características próprias, incomparáveis, inigualáveis e irredutíveis.

Crítica semelhante fora feita anteriormente a Hegel por Schiller e Feuerbach. Este último recorreu a uma citação de São Tomás de Aquino para afirmar que a sabedoria de Deus consistia em conhecer os detalhes e não a mera generalização: Deus "não considera em bloco, como um só tufo, os cabelos da cabeça humana, mas conta e os reconhece a todos um a um".[3] A "atenção aos detalhes", ao particular e seus desdobramentos – a crítica da generalização totalitária – são imperativos que Adorno retomou graças à marcante influência de Walter Benjamin. Nessa trilha, procurou vislumbrar a verdade que escapa do "encanto" do universal, da pretendida unidade que tudo quer dominar em sua rede conceitual. O particular,

---

[3] Feuerbach, L. *Manifestes Philosophiques*. Paris: Presses Universitaires de France, 1973, p. 140.

assim, cobra os seus direitos, recusando-se a ser uma mera particularização, um momento transitório do automovimento do conceito, o exemplar de uma espécie nele submergido à força. Sobre Hegel, observou: "Falta-lhe uma simpatia pela utopia do particular, soterrado sob o universal, pela não identidade que só seria se a razão realizada deixasse entrar em si a razão particular do universal".[4]

Diferentemente de Feuerbach, Adorno nunca rompeu totalmente com os termos postos por Hegel e nem excluiu o universal de seu horizonte teórico. Ele, contrariamente, criticou o nominalismo e a ideia segundo a qual o particular se explica por si mesmo ao recusar-se à comparação e à integração em qualquer parâmetro. Algo parecido com a criança que, para livrar-se de um enquadramento, argumenta: "uma coisa é uma coisa; outra coisa é outra coisa". O marxismo que há em Adorno pretende relacionar os fatos observados à determinação social ou, melhor dizendo, às mediadas relações entre os indivíduos e a sociedade. Por outro lado, a mediação do geral não se confunde com a totalidade hegeliana que subordinaria a si os particulares. O seu lugar é ocupado pelas constelações, termo inspirado em Walter Benjamin.

A não identidade entre o particular e o universal se faz presente em todos os momentos da obra de Adorno, desdobrando-se num conjunto de termos trabalhados sistematicamente a partir de irredutíveis alteridades: natureza-sociedade; primeira natureza-segunda natureza; razão-realidade; teoria-prática; indivíduo-sociedade; racional-irracional etc. Esse constante deslizamento entre termos contraditórios traz revelações surpreendentes nas sofisticadas e precisas análises de Adorno. Mas, reside aí a dificuldade de compreensão de seus textos. Não por acaso, Adorno escreveu que se fosse possível uma definição de dialética, seria algo como "pensar contra si mesmo, sem abdicar de si".[5]

A escrita retorcida expressando um pensamento que se volta contra si mesmo atordoa o leitor desejoso da compreensão apazi-

---

[4] Adorno, T. *Dialética negativa*. Rio de Janeiro: Zahar, 2009, p. 265.
[5] Idem, p. 123.

guadora propiciada por uma explicação conclusiva que nunca vem. Susan Buck-Morss observou a propósito:

> O significado flutuante dos conceitos de Adorno, sua intencional ambivalência, é a maior fonte de dificuldades para compreender suas obras [...]. Isto confere à dialética negativa o caráter de azougue: no momento em que se crê haver apreendido a questão, ela se transforma em seu oposto, deslizando entre os dedos e escapando.[6]

Consciente das dificuldades de sua démarche, do negrume do real e de seu outro, o pensamento sombrio, Adorno se voltou frontalmente contra a recomendação de Wittgenstein, segundo a qual só se deve falar sobre o que se pode expressar com clareza. Para o nosso autor, contrariamente, "a filosofia é o esforço permanente e inclusive desesperado de dizer o que não se pode propriamente dizer".[7] Para realizar essa façanha, Adorno, como veremos mais em frente, precisou romper com os métodos tradicionais de exposição/apresentação (*Darstellung*) da filosofia, procurando para isso apoio na música de Schönberg. Ela lhe sugeriu o conceito de modelo utilizado como exemplo do procedimento da dialética negativa que, à semelhança da música, pretende subverter as relações entre tema e desenvolvimento.

Abandonando a linearidade, a "filosofia dodecafônica" pôs em seu lugar uma tensão permanente que se incrusta no interior de seus textos, conduzindo-os num jogo sucessivo de variações semelhantes àquelas presentes na música atonal. Essa tensão tem como pano de fundo a insistente recusa do terceiro momento da dialética hegeliana – a apaziguadora síntese. Em suas aulas, Adorno confessou "aversão" por essa palavra, que lhe soava "extremamente desagradável".

O logicismo idealista de Hegel é descartado por ser "um mero procedimento do espírito para apoderar-se de seus objetos"; Adorno, contrariamente, propõe uma inflexão materialista, pois entende que "o movimento da dialética deve ser sempre, ao mesmo tempo,

---

[6] Buck-Morss, S. *Origen de la dialéctica negativa*. México: Siglo Veintiuno, 1981, p. 131 e p. 360.
[7] Adorno, T. *Terminologia filosófica*, v. 1. Madri: Taurus, 1983, p. 63.

um movimento da própria coisa e também do pensar".[8] O desenvolvimento do espírito, em Hegel, era concebido por meio da imagem do círculo que, em seu movimento ascendente, em forma de espiral, parecia voltar o resultado ao seu começo. Contra esse proceder que, ao mesmo tempo, pressupõe a identidade entre pensamento e ser e promove o "retorno do negado", Adorno mantém a tensão entre os opostos, recusando a conciliação. A dialética negativa, ao contrário, "tem por tarefa perseguir a inadequação entre pensamento e coisa", pois "se o todo é o falso", como sentenciou, "nada singular encontra sua paz no todo não pacificado".[9] A inflexão materialista, opondo-se à falsa identidade, volta-se contra a camisa de força que dilui os seres particulares. Portanto, "entregar-se ao objeto equivale a fazer justiça a seus momentos qualitativos".[10]

Quando o foco de Adorno passa a ser não mais a filosofia, mas a vida social, a crítica da falsa identidade e da submissão do particular ao geral o conduz ao que ele considera o centro do pensamento de Marx, o capítulo sobre o fetichismo da mercadoria. A forma-mercadoria assumida pelo trabalho humano impôs à sociedade, segundo Marx, o princípio da falsa identidade: a equivalência de todas as mercadorias, incluindo a força de trabalho, ao princípio abstrato e mensurável do valor, um universal que se impõe aos seres particulares, um critério quantitativo sobreposto às qualidades particulares dos objetos intercambiados. Assim fazendo, o capitalismo esconde a desigualdade: o fato de que o trabalho humano, além de reproduzir o seu valor, produz também um excedente, a mais-valia. Esquecida a origem humana da criação do valor, os produtos do trabalho humano ganham autonomia e se relacionam entre si como se estivessem enfeitiçados. Reificação é esquecimento: ao lado dos objetos autonomizados, os homens se apresentam no mercado na condição de proprietários da mercadoria força de trabalho, vendida e comprada por seu valor de mercado.

---

[8] Adorno, T. *Introducción a la dialéctica*. Buenos Aires: Eterna Cadencia, 2013, p. 107 e p. 119. [Há edição brasileira: Introdução à dialética. São Paulo: Unesp, 2022].
[9] Adorno, T. *Dialética negativa*, cit., p. 133.
[10] Idem, p. 133.

A inversão objetiva posta pelo fetichismo cristaliza a existência de uma segunda natureza que se sobrepõe à primeira. A vida social adquiriu um invólucro que recobre a essência da realidade. Esse invólucro, para Adorno, atende pelo nome de ideologia – camada que impregna o real e se reproduz nas teorias que se limitam à positividade, à imediatez, dissimulando, desse modo, as contradições.

Constelações

A recusa do sistema hegeliano, que concedia prioridade do todo em relação às partes, levou Adorno a se aproximar das ideias de Walter Benjamin. Para afirmar a autonomia das partes, Benjamin inicialmente empregou a palavra mosaico para, com ela, defender a escrita fragmentária. O livro *O drama barroco alemão* é um mosaico de citações arranjadas com tal cuidado que quase dispensam os comentários do autor. Retiradas de seu contexto original, as citações ganham uma nova armação, uma gama imprevista de relações.

Em obras posteriores, Benjamin, inspirado em Mallarmé, substituiu "mosaico" por "constelação" – uma forma de composição que compara ideias com estrelas. Ao contrário da totalidade, que pressupõe uma estrutura fechada, hierárquica, a constelação acena para uma imagem serial – a existência de um agrupamento, um conjunto de estrelas: cada uma é diferente da outra, recusa a equiparação, brilha por conta própria, é independente, afirma a sua liberdade iluminando a escuridão.

A distribuição espacial dos seres particulares, a coexistência dos diversos, opõe-se à ideia de uma totalidade *in progress*, ao movimento triádico do conceito tal como aparece nos textos de Hegel e Lukács. Quanto ao primeiro, basta lembrar a doutrina do silogismo, na qual o conceito de universal transpassa, em seu percurso temporal, a singularidade e a particularidade. Quanto a Lukács, toda a sua fase marxista está marcada pelo primado conferido à totalidade. Em *História e consciência de classe*, ela é o "princípio revolucionário da ciência" que se objetiva na consciência de classe do proletariado revolucionário – o sujeito-objeto idêntico, destinado a pôr fim às antinomias; nos ensaios de crítica literária dos anos 1930, a totalidade é refeita pelo olhar do romancista que constrói, segundo o cânon realista, "personagens típicos" vivendo "situações típicas"; na *Estética*, o primado é conferido à categoria da particularidade – o ponto de concentração que sintetiza o singular e o universal. Mas ela não se opõe à totalidade que nela se expressa.

Adorno acompanha Benjamin na recusa de uma totalidade que submete os seres particulares, preferindo também a palavra "constelação" para, com ela, reconstruir a totalidade e também exemplificar o procedimento da dialética negativa. A forma preferencial adotada por Adorno é o ensaio, que "não almeja uma construção fechada", "não chega a uma conclusão", se recusa a definir previamente conceitos, como quer o positivismo, preferindo "introduzir sem cerimônia e 'imediatamente' os conceitos, tais como eles se apresentam. Estes só se tornam mais precisos por meio das relações que engendram entre si". "*Relações*" é a palavra que define o procedimento adorniano para reconceituar uma totalidade descentrada, alheia aos determinismos. Com essa nova visada, "o ensaio deve permitir que a totalidade resplandeça em um traço parcial, escolhido ou encontrado, sem que a presença dessa totalidade tenha de ser afirmada".[11]

Nessa perspectiva antissistemática, a totalidade permanece envolta na indeterminação – não é "o todo complexo estruturado" de Althusser, mas guarda com esse autor a desconfiança em relação à "determinação em última instância", o que levou Fredric Jameson a afirmar que, nesse ponto, Adorno foi "um althusseriano *avant la lettre*".[12] Assim, estamos distantes da totalidade histórica passível de ser apreendida pela consciência de classe, como no Lukács de *História e consciência de classe*. Por sua vez, a defesa intransigente da particularidade contra as pretensões do todo serve de base para a crítica do realismo e da teoria do reflexo. Desse modo, Adorno se aproxima da teoria benjaminiana sobre a arte alegórica, dirigi-

---

[11] Adorno, T. *Notas de literatura 1*. São Paulo: Duas Cidades, 2003, p. 25, 36, 35.
[12] Jameson, F. *O marxismo tardio*. São Paulo: Ática, 1996, p. 315.

das tanto ao drama barroco alemão do século XVII quanto à arte moderna que recusa o realismo.

Na história da arte há uma antiga polêmica entre os defensores da alegoria ou do realismo (o símbolo, como também é chamado). Goethe sintetizou os dois procedimentos para defender a arte simbólica:

> Há uma grande diferença se o poeta busca o particular para o universal, ou se ele contempla o universal no particular. Do primeiro nasce a alegoria, em que o particular só vale como exemplo, como paradigma do universal; o segundo, no entanto, é próprio da natureza da poesia: expressa um particular, sem pensar no universal ou sem indicá-lo.[13]

Num outro registro, Benedetto Croce, entendendo a arte como "intuição lírica", insurgiu-se também contra a alegoria. Procurando diferenciar "a intuição artística da mera imaginação incoerente", afirma, como bom neohegeliano, o caráter unitário da arte: imagem artística "é tal quando une a um sensível um inteligível, e representa uma ideia [...]; ora, "inteligível" e "ideia" não podem significar senão conceito". A alegoria, contrariamente, tem um caráter "frígido e antiartístico"; ela "é a união extrínseca ou aproximação convencional e arbitrária de dois fatos espirituais, de um conceito ou pensamento e uma imagem, pelo qual se estipula que essa imagem deve representar aquele conceito".

Esse insanável dualismo se resolveria no símbolo, pois nele

> a ideia não está mais presente por si, pensável separadamente da representação simbolizadora, e esta não está presente por si, representável de maneira viva, sem a ideia simbolizada. A ideia se dissolve toda na representação [...] como um torrão de açúcar dissolvido em um copo de água, que está e opera em cada molécula da água, mas já não encontramos como torrão de açúcar.[14]

Adorno não desenvolveu uma teorização sobre a alegoria como fez Benjamin, mas manteve uma afinidade com aquela visão que

---

[13] Lukács, G. *Estética*, v. 4. Barcelona/México D. F., 1963, p. 427.
[14] Croce, B. *Breviário de estética: aesthetica in nuce*. São Paulo: Ática, 1977, p. 47-48.

valorizava a autonomia dos seres particulares e mantinha distância em relação à subordinação opressora da totalidade, tal como encontrou nos autores modernos que admirava. Desse modo, pôde delimitar sua distância com o legado hegeliano, com os defensores do realismo e da música tonal. A distância se fundamenta na consciência das relações mutáveis entre pensamento e arte no decurso histórico.

Mutações da arte

A época áurea do progressismo burguês, aberta pela Revolução Francesa, encontrou seu reflexo artístico mais alto na forma-sonata em Beethoven, de visíveis semelhanças com a dialética de Hegel: em ambas, a tensão entre o momento universal e o particular é predominante, bem como a reconciliação no final do percurso. Relação de parentesco, sim, mas não influência consciente. Adorno engloba os dois autores na mesma constelação histórica.

A forma-sonata é interpretada como uma construção racional feita à imagem do mundo burguês revolucionário, "um íntimo teatro do mundo". Ela se estrutura, como a lógica hegeliana, a partir de uma relação entre tema e desenvolvimento. O tema, inicialmente, é sugerido e não plenamente anunciado, mas, por meio do desenvolvimento da música, ele é retomado por meio de variações. No final, reafirma-se o que estava dado no indeterminado começo (à semelhança do ser na lógica hegeliana, o "imediato indeterminado", tão vazio e abstrato em sua primeira aparição, mas que por meio de sucessivas metamorfoses reafirma progressivamente sua identidade em meio às contradições para reaparecer conciliado no momento final do Conceito – mas agora plenamente enriquecido de determinações). Tudo, portanto, conclui Adorno, é sempre o mesmo: "Mas o sentido dessa identidade se reflete como não identidade. O material que serve como ponto de partida está feito de tal maneira que conservá-lo significa ao mesmo tempo modificá-lo. Esse material não é *em si*, mas é somente em relação com o todo".[15]

O "retorno do superado", observa Adorno, "confirma o processo como seu próprio resultado [...]. Não por acaso, algumas das

---

[15] Adorno, T. *Filosofia da nova música*. São Paulo: Perspectiva, 1974, p. 51.

concepções ideologicamente mais carregadas de Beethoven visam o momento da reprise como momento do retorno do idêntico. Elas justificam o que existiu outrora como resultado do processo".[16]

A forma-sonata, reiterando o mesmo, é interpretada como um elogio dos ideais da burguesia revolucionária. A concepção musical totalizadora em Beethoven "mantém a ideia de uma sociedade justa". Mas a relação entre os momentos estáticos, que sempre se repetem, e os momentos dinâmicos da música coincide "com o instante histórico de uma classe que supera a ordem estática, mas sem estar em condições de entregar-se livremente à própria dinâmica caso não pretenda, com isso, suprimir-se a si mesma".[17] A interrupção do processo e de suas tendências revolucionárias fez-se acompanhar, no plano teórico, da reafirmação do estático ("houve história, agora não há mais"), que se expressará nos *Princípios da Filosofia do Direito,* de Hegel, e no positivismo comtiano. O gênio de Beethoven realizou como obra de arte as promessas que a realidade social recusava. No Beethoven tardio, a chamada "terceira fase", o momento harmonioso e conciliador não tinha mais condições de existir e, por isso, foi abandonado; abandono que, segundo Adorno, não se explica pela surdez do compositor em seus últimos anos de vida, mas é resultado das transformações históricas que sepultaram os ideais revolucionários de 1789. O Beethoven tardio captou o novo momento histórico: "Persiste um processo em sua obra tardia; mas não como desenvolvimento, mas como conflagração entre os extremos que não toleram termo médio seguro nem uma harmonia baseada na espontaneidade".[18]

As transformações históricas sucessivas, alterando a base material da sociedade, continuaram trazendo modificações profundas na música. No século XX, efetivou-se a passagem da música tonal para a dodecafônica. A arte, agora, passa a sofrer o impacto da reificação crescente que deixou para trás não só a totalidade harmônica como também o aniquilamento do indivíduo. Não há mais lugar

---

[16] Adorno, T. *Dialética negativa*, cit., p. 385-6.
[17] Adorno, T. *Dialética negativa*, cit., p. 392.
[18] Adorno, T. "El estilo de madurez en Beethoven", em: *Reacción y progreso.* Barcelona: Tusquets Editor, s/d, p. 25.

para o realismo na literatura: o "herói problemático" é substituído pela dissolução do personagem em Kafka, Joyce, Beckett e Musil.

Quando Adorno passou do estudo da música, forma de conhecimento não discursivo, para a teoria social, precisou retornar ao tema da exposição-apresentação (*Darstellung*), central na escrita dialética. No posfácio da segunda edição de *O capital*, Marx advertiu sobre a necessidade de distinguir entre "o modo de exposição segundo sua forma" do "modo de investigação" para, assim, justificar o procedimento adotado – a arquitetura categorial grandiosa, baseada na história, mas não seguindo a sua cronologia. Adorno, por sua vez, propôs para si, como forma de apresentação, a escrita "paratática", inspirada nos caminhos abertos pelas composições do Beethoven tardio e na poesia de Hölderlin para, com elas, interpretar o estilhaçado mundo moderno.[19]

Na escrita *"paratática"*, os termos se ordenam sem que haja subordinação. É o oposto da *hipotaxe*, escrita na qual as relações entre os termos são de subordinação e dependência. Segundo Adorno, a linguagem, como representação, não consegue em sua generalidade expressar a verdade escondida nas singularidades, nos fragmentos isolados que resistem, em sua refratária irredutibilidade, ao enquadramento e subordinação, às sínteses violentas que suprimem as diferenças em nome de uma totalidade forçada, interessada em camuflar as contradições.

A *Teoria estética*, orientada por essa forma de escrita, foi interrompida pela morte do autor. Em suas cartas para o editor, Adorno insistia na necessidade de uma revisão da obra o que, talvez, pudesse torná-la mais compreensível. As ideias centrais de Adorno, entretanto, permaneceram as mesmas e estão expostas com mais clareza em textos anteriores. Marc Jimenez afirmou que um dos "fios condutores" do filósofo, "mascarados pelo método paratático", é "a questão da denúncia ideológica".[20] Sendo assim, a sua interpretação da *Teoria estética* centrou-se na relação entre "arte e

---

[19] Adorno, T. "Parataxis", em: *Notas de literatura*. Rio de Janeiro: Tempo Brasileiro, 1973.
[20] Jimenez, M. *Para ler Adorno*. Rio de Janeiro: Livraria Francisco Alves, 1977, p. 33.

ideologia" (subtítulo do livro na edição francesa), relação que, por sua vez, remete a Walter Benjamin. Segundo Benjamin, a arte, após libertar-se da função religiosa, envolveu-se nas teias das relações sociais e em suas contradições. Numa célebre passagem, afirmou que o fascismo estetizava a política e o comunismo respondia com a necessidade de politizar a arte. Adorno recusa essa alternativa e, contrariamente, defende a autonomia da arte e sua "inutilidade" (ausência de "função"), que a mantém, em princípio, afastada da lógica mercantil, mesmo sabendo que tal autonomia não é suficiente para manter a arte à margem do circuito mercantil e do processo de dominação ideológica. Assim, a arte em Adorno apresenta uma permanente dualidade: ela é, ao mesmo tempo, uma instância autônoma e um fato social, pois se encontra aprisionada à realidade empírica de onde extrai os seus materiais.

O afastamento em relação ao real, tentativa de fugir da identificação por meio da afirmação de sua autonomia garantida pela "lei formal", é o ponto de apoio para a crítica do realismo e da arte engajada, contra as quais Adorno dirigiu críticas irritadas. Aquelas duas formas artísticas teriam cometido o erro de se envolver com aquilo que pretendem criticar. Perdido o necessário isolamento, a não identidade, elas se enredam e se contaminam no mundo alienado. Erro oposto comete os que defendem a pura autonomia de uma arte que não leva em conta os condicionamentos sociais, como os defensores da "arte pela arte". A autonomia, afirmada pela elaboração formal, não é para Adorno um gesto gratuito, mas uma tomada de posição, uma recusa de diluir a arte, essa esfera qualitativa, no mundo reificado em que tudo se relaciona e se equipara por meio de um critério mensurável – a lei do valor.

O TODO E AS PARTES

É difícil avaliar uma obra tão rica e extensa como a de Adorno. A sua parte mais relevante, me parece, é constituída pelo conjunto de memoráveis ensaios – forma apropriada para um autor que recusava a sistematização. Entretanto, o brilho e o impacto causados pelos textos ensaísticos e sua enxuta forma não se repetem nas tentativas abrangentes das obras mais ambiciosas como *Dialética negativa*, *Dialética do esclarecimento* e a inconclusa *Teoria estética*. Vale aqui lembrar a opinião de um dos maiores especialistas da obra adorniana, Martin Jay: naquelas obras mais globalizantes Adorno parece "andar em círculos", permanecendo fiel ao seu método de justapor conceitos contraditórios e mantê-los em permanente tensão. Mészáros, numa crítica implacável àqueles livros, afirmou: "Lê-lo do início ao fim é um esforço frustrante, tarefa dolorosa que, quando concluída, deixa no leitor uma sensação de vazio".[21]

De fato, questões complexas permanecem em suspenso. Basta pensar aqui na própria "dialética negativa", construída a partir do discutível pressuposto de que Hegel diluía os seres particulares na indiferenciada totalidade. E mais que isso: a crença do universal como esfera que "comprime o particular como que por meio de um instrumento de tortura até que ele se desfaça em pedaços".[22] Adorno lembra Feuerbach, um dos primeiros autores a associar totalidade com totalitarismo e supressão dos particulares, e lembra também a posterior crítica dirigida por diversos autores ao conceito leninista de "centralismo democrático".

A posição adorniana se encontra no polo oposto de Althusser, que acusa Hegel não de esmagar os particulares nas garras de uma totalidade dominadora, mas, contrariamente, de ser um empirista que se deixa guiar pelos dados empíricos.

Se tomarmos como referência a *Dialética negativa*, a crítica de Adorno a Hegel concentra-se principalmente em *A Razão na História* e em *Princípios da Filosofia do Direito*, obras de maior conservadorismo de Hegel, nas quais o sistema bloqueia as possibilidades revolucionárias do método. Quanto às obras maiores – *Ciência da Lógica* e *Fenomenologia do Espírito* –, elas não constituem o foco da crítica adorniana.

Hegel desde sempre foi um quebra-cabeça para os estudiosos de sua obra. Além da citada oposição entre método e sistema, os intérpretes se engalfinham na disputa entre um Hegel filósofo da

---

[21] Mészáros, I. "A teoria crítica de Adorno e Habermas", em: *O poder da ideologia*. São Paulo: Ensaio, 1996, p. 157.
[22] Adorno, T. *Dialética negativa*, cit., p. 287.

necessidade ou filósofo da contingência, entre saber se ele se refere à história efetiva ou à historicidade.[23] Igualmente discute-se se ele era um conservador e não um liberal, como quer Norberto Bobbio,[24] ou se essa oposição é falsa e sem sentido etc.[25] A própria definição hegeliana da dialética como idealista-objetiva divide os intérpretes que tradicionalmente se apegam à atribuição de idealismo ou, então, como Lukács, veem uma oscilação entre logicismo e ontologia materialista.

Adorno, por sua vez, confronta a dialética negativa com o sistema hegeliano. Este é aproximado sem mais com a sociologia de Durkheim: em ambas se teria efetivado o primado do uno e a adoração da sociedade. A crítica a Hegel parece ter como foco o conceito de astúcia da razão expresso na célebre passagem: "A razão faz com que as paixões atuem por ela e que aquilo graças ao qual ela chega à existência se perca e sofra dano"; mas, "a razão não pode quedar-se no fato de indivíduos singulares terem sido lesados, os fins particulares perdem-se no universal".[26]

Hegel pretendia com essa afirmação um encontro harmonioso final entre os objetivos particulares dos indivíduos e a razão que, com seus meios ardilosos, colocaram em movimento as paixões individuais: deste modo, o universal se projeta "nos fins particulares e por meio dos mesmos se realiza". Razão e paixão constituem desse modo "a trama e o fio da História Universal", mas essa história não é o terreno da felicidade, e sim, "a imagem concreta do mal", um "açougue onde os indivíduos e povos inteiros são sacrificados". Diante desse cenário de horrores, e apesar dele, Hegel afirma que a razão "repudia a categoria do simplesmente negativo" e supõe que "deste negativo [...] promanará uma obra permanente, que a nossa realidade efetiva constitui um resultado da história de todo o gênero humano".[27]

---

[23] Dosse, F. *La historia. Conceptos y escrituras*. Buenos Aires: Nueva Visión, 2003, p. 180-185.
[24] Bobbio, N. *Estudos sobre Hegel*. São Paulo: Unesp, 1995.
[25] Losurdo, D. *Hegel, Marx e a tradição liberal*. São Paulo: Unesp, 1997.
[26] Hegel, G. W. F. *A Razão na História*. Lisboa: Edições 70, p. 52.
[27] Idem, p. 103, 246 e 88.

Não se pode esquecer que, para Hegel, é o Estado que dá sentido à história. Afinal, somente nessa instituição, a liberdade, que é o objetivo final da história, pode de fato se realizar, efetivar-se, uma vez que, somente no Estado, a vontade geral e as vontades particulares se conciliam plenamente. Com sua efetivação plena, de acordo com o seu conceito, o Estado deixa para trás a guerra de todos contra todos (o "açougue"), fazendo com que o ser social possa se realizar numa realidade-racional enfim tornada plenamente social (= política).

Essa visão positiva que no final triunfa sobre os destroços humanos tem, evidentemente, um fundo religioso: a identificação entre o curso do Espírito e a providência divina. Adorno fez uma crítica devastadora desse final feliz da teleologia hegeliana. A própria ideia de continuidade da história universal é descartada por subordinar os fatos particulares à marcha triunfal do espírito uno. Nem por isso, contudo, defende a tese da descontinuidade da história, que passaria a ser entendida como mera facticidade.

Adorno aponta para a história de uma unidade que, a partir da dominação da natureza, transformou-se em dominação sobre os homens e, finalmente, em domínio sobre a natureza interior. Sendo assim, conclui: "Não há nenhuma história universal que conduza do selvagem à humanidade, mas há certamente uma que conduz da atiradeira até a bomba atômica".[28]

O catastrofismo de Adorno, fruto de uma interpretação unilateral, condena em bloco todo o processo civilizatório, negando teses caras ao marxismo como a autoformação do gênero humano por meio do trabalho (o que não significa somente dominação sobre a natureza). A própria noção de necessidade histórica, cuja base última está na determinação econômica, é posta de lado e, com ela, a visão de uma totalidade contraditória estruturada a partir de sua base material. Tanto Hegel como Marx seriam idealistas ao divinizarem uma interpretação da história que se apoia na identidade entre razão e realidade, no primeiro, e no "primado da economia" para fundamentar "o final feliz como algo imanente à economia",

---

[28] Adorno, T. *Dialética negativa*, cit., p. 266.

no segundo.[29] Em Adorno, a identidade sonhada pelo hegelianismo e pelo marxismo produziu o pesadelo de uma razão irracional: "o todo é o falso" que se transformou numa ideologia que se reproduz mecanicamente.

No limite, todo o processo civilizatório é negado. Em Marx, ele significava "recuo das barreiras naturais", e isso não se reduz à transformação da natureza, mas também do próprio homem que, assim, tornou-se um ser social.

No decurso histórico, contudo, materializa-se uma contradição entre o desenvolvimento da totalidade (o gênero humano, a espécie) e as desventuras individuais. No livro *Teorias da mais-valia*, Marx fala da relação entre indivíduo e o processo histórico a partir das divergências entre o romantismo socialista de Sismondi e o realismo de Ricardo. E toma a defesa do último:

> A produção pela produção significa apenas desenvolvimento das forças produtivas humanas, ou seja, desenvolvimento da riqueza da natureza humana como fim em si mesmo. Opor a essa finalidade o bem do indivíduo é afirmar que o desenvolvimento da espécie tem de ser detido para assegurar o bem do indivíduo [...]; deixa-se de compreender que esse desenvolvimento das aptidões da espécie humana, embora se faça de início às custas da maioria dos indivíduos e de classes inteiras, por fim rompe esse antagonismo e coincide com o desenvolvimento do indivíduo isolado; que assim o desenvolvimento mais alto da individualidade só se conquista por meio de um processo histórico em que os indivíduos são sacrificados.[30]

A dialética entre a parte e o todo, o indivíduo e o gênero como dois polos inseparáveis do ser social foi trabalhada exaustivamente por Lukács na *Ontologia do ser social*. Numa linha oposta, romântica e regressiva, se coloca Adorno. O seu antievolucionismo radical se opõe à tese marxiana da emancipação humana em relação à natureza. Todo o processo evolutivo, que se inicia com a comunidade primitiva, é substituído pela dialética especulativa entre mito e esclarecimento que conduz a narrativa de *Dialética do esclareci-*

---

[29] Idem, p. 267.
[30] Marx, K. *Teorias da mais-valia*, v. 2. São Paulo: Difel, 1980, p. 549.

mento que Adorno escreveu em parceria com Horkheimer. As origens dessa visão pessimista, segundo Perry Anderson, estariam na filosofia de Schelling que via

> toda a história como uma regressão de um estado mais alto a um estado inferior de natureza 'decaída', após uma 'retração' da divindade que abandonara o mundo, e anterior a uma eventual 'ressurreição' da natureza mediante a reunificação da deidade e do universo. Adorno e Horkheimer adaptaram esta doutrina místico-religiosa e transformaram-na numa 'dialética do iluminismo' secular.[31]

Adorno também critica Marx por pregar uma "revolução das relações econômicas" e não "a transformação das regras de jogo da dominação", como queriam os anarquistas e também o próprio Adorno – alinhado aqui às teses de Weber sobre a racionalização/burocratização. A dominação, nesse registro, passou a ocupar o lugar que Marx atribuía à exploração capitalista. A dominação ideológica, assim, substitui a luta de classes.

A segunda referência da crítica de Adorno a Hegel centra-se nos *Princípios da Filosofia do Direito*. Também aqui se realizaria a tese da subjugação dos particulares ao universal. Este, representado segundo Hegel pelo Estado político, só se efetiva nos particulares (sociedade civil). Por isso, o Estado reintegra em sua universalidade os interesses que, até então, permaneciam dispersos e antagônicos na sociedade civil, tornando esta um momento do Estado. Há um movimento de mão dupla: o Estado se abre à sociedade civil por meio do que Hegel chamou da "trama privada". As assembleias, o Legislativo, a burocracia etc. são recrutados na sociedade civil. Por outro lado, as corporações, sindicatos, partidos etc., reunindo os indivíduos até então esparsos, se fazem presentes e se reconhecem na universalidade do Estado. Estamos, portanto, no interior de mediações de uma totalidade orgânica. Da leitura desse texto de Hegel, Gramsci tirou conclusões políticas decisivas. As corporações, por exemplo, não são instrumentos diabólicos do Universal

---

[31] Anderson, P. *Considerações sobre o marxismo ocidental*. Porto: Afrontamento, s/d., p. 106.

para triturar os seres particulares. Elas, ao contrário, são entidades ao mesmo tempo públicas e privadas, estatais e sociais. São locais de formação do consenso e luta pela hegemonia. Mas a política e a luta de classes não estão nos horizontes de Adorno.

Marx, em 1843, também compartilhava a tese da subordinação do todo às partes em *Princípios da Filosofia do Direito* como uma decorrência de artifícios logicistas (a doutrina do silogismo) aplicado à força naquela obra. Alguns anos depois, mudou de opinião. Numa carta a Engels afirmou que Hegel "não qualificou nunca de dialética a redução de 'casos' a um princípio geral".[32] E não foi mero acaso ter relido a *Ciência da lógica* antes de se aventurar a redigir *O capital*.

Adorno, paradoxalmente, faz finca-pé na tese da diluição dos particulares na totalidade, como característica da filosofia hegeliana e base de toda a dialética negativa. Quando sai do plano filosófico para a análise sociológica, como no texto sobre a indústria cultural, parece dar razão àquilo que criticara em Hegel: "É só porque os indivíduos não são mais indivíduos, mas sim meras encruzilhadas das tendências do universal, que é possível reintegrá-los totalmente na universalidade". Nesse ponto, conclui Adorno, "a indústria cultural realizou maldosamente o homem como ser genérico. Cada um é tão-somente aquilo mediante o que pode substituir todos os outros: ele é fungível, um mero exemplar. Ele próprio, enquanto indivíduo, é o absolutamente substituível, o puro nada".[33]

A dialética entre o universal e o particular tenciona a todo momento as análises de Adorno, conferindo-lhes visadas originais e, também, conduzindo-o muitas vezes a insuperáveis antinomias e contradições. Nada surpreendente para um autor que nos convida a pensar contra o próprio pensamento. Tal convite, contudo, pode se voltar contra a própria obra adorniana. Quando se referiu a Weber e Thomas Mann, Adorno afirmou que, nesses autores, "o decisivo é o que não está no mapa, ou seja, aquelas coisas que contrariam a sua

---

[32] Marx, K. *Anotaciones a la correspondencia entre Marx y Engels. 1844-1883*. Barcelona: Grijalbo, 1976, p. 291.
[33] Adorno, T.; Horkheimer, M. *Dialética do esclarecimento*, cit., p. 133 e 135.

própria metodologia oficial".[34] Um estudo aprofundado que contrastasse a *Dialética negativa* com a brilhante produção ensaística de Adorno certamente traria resultados surpreendentes. Mostraria não só o que contraria a "metodologia oficial" como, inversamente, a metodologia em alguns momentos se impõe arbitrariamente sobre os objetos analisados – é o caso do *jazz*: sua crítica destemperada foi feita a serviço de um método cuja pretensão original era se desenvolver em função da análise imanente dos objetos e não, como foi efetivamente realizada, enquadrando-os arbitrariamente a partir de conceitos aprioristicos.

Os posteriores recuos perante a avaliação do *jazz* são bem modestos e não puderam ir além, pois entrariam em confronto com a rigidez do método, pondo assim em cheque a própria teoria normativa de Adorno, que se veria ameaçada por aquilo que "não está no mapa". Por isso, os admiradores incondicionais de Adorno evitam criticar os textos sobre o *jazz*, recalcados como meros deslizes inofensivos que não merecem ser lembrados.

Ideologia, sociologia

Vimos como os autores ligados ao marxismo se reportam a um determinado momento da obra de Marx quando interpretam o fenômeno ideológico.

Adorno se apoia no capítulo sobre o fetichismo da mercadoria, do primeiro volume do livro *O capital*, para inverter a perspectiva das filosofias da subjetividade apegadas à consciência mistificada dos indivíduos. Propõe, assim, um deslocamento do sujeito (a consciência humana) para o objeto, a realidade social: é a própria realidade "enfeitiçada" que duplica a imagem falseada. A ideologia, vista sob esse ângulo, acompanha os desdobramentos da vida social. Ela não é, portanto, um fenômeno a-histórico, à semelhança do inconsciente, como afirmava Althusser, mas o resultado de um processo histórico iniciado com a divisão social do trabalho.

No livro *Temas básicos de sociologia*, escrito por Adorno em colaboração com Horkheimer, lê-se que o estudo de uma esfera

---

[34] Adorno, T. *Introdução à sociologia*. São Paulo: Unesp, 2007, p. 279-280.

espiritual, como a ideologia, deve se realizar a partir do "movimento histórico desse conceito, que é, ao mesmo tempo, o da coisa".[35] Portanto, deve-se buscar uma compreensão atenta às metamorfoses da superestrutura, que não se desenvolve sozinha como pretendem os idealistas, mas, contrariamente, pressupõe uma base material ("coisa").

Recorrendo à história, os autores lembram que, em sua luta contra o mundo feudal, a nascente burguesia condenou, em nome da razão e de seus interesses, os pré-conceitos que justificavam a ordem social. Ideologia, então, era um produto da "maquinação dos poderosos". O fenômeno ideológico, assim, aparecia, de um lado, como mera justificação do existente e, de outro, como ação sobre a mentalidade dos indivíduos. O Iluminismo afirmava que a compreensão errônea foi internalizada pelos homens: o erro, portanto, estaria nos indivíduos e não nas condições sociais responsáveis pela situação. Considerando a ideologia um erro, um desvio do intelecto que se afastou da realidade, a concepção iluminista permaneceu circunscrita à perspectiva gnosiológica. Adorno e Horkheimer, contrariamente, propõem uma interpretação que concede prioridade à base material da sociedade – a rigor, uma inflexão ontológica, como quer Terry Eagleton, mas que eles preferem chamar de materialista.

Na concepção oriunda do Iluminismo "predomina a ideia de que com o correto conhecimento do quimismo das ideias é possível dominar os homens", já que

> o conhecimento da origem e formação das ideias é o domínio de especialistas e o que estes elaborarem deve servir depois para os que fazem as leis e governam os Estados, a fim de assegurar a ordem por eles desejada, a qual era ainda identificada, sem dúvida, com a ordem racional.[36]

Como justificação de uma ordem, encobrimento, a ideologia se impôs como o fruto de relações sociais não transparentes num mundo ainda pré-industrial. Com o desenvolvimento do capitalismo, sua função se modifica fazendo com que o conceito tradicional

---

[35] Adorno, T.; Horkheimer, M. *Temas básicos de sociologia*, cit., p. 185.
[36] Idem, p. 180.

de ideologia perca o seu objeto. Até então, ele se baseava na pretensa autonomia dos produtos espirituais. Agora, a ideologia dispensa essa autonomia, e a sua antiga função de ser uma aparência socialmente necessária deixa de existir, já que a sociedade se tornou transparente e nela tudo está subordinado a uma direção orgânica que "converteu o todo num sistema coeso" – "a ideologia e a realidade correm uma para a outra; pois a realidade dada, à falta de outra ideologia mais convincente, converte-se em ideologia de si mesma".[37] Essa tese reaparece em diversos textos de Adorno. Na *Dialética negativa*, por exemplo, pode-se ler: "Com a sociedade, a ideologia progrediu a tal ponto que ela não é mais ilusão socialmente necessária e autonomia como sempre frágil, mas simplesmente como cimento: identidade falsa entre o sujeito e o objeto". Ou então: "A ideologia não se sobrepõe ao ser social como uma camada destacável, mas mora no ponto mais íntimo do ser social".[38] Desse modo, ela tornou-se um pensamento da identidade.

Com a unificação, desaparece também a distinção entre base e superestrutura: nesse "sistema coeso", a ideologia perdeu a sua antiga função ao tornar-se propaganda que duplica o mundo. Na *Teoria estética* Adorno fala em "reificação absoluta" para nomear a realidade empírica que se transformou numa ideologia que se duplica a si mesma.

O processo de reificação, no Lukács de *História e consciência de classe*, tinha como contraponto a consciência revolucionária do proletariado; em Adorno, contrariamente, a classe operária teria sido incorporada à ordem, permitindo que a reificação triunfasse definitivamente sem encontrar resistências. A sociedade reificada impôs-se assim aos indivíduos como uma segunda natureza sobre a primeira – aquela mediada socialmente.

Diante dessa nova realidade, as teorias sociais não ficaram imunes. A sociologia, por exemplo, tornou-se também ideologia, como comprovariam os desdobramentos do positivismo e do idealismo que capitularam diante da reificação ao se renderem à

---

[37] Idem, p. 201-2.
[38] Adorno, T. *Dialética negativa*, cit., p. 289 e p. 294.

"segunda natureza", transformando o mediado em algo imediato. Duplicando a realidade imediata, a sociologia transformou-se, como o seu objeto, em ideologia. Em suas aulas e ensaios, Adorno diversas vezes procurou contrastar a sociologia com a sua teoria crítica que tem como objeto a práxis social dos homens e seus resultados, enquanto, em Durkheim, o objeto da sociologia era o fato social e, em Max Weber, o sentido da ação social.

Contra essas duas concepções – a positivista e a idealista – voltou-se a crítica adorniana.

A crítica da sociologia como ideologia

Durkheim é o alvo principal de Adorno, já que a visão positivista da sociedade, que se limita a duplicar a realidade no pensamento, opõe-se radicalmente à teoria crítica e sua dialética negativa. De modo análogo, a definição do fato social como coisa, seu caráter impenetrável e, principalmente, a ação coercitiva que exerce sobre os indivíduos, seriam a glorificação da reificação e da tirania do todo sobre as partes. As coisas são fatos sociais, resultados da ação dos homens, e não o contrário. O objetivismo dado ao fato social, sua exterioridade em relação aos indivíduos, revela "simpatia com a coisificação e a consciência coisificada".[39] Esta última, vítima da coerção social, apenas se adapta ao mundo reificado, pois qualquer resistência é classificada como anomia e explicada como decorrente da fraca penetração da consciência coletiva na consciência individual.

O objetivismo do fato social ecoa o "espírito objetivo" de Hegel; Durkheim, entretanto, era "algo negligente na hora de citar suas fontes".[40] Nas duas teorias o primado do todo se impõe aos indivíduos, enquadrando-os coercitivamente, sendo que em Durkheim a cristalização dos fatos sociais nas instituições e na consciência coletiva resulta na des-historização da vida social e na abstração. A historicidade é substituída pela fixação nos "fenôme-

---

[39] Adorno, T. "Introducción", em *Sociología y filosofía de Émile Durkheim*. Obra completa, v. 8. Madrid: Akal, 2004, p. 245.
[40] Idem, p. 234.

nos primigênios" e na consequente "obsessão pelas relações primitivas: estas devem ser prototípicas de todo o social".[41] A consciência coletiva identificada com a média das opiniões, crenças etc. é uma abstração estatística, uma construção matemática feita a partir da eliminação das diferenças qualitativas concretas presentes na vida social. Esta abstração se reproduz nos indivíduos, considerados meros átomos, pois embora Durkheim insistisse que o indivíduo é mediado pela sociedade, esta mediação, diz Adorno, "precisa do mediado".[42] Sendo assim, Adorno, num curso ministrado em 1968, conclamou a sociologia a recorrer à dialética. A sociedade "não é um dado no plano dos sentidos, algo tangível de modo imediato". Mas, também, não é uma "realidade de segundo grau", impenetrável, que se impõe aos indivíduos. Ela não é nem um aglomerado de indivíduos-átomos e nem "algo absolutamente frente aos indivíduos, mas sempre contém em si, simultaneamente, ambos estes momentos". Dirigindo-se à classe, Adorno concluiu o raciocínio: "E aqui os senhores podem compreender exatamente por que a Sociologia precisa ser pensada dialeticamente – porque aqui o conceito de mediação entre as duas categorias contrapostas, de um lado, os indivíduos, e, de outro, a sociedade, encontra-se presente em ambos".[43]

A mediação que estrutura a vida social faz com que esta não possa ser pensada, como quer o positivismo, como um organismo formado por partes solidárias que garantiriam o seu funcionamento, colaborando todas elas para o equilíbrio. Adorno, em vez de organismo, prefere definir a sociedade como um sistema:

> Sistema é a sociedade como síntese de uma diversidade atomizada, como compêndio real, embora abstrato, de algo que de modo algum vem unido de maneira "orgânica", imediata. A relação de troca confere ao sistema um caráter decididamente mecânico: está objetivamente encasquetado em seus elementos, e em absoluto ao modo de um organismo, similar ao modelo de uma teologia divina,

---

[41] Idem, p. 234.
[42] Idem, 234.
[43] Adorno, T. *Introdução à sociologia*, cit., p. 119.

onde não há órgão ao qual não corresponda uma função no todo; todo do qual recebe o seu sentido.[44]

Esta concepção de uma sociedade acima dos indivíduos e que sobre eles exerce implacável coerção fez escola nos discípulos de Durkheim, como demonstram as várias teorizações sobre o papel social. Por outro lado, a identificação da consciência coletiva com a média das opiniões possibilitou que a estatística substituísse a reflexão teórica nas pesquisas sociológicas.

A ambiciosa pretensão durkheimiana de construir uma teoria geral da sociedade cedeu lugar, entre seus discípulos, ao projeto mais modesto de trabalhar com "teorias de médio alcance" (R. K. Merton), trocando a visão organicista e totalizante da sociedade global pelos diversos subsistemas sociais. Nessa mudança de orientação, o vínculo coercitivo do social sobre o indivíduo se desfez: como peças soltas, atomizadas, eles agora se movimentam no interior da sociedade desempenhando livremente diversos papéis sociais despregados das relações objetivas de domínio.

Adorno lembra que a expressão "papel social" nasceu no teatro, no qual os atores não são as personagens que representam. Essa dualidade ator-personagem, expressa, em verdade, um antagonismo. A teorização sobre os papéis sociais nas ciências humanas havia sido antecipada por Marx quando, em *O capital*, afirmou que os indivíduos no capitalismo eram personificações das categorias econômicas. A reificação assim efetivada servia para ocultar a dominação sobre os homens, descoberta que ainda não constava nos textos juvenis de Marx que gravitavam em torno da teoria da alienação. Segundo Adorno, o discurso sobre a alienação do eu, tal como aparece nos *Manuscritos econômico-filosóficos*, é insustentável: "Esse discurso se tornou apologético porque dá a entender, com facetas paternais, que o homem seria separado de um ser-em-si que ele sempre foi".[45] Num registro diferente, a defesa de uma autenticidade perdida reapareceu em Heidegger e em outros escritores cen-

---

[44] Adorno, T. et al. *La disputa del positivismo en la sociología alemana*, cit., p. 48-9.
[45] Adorno, T. *Dialética negativa*, cit., p. 232.

trados no conceito de pessoa ou em suas variantes, como a relação eu-tu, que assume "o tom oleoso de uma teologia".

A sociologia positivista não fala em alienação, tampouco admite a possibilidade de uma cisão dilacerando o indivíduo entre o seu eu e os papéis sociais que é obrigado a representar. No máximo, ela se refere à anomia para explicar os desajustes individuais, frutos da pouca coerção da consciência coletiva sobre a consciência individual ou, então, aos comportamentos patológicos que expressariam desvios que não colaboram com o bom funcionamento da engrenagem social.

A teoria sociológica sobre o papel social encontrou sua expressão mais famosa na obra de Talcott Parsons, que substituiu o organismo social durkheimiano pela teoria do sistema social construído a partir da somatória de elementos que tem como ponto de partida a relação entre duas unidades mínimas: *alter* e *ego*. A partir dessa relação se produzem expectativas de comportamento, tipos de ação possíveis etc. Parsons deriva dessa unidade mínima os elementos que compõem o sistema social: normas, valores, papéis, *status*, estrutura, funções etc. Desse modo, o máximo de totalização possível não é mais a sociedade, o organismo vivo, mas o conjunto de sistemas sociais existentes. Enquanto Durkheim partia da totalidade (organismo) para entender os fenômenos isolados, Parsons, ao contrário, parte da relação de dois indivíduos para daí deduzir os diversos sistemas sociais.

Estamos, assim, com Parsons, diante de uma teoria psicologizante que celebra o indivíduo desenraizado agindo livremente no desempenho de suas funções. Fragmentos dessa teoria orientaram alguns manuais de "sociologia sistemática" que reproduziam essa imagem de indivíduos movimentando-se numa sociedade presumidamente sem coerção (os antigos professores que seguiam essa vertente costumavam contrapor *status* e papel social, concluindo em tom solene: "O *status* é estático, o papel é dinâmico, pois o indivíduo não permanece fixo numa posição, já que desempenha ativamente diversos papéis em sua existência"). Essa coexistência pacífica entre o indivíduo e a sociedade é, segundo Adorno, a expressão exemplar da tirania exercida pela totalidade sobre as individualidades. Daí a urgência para deslocar a crítica filosófica da identidade para o terreno das ciências sociais.

A coerção social que estruturava a visão da sociedade em Durkheim foi abandonada na sociologia empírica que floresceu nos Estados Unidos a partir dos anos 1930. A fragmentação da vida social, concebida como um cenário idílico no qual os indivíduos livres desempenham papéis, trouxe consigo o abandono das mediações sociais, o esquecimento das estruturas econômicas que organizam e medeiam as relações humanas. Desse modo, observa Adorno: "Os papéis são próprios de uma estrutura social que adestra os homens para que persigam unicamente sua autoconservação e, ao mesmo tempo, lhes negam a conservação de seu eu".[46] A sociologia deveria superar a imediatez, a redução da sociedade ao desempenho de indivíduos soltos e encontrar uma estrutura social organizada desde o início para perpetuar a divisão social do trabalho e o adestramento dos indivíduos que irão cumprir "livremente" as funções impostas a ele.

A autonomização dos indivíduos, por sua vez, além de ocasionar a substituição da teoria geral da sociedade pela análise psicologizante do sistema social, transformou a estatística na principal ferramenta da interpretação sociológica. Adorno, exilado nos Estados Unidos, conheceu de perto a avalanche de pesquisas empíricas produzidas pela associação da universidade com os conglomerados empresariais, fenômeno que mereceu posteriormente a brilhante crítica de Wright Mills, em *A imaginação sociológica*. Convidado a trabalhar numa pesquisa sobre a música tocada nos rádios, Adorno ouviu a espantosa advertência de um professor estadunidense: "O senhor veio aqui para fazer *research*, não para pensar".[47] Desligar a pesquisa da reflexão era então um imperativo para garantir a objetividade do conhecimento sem elucubrações e abstrações filosóficas.

A primeira vítima desse procedimento é a recusa à totalidade, vista como um produto da especulação, um devaneio de filósofos. Com essa recusa, contudo, começam os problemas insolúveis da sociologia empírica. Qual o ponto de partida de uma pesquisa

---

[46] Adorno, T. *Epistemología y ciencias sociales*. Madrid: Frónesis, 2001, p. 12.
[47] Adorno, T. et al. *La disputa del positivismo en la sociología alemana*, cit., p. 62.

sobre a sociedade? Os leitores de Marx devem se lembrar daquela passagem em que ele afirma que poderia ser a população, observando em seguida que esta, sem as determinações, é uma abstração. A pesquisa empírica vai mais longe: deste dado abstrato que é a população retira-se uma amostra, o sorteio de indivíduos, que, na sequência, serão entrevistados individualmente. As respostas obtidas, isto é, as opiniões dos indivíduos, são o material a ser interpretado pelo sociólogo.

Mas o que é mais importante na sociedade e, por isso, deveria ser privilegiado na pesquisa? O tipo "comum", aquele que se inclui no maior número das respostas obtidas? O tipo "típico", aquele que expressa em sua singularidade traços universais, como pretendia o romance realista do século XIX? Ou o tipo "médio", aquela abstração estatística que concentra num determinado ponto de confluência o setor privilegiado pela pesquisa, neutralizando, assim, os pontos extremos que permanecem nas margens? A sociologia empírica trabalha com a mediania; mas isso é mais uma abstração, pois, sendo uma criação estatística, o tipo "médio" não encontra correspondência nos indivíduos concretos (nenhum entrevistado, por exemplo, assiste regularmente a 2,3 filmes por mês).

O centro da crítica de Adorno é a questão da objetividade. A pulverização da sociedade entendida como uma totalidade e a consequente atomização dos indivíduos afastam a pesquisa da pretendida objetividade e consagram o puro subjetivismo. A referência primeira e última da pesquisa é a opinião dos indivíduos sobre questões que lhe são impostas pelo pesquisador. Diz Adorno: "Pretende-se investigar um objeto mediante um instrumento de investigação que decide, em virtude de sua própria formulação, o que é o próprio objeto – em suma, um círculo vicioso".[48] Portanto, a objetividade se restringe ao método da pesquisa, e não ao objeto. Desse modo, a sociologia "toma o epifenômeno, o que o mundo fez de nós, pela própria coisa". A natureza coisificada do método "é transferida a seus objetos, isto é, aos estados de coisas

---

[48] Idem, p. 86.

subjetivos averiguados, como se estes fossem coisa em si e não estivessem coisificados".[49]

A crítica demolidora à sociologia empírica, contudo, se fez acompanhar de uma constatação bem fiel ao espírito dialético de Adorno: essa teoria contém um momento de verdade ao refletir fielmente a realidade da reificação. Por isso, Adorno sempre se empenhou na aproximação da filosofia com as ciências humanas e, em especial, com a sociologia – projeto anunciado em 1931, quando assumiu a direção do Instituto de Pesquisas Sociais. A conciliação entre filosofia e pesquisa empírica, tentada nos Estados Unidos, foi retomada quando de sua volta à Alemanha, após a Segunda Guerra Mundial. Lá, deparou-se com a hegemonia do idealismo, expressa na concepção dos discípulos de Weber que consideravam a sociologia uma "ciência do espírito".

Adorno, então, fez uma meia defesa da sociologia empírica ao constatar que a sua vitória contra o pensamento especulativo (dialético), "foi também o resultado de tendências do desenvolvimento, ou da própria realidade, contra a qual não têm valor as afirmações voluntárias em sentido contrário".[50] Sendo assim, o empirismo é considerado um método mais adequado do que o idealista para retratar uma sociedade em que os homens foram reduzidos a números. Ele apresenta-se assim como "o espelho de Medusa" de uma sociedade "simultaneamente atomizada e organizada de acordo com alguns princípios classificatórios abstratos: os da administração".[51] Diante de tal constatação, Adorno dirige sua crítica a Max Weber.

Weber, convém lembrar, sempre foi uma influência importante em Adorno, que retomou e reelaborou criticamente temas centrais de sua obra como, por exemplo, a racionalização. Mas, o projeto weberiano de criação de uma "sociologia compreensiva" é sumariamente descartado. Essa pretensão de conhecer a sociedade "por dentro", por meio do sentido atribuído à ação dos indivíduos, é rejeitada por Adorno com uma argumentação que lembra o "coisismo" de Durkheim: a vida social não se restringe à ação dos indiví-

---

[49] Idem, p. 87 e 84.
[50] Adorno, T. e Horkheimer, M. *Temas básicos de sociologia*, cit, p. 122.
[51] Adorno, T. *La disputa del positivismo en la sociología alemana*, cit., p. 87.

duos, pois comporta outros elementos que deles escapam como, por exemplo, as instituições. Estas, segundo Durkheim, são os resultados da síntese das ações dos indivíduos e, desta síntese, nasce algo novo, objetivo, com existência própria que se impõe a eles, que não a reconhecem mais como sua criação, permanecendo, assim, impenetráveis à razão. Adorno, do mesmo modo, entende as instituições não como "ação imediata", mas como "ação coagulada [...], algo que se tornou autônomo diante da ação imediata".[52]

Contra o sentido atribuído aos indivíduos, Adorno, como Durkheim, acredita que o sentido da ação social "depende muito mais dessas instituições e pode ser explicado unicamente a partir dessas instituições".[53] As semelhanças, entretanto, terminam aí. Diferentemente de Durkheim, ele argumenta que tratar os fatos sociais como coisas implica na renúncia a compreendê-los:

> Durkheim não se deixou dissuadir do fato de que todo indivíduo experimenta primariamente a sociedade como o não-idêntico, como 'coação'. Nesta medida, a reflexão sobre a sociedade começa ali onde acaba a compreensibilidade. Em Durkheim, o método científico-natural, que ele defende, registra essa 'segunda natureza' de Hegel na qual a sociedade acabou convertendo-se frente a seus membros. A antítese de Weber, não obstante, é tão parcial como essa tese, pois se dá satisfeita com a incompreensibilidade [...]. O que se deveria fazer é compreender a incompreensibilidade, deduzir a opacidade de uma sociedade autonomizada e independente dos homens a partir das relações existentes entre eles. Hoje, mais do que nunca, a sociologia deveria compreender o incompreensível, a entrada da humanidade no inumano.[54]

A transformação da sociologia em ideologia que se compraz na reprodução da segunda natureza, do "inumano", da "realidade de segundo grau", foi criticada, como vimos, por meio da referência à teoria marxiana do valor e sua decorrência: o fetichismo da mercadoria. Essa mesma base teórica foi convocada na última obra de Adorno, *Teoria estética*. Nela, o pensamento assistematicamente sistemático de Adorno retorna a temas que lhe são caros: a crítica ao sistema hege-

---

[52] Adorno, T. *Introdução à sociologia*, cit., p. 254.
[53] Idem, p. 255.
[54] Adorno, T. *Epistemología y ciencias sociales*, cit., p. 11-12.

liano que submete as partes ao domínio do todo, a relação entre aparência e essência, imediato e mediato, quantidade e qualidade, a nova função da ideologia que agora impregna o interior da realidade etc.

Jazz

Para se entender as incursões de Adorno no *jazz*, faz-se necessário lembrar inicialmente que a música, como a arte em geral, para ele, é portadora de um significado, é uma objetivação significativa.

Nesse primeiro momento, estamos na perspectiva aberta por Hegel. Em sua *Estética*, Hegel considerava a arte como parte orgânica do sistema filosófico e a ele subordinado. Desse modo, o filósofo marca sua posição contrária àqueles que veem a arte como manifestação imediata da imaginação indisciplinada, da intuição e dos sentidos, uma esfera, portanto, anterior à razão. Por outro lado, diferencia-se também do criticismo kantiano que entende a arte como uma "finalidade sem fim", um "interesse desinteressado". A filosofia e a arte, para Hegel, visam ao mesmo objetivo: a verdade. O caráter cognitivo da arte expressa, ao mesmo tempo, um momento determinado do autodesenvolvimento do Espírito e a forma por meio da qual o homem se diferencia da natureza, se exterioriza, fazendo a si mesmo objeto de contemplação. A arte, dessa maneira, é portadora de um sentido que interpela e desafia os homens. Arte e filosofia caminham juntas, afinal, são manifestações do Espírito.

O caráter racional da arte, em Adorno, além da herança hegeliana, apoia-se também na sociologia de Weber, situando-a no interior do processo geral de racionalização que caracteriza a cultura do Ocidente, diferenciando-a das demais culturas. Esse referencial se faz acompanhar da temática da reificação desenvolvida por Lukács em *História e consciência de classe*.

Partindo dessas referências, Adorno interpreta a música como parte de um processo histórico mutável, parte integrada e subordinada ao processo geral de racionalização do mundo ocidental. Com isso, sobe para o primeiro plano o caráter cognitivo da música. Curiosamente, a emoção que a música produz no ouvinte só é referida de modo negativo, como resultado da manipulação dos sentidos humanos.

Além do caráter cognitivo, a música deve ser vista como um produto histórico socialmente determinado. Na *Filosofia da nova música*, Adorno escreveu:

> Até hoje a música existiu somente como produto da classe burguesa que incorpora como contraste e imagem toda a sociedade e a registra ao mesmo tempo esteticamente. O feudalismo nunca produziu uma música 'sua', mas sempre se fez prover da burguesia urbana, enquanto o proletariado, simples objeto de domínio da sociedade total, sempre lhe foi impedido, por sua própria constituição ou por sua oposição ao sistema, constituir-se em sujeito musical [...]. No momento atual cabe duvidar de que exista uma música que não seja burguesa.[55]

As diversas músicas do mundo, suas diversidades e características próprias são, assim, solenemente descartadas nessa interpretação restrita e, digamos, preconceituosa. Confinada ao processo de racionalização, a música ocidental, em sua história, conheceu momentos fundamentais destacados na análise de Adorno.

O primeiro momento, o da música tonal, se expressou por meio de Carlo Jesualdo e, principalmente, Bach. Contra as interpretações que procuram vincular Bach à teologia medieval, transformando-o num "compositor eclesiástico", Adorno, recorrendo à história, lembrou que Bach foi contemporâneo dos enciclopedistas e que suas composições, como o *Cravo bem temperado*, têm "no próprio título, [...] uma declaração de pertencimento ao processo de racionalização".[56] Na polifonia e no contraponto se comprovariam o caráter matemático da obra de Bach.

O segundo momento é representado por Haydn, Mozart e Beethoven, compositores que expressam o caráter afirmativo da visão do mundo de uma burguesia revolucionária, num momento em que o universal e o particular pareciam estar conciliados na realidade social e na música. O pleno triunfo da tonalidade é algo adaptado harmoniosamente ao "espírito objetivo da época". Ador-

---

[55] Adorno, T. *Filosofia da nova música*, cit., p. 104-105.
[56] Adorno, T. "Em defesa de Bach contra seus admiradores", em *Prismas. Crítica cultural e sociedade*. São Paulo: Ática, 1998, p. 132-133.

no recorre a Weber para relacionar a música à economia monetária burguesa, à qual ela se subordinou: a música tonal

> evoluiu cada vez mais para um momento de comparação de tudo com tudo, para a nivelação e a convenção. O sinal mais simples disso é que os acordes principais do sistema tonal podem ser colocados em inúmeras passagens, como se fossem formas de equivalência do sempre idêntico com o sempre diferente.[57]

Na sequência, Adorno se refere ao novo período histórico que tem sua expressão musical em Wagner, assinalando a decadência da música tradicional e antecipando o advento do nazismo. Aqui, não há crítica baseada no material artístico, mas apenas uma derivação do conteúdo musical ao antissemitismo do compositor. De resto, o caráter generalizador da crítica adorniana não faz justiça a Wagner, rotulado, sem mais, como "herdeiro e assassino do Romantismo". Toda a argumentação se baseia na tese da "decadência ideológica da burguesia", tese repudiada por Adorno em suas críticas virulentas à teoria literária de Lukács. Ferenc Fehér não deixou escapar essa referência à decadência ideológica:

> Não sem regozijo observo como Adorno que se lançou a essa selvagem crítica da teoria da decadência de Lukács, tem a sua própria que situa o limite em que as *capacités de la bourgeoisie s'en vont* exatamente no mesmo ponto em que o fizeram Marx e Lukács, isto é, depois da derrota da revolução proletária de Paris em junho de 1848.[58]

O mundo moderno, momento da máxima racionalização, se expressa musicalmente, de um lado, pela tendência "restauradora", representada por Stravinski e, de outro, pelo "progresso" musical representado pela música atonal de Schönberg que não recorre mais à interação entre o geral e o particular como fazia Beethoven, pois recusa a totalização em nome de uma agressiva fragmentação. Em oposição irreconciliável com a realidade, a nova arte "acolhe em si

---

[57] Adorno, T. "Por que é difícil a nova música", em: Gabriel Cohn (org.) *Theodor Adorno*. São Paulo: Ática, 1986, Coleção Grandes Cientistas Sociais, p. 151.
[58] Fehér, F. "Música y racionalidad", em: Fehér, F.; Heller, A. *Políticas de la postmodernidad*. Barcelona: Península, 1989, p. 108.

as contradições de maneira tão firme que já não é possível superá-las". A dialética negativa realizou-se plenamente na música atonal: sem possibilidade de síntese, "a contradição fica interrompida".[59] Ela representa a "divergência absoluta" – daí a reação raivosa que provoca no ouvinte apegado à segurança da música tonal.

Como se pode ver, tal música não se dirige mais "ao grande passado burguês", mas ao indivíduo "abandonado ao seu isolamento no último período burguês". A música dodecafônica tem como momento constitutivo "o momento do absurdo ou falta de sentido", modo retorcido de tentar conferir sentido a um mundo sem sentido. A mudança é radical. Em épocas anteriores, a música era "comunicável": surgida do estilo recitativo, ela, desde o início, imitava a linguagem falada. Agora, contrariamente, ela

> renuncia ao engano da harmonia, engano que se tornou insustentável frente a uma realidade que está marchando para a catástrofe. O isolamento da nova música radical não deriva de seu conteúdo associal, pois, mediante sua única qualidade [...] indica a desordem social, ao invés de volatizá-la no engano de uma humanidade entendida como já realizada [...]. A desumanidade da arte deve sobrepujar a do mundo por amor ao homem.[60]

Chegando a esse ponto, podemos entender a implicância de Adorno para com o *jazz*, estilo musical em tudo divergente do cânon que lhe serve de critério para avaliar as produções musicais da modernidade. São três os principais momentos em que investe diretamente contra o *jazz*, mas as farpas estão presentes em diversas obras, inclusive na inacabada *Teoria estética*.

Em 1933, os nazistas no poder proibiram as rádios de transmitirem *jazz*, música "decadente", produto da "miscigenação". Adorno apoiou a medida, argumentando que o "drástico veredicto" "apenas confirma" um fenômeno que "objetivamente já fora há muito tempo decidido: o fim do *jazz* por si mesmo".[61] Em sua

---

[59] Adorno, T. *Filosofia da nova música*, cit., p. 101 e p. 106.
[60] Idem, p. 105-6.
[61] Adorno, T. "Abschied vom *jazz*" (Adeus ao *jazz*), em: *GS*, v. 18. Frankfurt: Suhrkamp, 1996, p. 795. *Apud* Patriota, Rainer. "Apresentação à edição brasileira", em Berendt, J-E.; Huesmann, G., *O livro do jazz*. São Paulo: Sesc/Perspectiva, 2014.

extensa biografia, Stefan Müller-Doohm, lembrou as hesitações de Adorno que ingenuamente pensava em permanecer na Alemanha "a qualquer preço", como escreveu numa carta. Quanto ao decreto nazista proibindo o *jazz*, afirmou o biógrafo:

> Seu comentário sobre a proibição da 'música da raça negra' (*artfremde Musik*) não expressava uma conformidade direta, não obstante afirmava erroneamente que, com o decreto, se sancionava *post factum* o que já havia sucedido desde o ponto de vista musical: 'o fim da própria música de *jazz*'. Segundo o artigo, já não havia no *jazz* nada para defender ou salvar, posto que se encontrava, já há tempo, em processo de dissolução, em fuga para marchas militares e todo tipo de folclore. O *jazz* desapareceria da cena da produção artística autônoma por 'estupidez'. Com a dissolução espontânea do *jazz*, 'não se elimina a influência da raça negra sobre a música do hemisfério Norte, nem tampouco um bolchevismo cultural, mas somente um elemento de atividade artística de má qualidade'.[62]

Apesar do anúncio fúnebre, o *jazz* felizmente não acabou... Exilado em Oxford, Adorno poucos anos depois esboçou um projeto para pesquisar o *jazz*, que, por falta de verbas, foi abandonado. Mais em frente, enviou para a revista do Instituto o ensaio "Sobre o *jazz*", assinado com o sugestivo pseudônimo de Hektor Rottwailer.

O objetivo de Adorno, entendendo a música como um fato social, era explorar as relações entre a estrutura interna do *jazz* e o seu correspondente social, vale dizer, as contradições sociais. Com isso, se desvelaria a verdade presente na música, sua determinação social, já que ela expressa tendências sociais objetivas. Esse enfoque metodológico guarda certas semelhanças com a homologia das estruturas em Lucien Goldmann, o que não é de surpreender quando lembramos que ambos partem das ideias estéticas do jovem Lukács.

Como produção musical, o *jazz*, para Adorno, é formado por "estereótipos rígidos" e todos os seus elementos formais "estão pré-formados de maneira completamente abstrata pela exigência capitalista da intercambialidade". Embora procure disfarçar, o *jazz* é uma mercadoria, regida como as outras pelas leis do mercado. Ao

---

[62] Müller-Doohm, S. *En tierra de nadie*. Barcelona: Herder, 2003, p. 256.

contrário da música erudita, guiada por uma lei formal autônoma, o *jazz* é dominado por sua função. Por isso, é sempre a repetição de um modelo com alterações superficiais, permanece constantemente o mesmo, simulando ser uma novidade. Por isso, à figura do compositor juntam-se o arranjador e o editor para adequar a música às necessidades do mercado.

Ser consumido por todas as classes, apresentar-se como um produto de massa que pretensamente se oporia ao isolamento da música autônoma, não significa democratização, mas, contrariamente, submissão. O *jazz* não representa a revolta dos negros, mas sua integração nos mecanismos de dominação – "uma confusa paródia do imperialismo cultural". A música arcaico-primitiva dos escravizados passou a ser pré-fabricada não mais para os "selvagens", mas para os "servos domesticados", o que acentua "os traços sadomasoquistas do *jazz*".[63]

O improviso *jazzístico* não tem nada de libertador, pois representa mais uma das "tentativas de evasão do mundo das mercadorias fetichizadas": "com o *jazz* uma subjetividade impotente se precipita do mundo das mercadorias para o mundo das mercadorias; o sistema não deixa nenhuma escapatória". Música nascida da junção entre as bandas militares e a dança de salão, o *jazz* tomou da primeira o modelo de orquestra e, por isso, "se adapta bem a seu uso pelo fascismo".[64]

Vinte anos depois, a persistência do *jazz*, que Adorno condenara à morte, levou-o a escrever o ensaio *Moda intemporal* – sobre o *jazz*. O *jazz*, afirmou então, não morreu por razões econômicas: ele tornou-se uma mercadoria – "a imortalidade paradoxal do *jazz* tem o seu fundamento na economia".[65] Enquanto a moda reconhece sua efemeridade, o *jazz* pretende-se intemporal.

A análise técnica permanece a mesma do ensaio anterior:

---

[63] Adorno, T. "Sobre el *Jazz*", em: *Escritos musicales*, v. 4. Madrid: Península, 2008, p. 92-3.
[64] Idem, p. 102.
[65] Adorno, T. "Moda intemporal – sobre o *jazz*", em: *Prismas. Crítica cultural e sociedade*, cit., p. 121.

o *jazz* é uma música que combina a mais simples estrutura formal, melódica, harmônica e métrica com um decurso musical constituído basicamente por síncopas de certo modo perturbadoras, sem que isso afete jamais a obstinada uniformidade do ritmo quaternário básico, que se mantém sempre idêntico.[66]

A "mesmice do *jazz*", diz Adorno, parece não cansar um público submetido ao estímulo monótono. O caráter conformista também é reiterado. A aparente rebeldia está atrelada à "disposição à obediência cega, da mesma forma como, segundo a psicologia analítica, o tipo sadomasoquista se rebela contra a figura do pai, mas mesmo assim o admira secretamente, deseja igualar-se a ele, mas aprecia a odiosa submissão". No mundo administrado, nada escapa à dominação. Por isso, o que se apresenta como liberdade no *jazz*, o improviso, é considerado "ramo do negócio". A rotina a que estamos submetidos "não deixa mais espaço para a improvisação, e o que aparece como sendo espontâneo foi estudado cuidadosamente com precisão maquinal".[67]

Capturado pela lógica mercantil, o *jazz* é apenas mais uma expressão da indústria cultural: um artigo estandardizado feito para o consumo massivo, um produto sempre igual, estático, que desconhece história e rupturas. Música e sociedade convergem assim numa homologia. A moda intemporal do *jazz* "torna-se parábola de uma sociedade petrificada", uma sociedade que evita se modificar para "não entrar em colapso".[68]

Ao lado da produção e reprodução, suas vítimas, os consumidores, aceitam e reforçam a dominação ao acolherem o que lhes é imposto e se recusarem a qualquer elemento novo que escape da mesmice. Fecha-se, assim, um círculo de ferro. Os fãs do *jazz*, que se chamavam a si mesmos de *jitterbugs* (besouros), em seu desejo de se sentirem parte de uma comunidade, se entregam à servidão. O comportamento deles "assemelha-se à seriedade animalesca dos séquitos nos Estados totalitários". Recorrendo à teoria psicanalíti-

---

[66] Idem, p. 117.
[67] Idem, p. 118-119.
[68] Idem, p. 118.

ca, Adorno afirma que o objetivo do *jazz* é a reprodução mecânica de um momento regressivo,

> uma simbologia da castração, cujo significado talvez seja o seguinte: deixe a sua pretensa masculinidade de lado, deixe-se castrar, como proclama e zomba o som eunuco da *jazz-band*, pois fazendo isso você receberá uma recompensa, o ingresso em uma fraternidade que compartilha com você o segredo da impotência, a ser revelado no rito da iniciação.[69]

A truculência da crítica adorniana não ficou sem resposta. Um dos principais estudiosos e divulgadores do *jazz* na Alemanha, Joachim-Ernst Berendt, escreveu uma réplica em que procurou desmontar os argumentos de Adorno.

Berendt inicia o texto afirmando ser equivocado incluir o *jazz* na música comercial. *Jazz* sempre foi música de minorias, afirmação que ele repetirá na abertura de sua enciclopédica obra *O livro do jazz, de 1953*. Nada, portanto, ligado à indústria cultural, pois desde o final dos anos 1930 nenhuma música de *jazz* figurou na lista dos maiores sucessos. Viver de *jazz* não era nada fácil: o clarinetista Sidney Bechet, um dos músicos que mais participou de gravações, "abriu uma alfaiataria numa rua imunda do Harlem, com a qual ele ganhou, em suas próprias palavras, "muito mais dinheiro do que teria conseguido tocando", e o saxofonista Stan Getz, conhecido mundialmente, precisou arrumar um emprego na Orquestra Sinfônica da NBC para sobreviver.[70] (O tradutor do texto, Frank Michael Carlos Kuehn, lembrou que Getz só se livrou das dificuldades financeiras nos anos 1960 graças ao sucesso de sua gravação de "Desafinado", de Tom Jobim).

No que diz respeito à análise técnica, Berendt observou que o *jazz* se caracteriza por três elementos: "a improvisação, o modo *hot* de sua impostação sonora e a sobreposição de camadas rítmicas diversas".[71] Munido de sólidos conhecimentos musicais, o autor

---

[69] Idem, p. 126-7.
[70] Berendt, J.-E. "A favor e contra o *jazz*", em: *Revista Arte Filosofia*, n. 16, jul. 2014, p. 6.
[71] Idem, p. 4-5.

desenvolve cada um desses elementos para contrapor-se à argumentação de Adorno.

Fiquemos com o primeiro e o mais importante. Ao contrário da música comercial, em que o instrumentista toca nota por nota o que está escrito na partitura, o *jazz* se abre à improvisação, ausente durante dois séculos na música europeia. Contra a afirmação de Adorno, segundo a qual os músicos decoravam minuciosamente seus improvisos, perguntou:

> Será que ele desconhece que nenhum dos grandes músicos de *jazz* tocou o mesmo solo duas vezes? Existem gravações de Louis Armstrong dos anos 1920 e de Charlie Parker dos anos 1940 que, devido a problemas técnicos, compõem-se de diversas versões feitas num mesmo dia e posteriormente reunidas num único disco. Tais gravações são a prova cabal de que nenhum deles repetiu um compasso sequer do que tocara na gravação anterior do mesmo tema.[72]

Berendt ainda analisa a estrutura harmônica do *jazz* e suas relações com o Impressionismo, a parte rítmica e o caráter expressivo do *jazz*, gênero em que, ao contrário da música tradicional, a expressão é mais importante que a beleza (o modo *hot* da expressão sonora).

Em sua breve tréplica,[73] Adorno reitera sua crítica, ao afirmar que o procedimento rítmico é o mesmo no *jazz* refinado e na música comercial. Quanto à harmonia, critica a "docilidade" e o caráter "convencional" de quem retorna a Stravinsky e à tonalidade, achando que isso é moderno, sem ter ouvidos para entender a sonoridade emancipada de Schönberg. Finalmente, afirma uma vez mais que o *jazz* serve ao conformismo por conta de seu caráter sadomasoquista. A integração do indivíduo ao coletivo, sua submissão à regularidade do ritmo, a humilhação dos músicos negros apresentados ao público *jazz*ista como "palhaços excêntricos" etc.

O veredicto generalizador de Adorno, ao contrário de suas afirmações metodológicas em defesa da análise histórica e do estudo imanente, congelou o *jazz* num momento passageiro de sua evo-

---

[72] Idem, p. 9.
[73] Adorno, T. "Réplica a uma crítica a 'Moda intemporal'", em: *Prismas. Crítica cultural e sociedade*, cit.

lução – mas, mesmo aí, a análise é equivocada. Como fruto da miscigenação, o *jazz*, desde suas origens, foi marcado pela capacidade de receber as mais diferentes influências. Além dos ritmos africanos e das harmonias inspiradas no impressionismo francês, ele comportou-se como um camaleão em constante mudança, fundindo-se com várias formas de expressão musical.

Berendt e Huesmann, em O *livro do jazz*, exploram cuidadosamente o intercâmbio musical no *jazz*. Dizem os autores: "Até a época do cool *jazz*, os *jazz*istas provaram e exploraram praticamente tudo o que puderam na história da música europeia entre o barroco e Stockhausen".[74] Depois, com a conversão de muitos músicos negros ao islamismo, o *jazz* incorporou a música feita nos países árabes, sem contar as influências da música feita na Índia e Espanha (o flamenco). Finalmente, a partir dos anos 1960, o *jazz*, sufocado pelo sucesso massivo do rock, encontrou um renascimento ao encontrar-se com a bossa nova.

Quem soube fazer bom uso das pesquisas de Berendt (atualizadas periodicamente por Huesmann) foi o historiador Eric Hobsbawm. A sua *História social do jazz* classifica o gênero como "um dos fenômenos mais significativos da cultura mundial do século XX", e assinala como características básicas: o uso de escalas originárias da África que não são usadas na música erudita como, por exemplo, a escala *blue*, com a terceira e a sétima diminuídas (abemoladas); o ritmo; a utilização de instrumentos incomuns na música europeia; a criação de um repertório específico; a improvisação, que faz do *jazz* uma música de executantes, subordinando tudo à individualidade do músico – uma música "que não é reproduzida, ela existe somente no momento da criação".[75]

Para os negros o *jazz* simboliza afirmação identitária, protesto e revolta que variam desde "um racismo negro primitivo e emocional" até "formas políticas mais consequentes".[76]

---

[74] Berendt; Huesmann. O livro do *jazz*, cit., p. 48.
[75] Hobsbawm, E. *História social do jazz*. São Paulo: Paz e Terra, 1991, 2 ed., p. 149.
[76] Idem, p. 225-226.

Recorrendo às pesquisas realizadas no período estudado por Adorno, em que o *jazz* era prioritariamente música dançante, Hobsbawm fez o seguinte comentário a respeito dos fãs do gênero:

> Os fãs de *jazz* não escutam a sua música para dançar, e, geralmente evitam fazê-lo [...]. Eles ficam ao lado do palco, imersos na música, assentindo com a cabeça, sorrindo uns para os outros... Ou ainda: 'o *jazz*, para o verdadeiro fã, não é algo para ser escutado, ele deve ser analisado, estudado e discutido. O espaço por excelência, para o fã, não é o teatro, o bar, ou clube de *jazz*, mas a sala de alguém, na qual um grupo de jovens tocam discos uns para os outros, repetindo as passagens mais importantes até que se gastem, discutindo e comparando'...[77]

A implicância adorniana com o *jazz* tem como pano de fundo a crítica ao seu pretenso caráter mercantil. É a partir daí que o *jazz* é contraposto à arte "séria". Se esta é uma finalidade sem fim, existindo por si e para si; o *jazz*, contrariamente, existiria em função de outra coisa, à semelhança do valor de troca.

Música ou músicas?

São muitos os desafetos atingidos pelas críticas virulentas de Adorno. Entre os músicos de *jazz*, George Gershwin, Benny Goodman, Duke Ellington, Louis Armstrong; na música clássica, Wagner, Toscanini, Stravinsky, Tchaikovski, Berlioz, Dvořák; no cinema, Chaplin; na filosofia e literatura, Lukács, Sartre, Heidegger, Brecht, Hemingway, Dublin, T. S. Eliot, Wilde, Rilke, entre tantos outros.

É verdade que alguns juízos biliosos foram posteriormente suavizados. Chaplin, por exemplo, deixou de ser visto como representante do "cinema grotesco estadunidense" e as qualidades técnicas do clarinetista Benny Goodman foram ressaltadas. O caso mais lembrado é a reavaliação do cinema, feita quando da volta de Adorno à Alemanha.[78] Esses recuos tópicos, entretanto, não vão muito além, pois comprometeriam a própria teoria estética adorniana.

---

[77] Idem, p. 242-244.
[78] Adorno, T. "Transparência do filme", em: *Sem diretriz – Parva aesthetica*. São Paulo: Unesp, 2021.

Nas tentativas de sistematizar tal teoria, Adorno "anda em círculos", retomando temas que reaparecem continuamente sem nunca se esclarecerem. István Mészáros, irritado com o que chamou de "incongruências", afirmou:

> Os livros sistemáticos de Adorno (como *Dialética negativa* e *Teoria estética*) são fragmentários, no sentido de que não importa por onde se comece a lê-los, em que ordem se prossiga e em que ponto particular se termine a leitura. Estes livros deixam o leitor com a impressão não apenas de ter lido algo não inacabado, mas, em sentido teórico, até mesmo *não iniciado*.[79]

Parte desse déficit apontado se deve, ironicamente, à incorporação da técnica de "refuncionalização" criada pelo seu desafeto Brecht e retomada por Benjamin. À semelhança da montagem, a refuncionalização agrupa conceitos díspares retirados de diferentes autores e de seus contextos, aproximando-os e fazendo-os "funcionar" numa nova ordenação. A contradição, que às vezes surge entre a teorização da dialética negativa e a prática expressa nos textos, tem um efeito paralisante no pensamento de Adorno e o faz "andar em círculos". Como alguém que se propôs a pensar contra o próprio pensamento, Adorno tem plena consciência da contradição, mas é impotente para superá-la.

Há também outro elemento complicador e paralisante no pensamento de Adorno: a escrita do filósofo-musicista que se propôs "pensar com os ouvidos". A "filosofia dodecafônica", ao perseguir o andamento da música modernista, afastou Adorno do texto clássico cultivado pela filosofia. Por isso, em Adorno, diz Jameson,

> não existirão eventos conceituais, 'argumentos' do tipo tradicional que levem a um clímax da verdade; o texto tornar-se-á uma infinita variação na qual tudo é recapitulado o tempo todo; a clausura, finalmente, realizar-se-á somente quando todas as possíveis variações tiverem se exaurido.[80]

---

[79] Mészáros, I. "A teoria crítica de Adorno e Habermas", em: *O poder da ideologia*, cit., p. 143.
[80] Jameson, F. *O marxismo tardio*, cit., p. 88.

Esse "andar em círculos" não se faz sem incongruências. Adorno, prevendo críticas, costumava dizer que suas afirmações pontuais só poderiam ser bem entendidas quando remetidas ao conjunto de seu pensamento, sabidamente assistemático.

O utopismo presente em seus horizontes tinha na vanguarda artística um de seus suportes que, entretanto, não resistiu ao tempo. Conclamada a protestar contra a ordem racional, a vanguarda, contudo, perdeu sua função cognitiva e terminou condenada à impotência. O "envelhecimento da música" assinala um ponto terminal na história da música.

Cabe aqui a pergunta: de qual música estamos falando? Para Adorno trata-se, única e exclusivamente, da música europeia. Posição semelhante foi defendida por Otto Maria Carpeaux, que, entretanto, soube delimitar o seu objeto. A música europeia, segundo ele, teve seus inícios no cantochão gregoriano, anterior à música tonal, a qual, por sua vez, deu lugar ao atonalismo, dodecafonismo e serialismo. Essas formas modernas acompanharam as mutações e catástrofes da primeira metade do século XX. Trata-se, portanto, de algo que expressa a resistência dos artistas, fenômeno que não se restringe somente à música:

> Politonalismo, atonalismo e técnicas semelhantes correspondem ao abandono da perspectiva pelos pintores, depois de Picasso, e ao relativismo das ciências naturais. A composição em séries corresponde à racionalização dos movimentos subconscientes no monólogo interior, pelos recursos das 'psicologias em profundidade'. A polirritmia, que ameaça destruir a homogeneidade do movimento musical, corresponde à dissociação da personalidade no romance de Proust e no teatro de Pirandello. A volta à polifonia linear corresponde às tentativas de simultaneísmo na literatura. O uso das estruturas musicais antigas para objetivos modernos corresponde à arquitetura funcional. O ressurgimento de formas barrocas, pré-clássicas, corresponde ao historicismo na filosofia e na sociologia. A 'música nova' não é capricho arbitrário de alguns esquisitões ou esnobes. É o reflexo verídico da realidade.[81]

---

[81] Carpeaux, O. M. *Uma nova história da música*. Rio de Janeiro: Edições de Ouro, s/d., p. 287-8.

Certamente não é um capricho, mas um limite, o epílogo de uma história que teve início no século XII para conhecer uma crise terminal nos anos 1950. Assim entendida, diz Carpeaux, essa música é um "fenômeno específico da civilização ocidental". Estamos aqui, tanto em Adorno como em Carpeaux, diante da visão weberiana que atribui à racionalidade a característica específica da cultura ocidental.

A música eletrônica e a música concreta nada têm em comum com o que veio antes. Sendo assim, Carpeaux conclui sua história da música afirmando: "o assunto do presente livro está, portanto, encerrado". O bom senso do crítico delimitou com precisão o seu objeto, o que não acontece com Adorno que aceita a tese da "decadência ideológica" e toma como referência valorativa a música dodecafônica para, com ela, criticar todas as músicas que escapam desse figurino. Nota-se que empreguei o plural de música para fugir dessa problemática linha evolutiva-racional, pois o fenômeno musical não deve se restringir a um modelo normativo que despreza a coexistência das múltiplas manifestações musicais.

Nesse sentido, José Miguel Wisnik observou que a música do Ocidente privilegiava as "alturas melódicas" em detrimento do pulso que era dominante na música modal, anterior à tonalidade. A música popular moderna (*jazz*, rock, música eletrônica etc.) retomou a esquecida dominância do pulso. Por isso, afirma "Trata-se de interpretar esse deslocamento, que pode ser lido não apenas como uma espécie de 'anomalia' final que perturba o bom andamento da tradição musical erudita, mas como o termo (ou o elo) de um processo que está contido nela desde as suas origens". Por conta dessa sincronia, Wisnik propõe uma história dos sons que permitisse "aproximar linguagens aparentemente distantes e incompatíveis".[82]

Na visão linear de Adorno a música de vanguarda, a última representante da música racional, recebeu a impossível missão de salvar a cultura – missão que deveria caber à política. Ela, contudo, envelheceu precocemente e tornou-se mais um dos instrumentos da repressão. Essa reviravolta na trajetória da vanguarda é o fruto da

---

[82] Wisnik, J. M. *O som e o sentido*. São Paulo: Companhia das Letras, 1989, p. 11.

insuperável tensão no pensamento adorniano entre uma concepção do que deveria ser o estético, entregue ao processo weberiano de racionalização crescente, e o exame objetivo, a análise imanente da obra. Quando esta é realizada nos ensaios, Adorno atinge pontos luminosos. Mas contra isso conspiram a dialética negativa e a teoria estética a ela atrelada.

Como sair desse impasse? Quais seriam as propostas da teoria crítica? Retornando à Alemanha, Adorno participou de debates nas estações de rádio apresentando propostas para uma "pedagogia democrática" ou "pedagogia do esclarecimento", exortando os programadores do rádio a elevarem o nível cultural dos ouvintes e defendendo a televisão educativa e a necessidade de "ensinar os expectadores a verem televisão", como se podem ler nos textos reunidos em *Educação e emancipação*.[83]

Essas brechas, entretanto, não poderiam ir muito além, pois comprometeriam o arcabouço teórico e ocasionariam fendas que fariam o monólito se desintegrar. E acrescente-se: as iniciativas esboçadas são frágeis demais para alterar o funcionamento da máquina do mundo.

Fredric Jameson: a culturalização da economia

A relação do pensador norte-americano Fredric Jameson com a obra de Adorno passou de um distanciamento crítico, expresso no livro *Marxismo e forma*, para uma surpreendente proximidade filial de quem se reivindica continuador e atualizador do legado adorniano.

Nos anos 1970, Jameson registrou o seu desagrado pela "hostilidade" de Adorno em relação à União Soviética, ao Terceiro Mundo e ao movimento negro.[84] De forma semelhante, a visão apocalíptica, que tinha em Auschwitz sua referência, lhe parecia "retrógrada" naquele período de esperanças revolucionárias, e o seu "discurso dialético antiquado" algo *démodé* e, portanto, incompreensível naqueles anos de hegemonia cultural francesa (estruturalismo e

---

[83] Adorno, T. *Educação e emancipação*. São Paulo: Paz e Terra, 2000.
[84] Jameson, F. *O marxismo tardio*, cit p. 17.

pós-modernismo). Mesmo em épocas anteriores, o seu pensamento permanecera sempre à margem: "Adorno não foi, com certeza, o filósofo dos anos 1930 (o qual, temo, tem de ser identificado retrospectivamente como Heidegger); tampouco o filósofo dos anos 1940 e 1950; nem mesmo o pensador dos anos 1960 – estes são Sartre e Marcuse". A partir dos anos 1980, anos de desmarxização do pensamento, Adorno surpreendentemente mostrou-se atualíssimo: "O marxismo de Adorno, que não foi de grande ajuda nos períodos anteriores, pode revelar-se exatamente como o que necessitamos em nossos dias".[85]

O marxismo de Adorno, segundo Jameson, ancora-se em dois pontos centrais da obra de Marx: a lei do valor e o conceito de totalidade. A lei do valor, que a economia clássica utilizava para explicar o intercâmbio mercantil, teve o seu alcance ampliado para dar conta do processo de reificação no campo da arte: o predomínio da falsa identidade, a equalização de coisas distintas a partir de um critério abstrato – base que orienta toda a crítica à indústria cultural. A totalidade, por sua vez, sofreu uma redefinição na crítica adorniana a Hegel, autor que teria subordinado brutalmente os elementos particulares na implacável totalidade.

Vimos, anteriormente, como Adorno se recusava a ver no particular uma mera particularização – como momento do autodesenvolvimento do Conceito. Contra essa concepção, Adorno reivindicou os direitos do particular. Para tanto, incorporou o conceito benjaminiano de constelação para, com ele, oferecer uma imagem descentrada da totalidade – uma totalidade que não subjuga os particulares e permanece distante de qualquer determinismo. Assim retraduzida, a totalidade passou a ser, como afirmou Adorno em *A disputa do positivismo* na sociologia alemã, uma "categoria crítica" e não uma "categoria afirmativa", pois, como afirmou, "não se pode apontar para o conceito de totalidade do mesmo modo que se pode apontar para os fatos, dos quais a totalidade se distancia como conceito".[86] A totalidade, portanto, é uma construção da consciência e não uma rea-

---

[85] Idem, p. 18.
[86] Idem, p. 298.

lidade posta na materialidade da vida social. Não teria, pois, uma dimensão ontológica, como em Hegel, que via o todo como algo real que se antecipa e se opõe às partes. Marx compartilhou tal convicção na famosa "Introdução" de 1857 à *Crítica da economia política*. A dimensão ontológica da totalidade, naquele texto, é o que separa a visão dialética do idealismo.[87] Lukács, por sua vez, voltou ao tema da totalidade, central desde *História e consciência de classe*. Em, 1947, nos Encontros Internacionais de Genebra, proferiu uma conferência abordando a questão, sendo questionado por Karl Jaspers, que afirmou: "Ora, a verdade é que nunca se conhece o todo, porquanto se está no todo [...]. Nunca se domina a história, nem a nossa própria história, pois estamos sempre dentro dela".[88] Assim, diante do "caráter estilhaçado que o mundo nos oferece", o filósofo existencialista descartou a possibilidade de a consciência captar a totalidade. Em sua tréplica, Lukács argumentou:

> a totalidade não é invenção de um filósofo, mas impõe-se, ela própria, na vida cotidiana; quando um cidadão não paga o aluguel de sua casa, a totalidade impõe-se pelas consequências que isso terá, com toda a sua força, e o pensamento marxista não fez mais do que elevar a um nível superior de pensamento esta totalidade que fomos forçados a viver na vida cotidiana, quer o queiramos, quer não, quer tenhamos ou não consciência disso, quer tiremos ou não as devidas ilações.[89]

Adorno, contudo, aproximou-se, como vimos, da concepção idealista que considera apenas a existência da totalidade na consciência ("categoria crítica") e não no mundo material ("categoria afirmativa"); em outros momentos de sua vasta obra, contudo, dela afastou-se, comprovando uma vez mais o caráter escorregadio de um pensamento sempre hesitante e dubitativo em seus juízos.

Tempos depois, o marxismo de Adorno foi convocado por Jameson para a interpretação e crítica dos fenômenos culturais do

---

[87] Cf. Sampaio, A. B.; Frederico, C. *Dialética e materialismo. Marx entre Hegel e Feuerbach*. Rio de Janeiro: UFRJ, 2006.
[88] Cf. *O espírito europeu*. Encontros Internacionais de Genebra. Lisboa: Publicações Europa-América, 1962, p. 204.
[89] Idem, p. 258.

mundo moderno. Quatro décadas separam as críticas da indústria cultural das reflexões sobre o pós-modernismo do pensador norte-americano. Estamos assim em dois momentos diferentes da evolução da economia capitalista.

Um ponto nem sempre devidamente lembrado entre os estudiosos da obra de Adorno diz respeito a sua visão sobre a economia política. Como materialista, Adorno procurava entender os fenômenos superestruturais tendo como referência as transformações da base econômica da sociedade. Mas ele não era nem economista e nem historiador. A concepção econômica, presente em seus textos e que serve de fundamento para o diagnóstico da crise da cultura, provém dos trabalhos feitos por Friedrich Pollock, um dos mais destacados economistas da escola de Frankfurt. Não por acaso o livro *Dialética do esclarecimento* é a ele dedicado.

Já nos anos 1930, Pollock defendia a tese de que o capitalismo entrou numa nova fase, que ele chama de "capitalismo de Estado". Essa conceituação vale tanto para os regimes políticos autoritários como para os democráticos. Em poucas palavras, o novo momento caracteriza-se pela presença férrea do Estado na vida econômica, pondo fim à concorrência. A economia, agora, passa a ser dirigida pelo Estado, o que equivale a dizer que a economia ficou submetida à política. Nas palavras de Pollock:

> Por mais advertidos que sejamos, somos incapazes de descobrir qualquer força econômica inerente, 'leis econômicas' do velho ou do novo tipo, que poderiam impedir o funcionamento do capitalismo de Estado. O controle governamental dos meios de produção e distribuição fornece os meios para eliminar as causas econômicas das depressões, processos acumulativos destrutivos e desemprego de capital e trabalho. Nós podemos inclusive dizer que sob o estado capitalista a economia como uma ciência social autônoma perdeu o seu objeto. Problemas econômicos, no velho sentido, há tempos não mais existem, uma vez que a coordenação de toda a atividade econômica é efetivada por meio de um plano consciente ao invés de o ser pelas leis naturais do mercado.[90]

---

[90] Pollock, F. "State capitalism: its possibilities and limitations", em: Arato, A.; Gebhardt, E. (org.). *The essencial Frankfurt School reader*. Nova York: The Continuum Publishing Company, 1994, p. 86-7.

Pollock, como se vê, decretou o fim da economia política – uma ciência que perdeu o seu objeto (o estudo dos fenômenos econômicos enquanto instância determinante). Esse diagnóstico, aceito de uma vez para sempre como verdadeiro, está presente em todo o pensamento dos frankfurtianos, dispensando-os de voltar ao tema para acompanhar as novas metamorfoses do modo de produção capitalista.

As consequências dessa teoria são facilmente reconhecíveis: o fim da concorrência acarretou um fechamento do sistema; a burocratização, envolvendo o Estado e as corporações, fez da política uma mera técnica administrativa; a monopolização permitiu controlar as crises cíclicas do capitalismo e promover a estabilidade social; finalmente, nesse contexto de controle crescente – um mundo sem concorrência e sem fissuras –, o sindicalismo burocratizado (e, portanto, funcionando segundo a lógica das demais empresas capitalistas) foi cooptado, desaparecendo assim o antigo potencial emancipador da classe operária.

A ênfase marxiana na exploração (cuja base é a atividade econômica) cede lugar à dominação, termo recorrente na obra de Adorno, que, dando por conhecida a infraestrutura, pode concentrar-se exclusivamente nos fenômenos superestruturais para flagrar as novas formas em que se realiza a dominação.

São outras as referências econômicas de Jameson para demarcar a relação entre capital e cultura. A periodização desses momentos, inicialmente, teve como referência o livro de Ernest Mandel, *O capitalismo tardio*.[91] Segundo Mandel, o capitalismo passou por três fases, cada uma delas moldada pelo desenvolvimento das forças produtivas e pela tecnologia.

I. A partir de 1848, passa a vigorar a produção de motores a vapor. Configura-se então o capitalismo de mercado.
II. A partir dos anos 1890, a produção se baseia nos motores elétricos e de combustão. É a fase do capitalismo monopolista e do imperialismo.

---

[91] Mandel, E. *O capitalismo tardio*. São Paulo: Abril, 1982.

III. A partir dos anos 1940, a produção baseia-se nos motores eletrônicos e nucleares. Esta é a fase da chamada sociedade pós-industrial ou de consumo, que se configura plenamente no final do século com o advento da informática e da microeletrônica. Jameson prefere a designação "capitalismo multinacional".

Muito bem: segundo Jameson, cada uma dessas fases gerou um tipo diferente de cultura e de arte.

O capitalismo de mercado gerou o realismo.

O capitalismo monopolista gerou o modernismo.

O capitalismo multinacional, o pós-modernismo.

A rigidez desses modelos não dá conta da pretendida simetria entre o movimento do capital e o equivalente estético: as coisas não se "encaixam" temporalmente nessa correlação. O próprio Jameson, futuramente, alterou seu referencial econômico, como veremos a seguir.

O critério economicista adotado pelo autor está longe de configurar uma história social. Localizar a vigência do realismo no capitalismo de mercado é uma constatação verdadeira, porém ainda abstrata. Os livros de história social da arte preferem entender o realismo como um momento da luta de classes no nascente capitalismo de mercado: a afirmação de uma burguesia, então revolucionária, contra a explicação religiosa do mundo que sustentava o domínio exercido pela aristocracia. O desejo de conhecer racionalmente a realidade social como resultado da ação humana fez nascer o realismo na literatura, a primeira concepção sociológica da arte. Paralelamente, desenvolveu-se outra forma racional e totalizadora de conhecimento: a economia clássica inglesa.

Já o modernismo, isto é, os diversos movimentos artísticos cobertos por esse rótulo, nasceu no contexto político da expansão imperialista e da corrida armamentista que desaguou na Primeira Guerra Mundial. Momento de acelerada urbanização e inovações tecnológicas que reclamavam uma nova arte distante da tradição e de seus procedimentos artesanais.

Finalmente, o pós-modernismo, além de ter ocorrido durante o capitalismo multinacional, foi um fenômeno originalmente francês que se desenvolveu tendo como base no plano teórico a hegemonia do estruturalismo. Há todo um contexto político (a derrota do movimento de maio 1968 e a desmobilização social que se seguiu), a desilusão com os rumos do "socialismo real", a reestruturação do capitalismo que então se iniciava projetando a fragmentação da vida social etc.

A caracterização do pós-modernismo, centro da preocupação de Jameson, levou-o a diferenciá-lo das formações culturais anteriores tendo como referência a linguagem e as relações possíveis entre significado, significante e referente. Vale a pena citar o longo texto em que o autor acompanha as relações entre linguagem e sociedade.

> Era uma vez uma coisa chamada signo que, quando apareceu na madrugada do capitalismo e da sociedade afluente, parecia relacionar-se, sem nenhum problema, com o seu referente. Esse apogeu inicial do signo – o momento da linguagem referencial ou literal, ou das asserções não problematizadas do assim chamado discurso científico – deu-se por causa da dissolução corrosiva das formas mais antigas da linguagem mágica por uma força que chamarei de reificação, uma força cuja lógica é a separação violenta e da disjunção, da especialização e da racionalização, de uma divisão do trabalho taylorista em todos os domínios. Infelizmente, essa força – que fez surgir a referencialidade tradicional – seguiu adiante, sem se deter por nada, já que é a própria lógica do capital. Então, esse primeiro momento de decodificação ou realismo não pôde durar muito tempo; por uma inversão dialética, ele mesmo se tornou, por sua vez, objeto da força corrosiva da reificação, que entra no domínio da linguagem para separar o signo do referente. Essa disjunção não abole completamente o referente, ou o mundo objetivo ou realidade, que ainda tem uma existência esmaecida no horizonte, como uma estrela diminuída ou um anãozinho vermelho. Mas sua grande distância do signo permite que este viva um momento de autonomia, de uma existência relativamente livre e utópica, se comparado com seus antigos objetos. Essa autonomia da cultura, essa semiautonomia da linguagem, é o momento do modernismo e do domínio do estético que reduplica o mundo sem ser totalmente parte dele, desse modo adquirindo certo poder negativo ou crítico, mas também uma certa futilidade do outro mundo. Mas, a força da reificação que fora responsável por esse novo momento tampouco para aí: em outro estágio, potencializada, em uma espécie de reversão da quantidade pela qualidade, a reificação penetra o próprio signo e separa o significante do significado. Agora, o refe-

> rente e a realidade desaparecem de vez, e o próprio conteúdo – o significado – é problematizado. Resta-nos o puro jogo aleatório dos significantes que nós chamamos de pós-modernismo, que não mais produz obras monumentais como as do modernismo, mas embaralha sem cessar os fragmentos de textos pré-existentes, os blocos de armar da cultura e da produção social, em uma nova bricolagem potencializada: metalivros que canibalizam outros livros, metatextos que fazem colagem de pedaços de outros textos – tal é a lógica do pós-modernismo em geral.[92]

A afinidade com Adorno está clara: todo o progresso social é interpretado por meio do desenvolvimento do processo de reificação/racionalização. Em Adorno, como vimos, a dialética entre mito e esclarecimento conduz a narrativa. Em Jameson, há um elemento novo e discrepante: a semantização do processo – enfoque bem ao gosto do pós-modernismo em seu esforço para desmaterializar a vida social. No "capitalismo multinacional", passa a vigorar sem resistência possível a "lógica cultural", o princípio definidor do nosso tempo, a totalidade homogênea do "ser do capital". O conceito adorniano de "indústria cultural" atinge em Jameson a sua plena efetivação.

No período anterior, aquele em que vigorou o modernismo, existia um "ponto arquimediano", um lugar "fora do maciço ser do capital", que permitia a crítica do existente. A pretensão de Jameson é retomar a crítica cultural ao capitalismo, mas suas bases de apoio, constata resignado, desapareceram para sempre. Aquela esfera separada, transcendente à totalidade, fundiu-se ao capital sepultando a possibilidade da utopia, a "promessa de felicidade" que a arte um dia perseguiu.

Jameson se encontra, assim, prisioneiro do diagnóstico pós-moderno da crise da representação (o suposto fim do referente). Por isso, um crítico de inspiração althusseriana como Warren Montag não teve grandes dificuldades para afirmar que

> Jameson é apenas o mais recente de uma longa fila de marxistas que se revelaram incapazes de conceber uma forma de determinação própria da literatura ou da arte fora da representação. Por conseguinte, ou uma obra é escorada e controlada por uma realidade

---
[92] Jameson, F. *Pós-modernismo. A lógica cultural do capitalismo tardio.* São Paulo: Ática, 2000, p. 117-8.

que é a garantia de seu sentido, na medida em que lhe é externa e, portanto, alheia, ou a obra não tem nenhuma relação com a realidade e, desse modo, é falsa, ilusória.[93]

Nada pode dizer da "arte do simulacro", ao afirmar o seu temor de que as obras de Andy Warhol, "realmente não nos digam nada", pois possuem "a contingência de um inexplicável objeto natural". Warren Montag diz que o que está em jogo

> é precisamente a cognoscibilidade das diversas práticas que resumimos como 'cultura'. Declará-las livres e imateriais é torná-las incognoscíveis, colocá-las fora do alcance do conhecimento [...]. É realmente estranho um materialismo que insiste na natureza ilusória dos produtos sociais que confronta e os converte em simulacros obscuros, para denunciar mais prontamente sua falsidade.[94]

A "dominante cultural", acrescenta, é em verdade a essência de uma totalidade expressiva presente em todos os poros da sociedade que com eficácia homogeneizou a sociedade e eliminou as contradições. Contra essa totalidade expressiva de matriz hegeliana, Warren, como bom althusseriano, insiste na autonomia relativa das instâncias e de seu desenvolvimento desigual e sobredeterminado. Mas, faz justiça a Hegel, lembrando que o filósofo "retratou uma razão que só se atualizava por meio de suas contradições, e uma verdade que era sempre imanente ao movimento do pensar".[95] A arte, incorporada na análise de Jameson ao "ser compacto do capital", produziu, ao contrário, uma totalidade homogênea depurada das contradições que atravessam a vida social.

A "DOMINANTE CULTURAL"

Jameson constatou uma curiosa confluência entre o pensamento marxista no século XX e o movimento do capital.

O marxismo se tornou cada vez mais uma crítica da cultura e não uma crítica da economia política, como havia sido original-

---

[93] Montag, W. "O que está em jogo no debate sobre o pós-modernismo?", em: Kaplan, E. A. *O mal-estar do pós-modernismo*. Rio de Janeiro: Jorge Zahar Editor, 1993, p. 172.
[94] Idem, p. 128.
[95] Idem, p. 126.

mente concebido. A centralidade conferida à economia foi paradoxalmente acompanhada pelo próprio movimento do capital em seu esforço para culturalizar a economia. Essas esferas, anteriormente separadas e hostis – a economia e a cultura – acabaram finalmente por se integrar a ponto de não mais se diferenciarem. Verificou-se, assim, a confluência entre a crítica cultural marxista e a culturalização da economia promovida pelo capital.

Terry Eagleton, na mesma linha de raciocínio, afirma:

> quando a esquerda se voltou progressivamente para a cultura, o capitalismo avançado também o fez, numa espécie de grotesca imagem refletida, na medida em que o que antes era chamado de política, trabalho ou economia agora encenava seu desaparecimento como imagem e informação.[96]

Essa inesperada fusão deixou o marxismo desorientado. A cultura, em sua aparente autonomia em relação ao capital, sempre fora vista como um ponto a partir do qual se costumava fazer a denúncia dos malefícios trazidos pelo capitalismo à vida dos homens. Com a fusão entre economia e cultura, teria desaparecido a possibilidade de a cultura criticar a ordem social.

> em relação à crítica cultural, não existe hoje uma só teoria de esquerda que tenha sido capaz de prescindir da ideia [...] de uma distância estética mínima, isto é, da possibilidade de situar a ação cultural fora do ser compacto do capital e utilizá-la como ponto arquimediano de apoio a partir do qual se desfere o ataque ao próprio capitalismo.[97]

A esquerda havia se acostumado a conferir certa autonomia à esfera da cultura, vista desde sempre como um território de resistência à lógica do capital. Mais que isso: como um "ponto arquimediano" de apoio privilegiado para a crítica ao capital. A expressão utilizada remete a Arquimedes e à utilização de alavancas. Dizia ele: "deem-me um ponto de apoio e moverei o mundo".

A referência imediata de Jameson, entretanto, parece ser Lukács. Na *Estética*, Lukács defendeu a tese de que a arte, e a lite-

---

[96] Eagleton, T. *A ideia de cultura*. São Paulo: Unesp, 2000, p. 181.
[97] Jameson, F. *Pós-modernismo. A lógica cultural do capitalismo tardio*, cit., p. 74.

ratura em especial, era um ponto arquimediano a partir do qual seria possível criticar a realidade alienada. Isso porque a literatura trabalha com os destinos humanos e, assim fazendo, mostra como a sociedade burguesa impede a realização dos indivíduos. O escritor realista, em seu ofício, entra espontaneamente em contradição com o mundo burguês.

Essa crença, diz Jameson, não mais tem fundamento, pois arte e capital formariam hoje um bloco compacto. A arte agora encontra-se grudada na mercadoria: é o *design*, a imagem, a embalagem que se colou definitivamente no artefato mercantil formando uma única coisa.

Importa aqui reter os dois movimentos detectados pela linguística na ruptura produzida pelo pós-modernismo: a separação significante-significado e o desaparecimento do referente. Agora, o capital finalmente pode colonizar a natureza e o inconsciente. A agricultura pré-capitalista do Terceiro Mundo foi destruída pela modernização e a publicidade, aliada à comunicação de massa, promoveu uma "aculturação do real" e a formatação de nossos desejos.

O sentido geral do processo, como vimos, é a fusão definitiva entre cultura e economia, que trouxe para o interior de uma totalidade homogeneizada a literatura, o design, o cinema, a arquitetura etc. e, com elas, as formas de pensar – todas elas partes integrantes da produção mercantil.

Jameson e Marx

Para afirmar a tese da fusão entre cultura e economia, Jameson, como vimos, procurou respaldar-se na periodização do capitalismo proposta por Mandel: capitalismo de mercado, monopólio e capitalismo multinacional. Em obras mais recentes, como *A cultura do dinheiro*, Jameson aproximou-se das análises econômicas de Giovanni Arrighi que passaram a substituir as de Mandel. Para caracterizar o novo momento – o do pós-modernismo –, Jameson recorreu ao conceito de globalização, tal como definido por Arrighi. Não se trata mais, agora, das três fases da produção de Mandel, mas dos três momentos progressivos da abstração postos pelo dinheiro.

O dinheiro sempre foi abstrato, mas antes, lembra Jameson, ele tinha um conteúdo: era o dinheiro do algodão, do trigo etc. Nesse primeiro momento, surge o interesse pelas propriedades físicas dos objetos e

> um interesse mais realista nos aspectos físicos do mundo e nas novas relações humanas mais intensas do comércio. Os mercadores e seus consumidores precisam ter um interesse maior na natureza sensorial de seus produtos, e também nas características psicológica e de caráter de seus interlocutores.[98]

Esse é o momento do realismo na cultura.

Em seguida, a intensificação da reificação e a presença visível do valor de troca e da equivalência monetária entre objetos diferentes pôs fim às "velhas noções de substâncias estáveis e suas identificações unitárias". A equivalência geral estabelecida pelo dinheiro teve consequências radicais:

> pode-se agora comprar, digamos assim, suas várias qualidades ou características perceptuais, de aqui por diante semiautônomas, e tanto a cor como a forma se liberam de seus antigos veículos e passa a desfrutar de uma existência independente como campos de percepção e como matérias-primas da arte.[99]

Esse é o momento da abstração do modernismo estético.

Finalmente, o terceiro momento, o do pós-modernismo, foi criado pela globalização, quando o capital dinheiro alcançou sua "desmaterialização máxima", ele não habita mais na fábrica ou nos antigos lugares de produção e extração, "mas no chão da bolsa de valores". O dinheiro flutuante, agora, dispensa o seu referencial, qualquer conteúdo material e se valoriza sozinho. Jameson fala em "desterritorização" (expressão retirada de Deleuze e Guattari) para classificar esse momento em que o conteúdo foi suprimido pela forma e

> a natureza inerente do produto se torna insignificante, um mero pretexto de *marketing*, na medida em que o objetivo da produção não está mais voltado a nenhum mercado específico, a nenhum

---

[98] Jameson, F. *A cultura do dinheiro. Ensaios sobre a globalização*. Petrópolis: Vozes, 2001, p. 155.
[99] Idem, p. 161.

conjunto específico de consumidores ou de necessidades individuais ou sociais, mas antes à sua transformação naquele elemento que, por definição, não tem nenhum conteúdo ou território e, de fato, nenhum valor de uso.[100]

A brutal desmaterialização do mundo, produzida pela hegemonia do capital financeiro, tem como reflexo artístico a celebração do pastiche e da cultura de massa, tal como quer o pós-modernismo.

Jameson parece aceitar, sem esboçar nenhuma crítica, as teses sobre a desmaterilização do real. Seja apoiando-se em Mandel ou Arrighi, as teses pós-modernistas são parcialmente aceitas. Mas, há outra influência que merece ser destacada: a visão da história como resultante do processo de reificação. Estamos aqui nos termos colocados pela *Dialética do esclarecimento* de Adorno e Horkheimer. Quando a ciência começou a nomear as coisas – linguagem referencial –, ela pôs fim à linguagem mágica. Iniciava-se, assim, para aqueles autores, o processo de reificação que se estendeu para as fases seguintes, processo comandado pela "razão instrumental".

Aqui, torna-se clara a filiação de Jameson ao chamado marxismo ocidental ou, para ser mais preciso, ao "marxismo weberiano", corrente que teve como texto fundador *História e consciência de classe*, de Lukács. Expurgadas as implicações revolucionárias daquela obra, Adorno e Jameson retiveram como resultado do processo a dominação, a expressão política da racionalização. Essa visão é weberiana, não marxista. Marx só fala em dominação para caracterizar as formas de coação típicas do pré-capitalismo.

No capitalismo, contrariamente, passa a vigorar a impessoal exploração econômica que dispensa o recurso a fatores extraeconômicos para se subjugar o trabalhador. Além disso, para Marx, a história não se resume ao movimento linear do processo de racionalização, pois o capital é "a contradição em movimento", contradição que não aparece nos horizontes teóricos dos pensadores frankfurtianos.

O livro de Lukács, depurado do *pathos* revolucionário, tornou-se a bíblia do marxismo ocidental. O que está vivo e o que está

---

[100] Idem, p. 161.

morto no marxismo? Para o marxismo ocidental, o que permanece vivo é a teoria do fetichismo/reificação, e o resto (luta de classes etc.), foi superado pelos fatos.

O precursor dessa vertente é Adorno. Todo o seu pensamento estrutura-se a partir da expansão da reificação nos vários domínios da vida social – ele chegou a falar em "reificação absoluta". O seu marxismo eclético, assim, passou a privilegiar a cultura e a ver a economia como manifestação do processo de racionalização, da progressão triunfante da razão instrumental. O capital, portanto, deixou de ser visto nos termos de Marx, como "a contradição em movimento", pois o controle – a "reificação absoluta" – passou a ser total numa sociedade inteiramente administrada. A própria definição da indústria cultural como "sistema" (expressão clássica do vocabulário funcionalista) consagra o fim das contradições.

Esse fechamento de horizontes é o que está subjacente no pensamento de Jameson. A história é o progresso da razão instrumental que, ao romper com o mito, com a "linguagem mágica", deu início ao processo de reificação e ao consequente desencantamento do mundo. A história, portanto, é a progressão da razão instrumental, da Razão, portanto... da Ideia. Estamos em pleno idealismo.

GRAMSCI: O HISTORICISMO ABSOLUTO

Prismas

Diferentemente de Adorno, Gramsci era um dirigente político que escreveu sua obra mais importante, os *Cadernos do cárcere*, na prisão. Os dois autores, portanto, "falam" a partir de pontos de vista distintos. As diferenças podem, por exemplo, ser notadas por meio de uma palavra cara a ambos: prismas. Como se sabe, prisma é um elemento óptico transparente com superfícies retas e polidas. A física ensina que, quando uma luz branca incide sobre uma das faces de um prisma óptico, ocorre a refração e a decomposição da luz branca, à semelhança do arco-íris.

O livro de ensaios de Adorno sobre crítica cultural e sociedade foi batizado de Prismas. Com essa expressão, Adorno procurou flagrar a decomposição do mundo em fragmentos, particularidades que querem se desgarrar de um sistema social que tudo quer unificar para dominar. Gramsci também se refere àquele fenômeno óptico numa passagem célebre: "O mesmo raio luminoso passa por diversos prismas e dá refrações de luzes diversas: se uma mesma refração é desejada, faz-se necessária toda uma série de retificações dos prismas singulares".[1] Na sequência, porém, conclui: "Buscar a real identidade na aparente alteridade e contradição – e buscar a substancial diversidade sob a aparente unidade – é a mais delicada, incompreendida e, contudo, essencial competência do crítico das ideias e historiador social do vir-a-ser histórico". Assim pensando, Gramsci irá se empenhar em descobrir no esgarçado tecido social a pluralidade de interesses e orientações, de valores e concepções do mundo para separar as diversidades substanciais e reunificar o que parecia condenado a permanecer

---

[1] Gramsci, A. *Cadernos do cárcere*, v. 2. Rio de Janeiro: Civilização Brasileira, 2000, p. 206. Doravante CC.

separado. A costura que fará convergir interesses fragmentados receberá o nome de hegemonia – a longa e complexa articulação necessária para pôr em movimento o "vir-a-ser histórico". Esse paciente exercício de discernimento contrasta com o empenho de Adorno, que nivela a totalidade para contrapor a ela os irredutíveis particulares.

Uma palavra resume o projeto gramsciano: *tradução*, termo recorrente na obra carcerária. No IV Congresso da Internacional Comunista, Gramsci ouviu Lenin dizer que era necessário traduzir a experiência russa para os estrangeiros. E, segundo Gramsci afirmou posteriormente em uma carta a sua esposa, traduzir não é uma atividade técnica e neutra, mas a transposição de uma civilização a outra, tarefa a que ele dedicaria o resto de sua vida.

Refletindo sobre o fracasso da revolução na Itália e em outros países da Europa, Gramsci olhava para a Rússia revolucionária percebendo o seu caráter de excepcionalidade (e não de modelo a ser copiado). Mas como traduzir a experiência revolucionária num contexto social tão diferente? Em que consiste essa diferença? Qual é a especificidade, a particularidade, que distingue a Itália do modelo de revolução que teve lugar na Rússia?

São conhecidas dos estudiosos as condições precárias em que Gramsci produziu suas anotações, bem como o caráter fragmentário de seus escritos. Acrescente-se a isso a censura carcerária que o levou a utilizar muitas vezes uma linguagem cifrada, uma criptografia (ou "linguagem esópica", como fizeram os russos para driblar a censura czarista). Gramsci era um dirigente partidário, e suas cartas endereçadas à cunhada eram repassadas para Piero Sraffa em Oxford, que, por sua vez, as repassava à direção do partido no exílio. Eram tempos de grandes desconfianças entre os próprios revolucionários: a ascensão do stalinismo, tensões entre o partido italiano e a Internacional Comunista, boatos, divergências políticas entre os prisioneiros, intrigas etc. A fortuna crítica dos escritos carcerários irá ressentir-se dessas marcas.

De um lado, o caráter fragmentário de suas anotações permitiu que os conceitos gerados pelo autor fossem destacados do conjunto estruturante de seu pensamento e utilizados *ad libi-*

tum nos exercícios de *political science*. Assim, o revolucionário encarcerado se transformou num fornecedor de uma infinidade de conceitos que foram incorporados pelas orientações teóricas mais díspares. Entre outros, o conceito mais desvirtuado foi o de hegemonia, que, destacado de seu contexto original, leninista e revolucionário, tornou-se sinônimo de consenso neutralizador das contradições sociais. Cada intérprete, partindo de suas prévias orientações políticas, procurou encontrar em Gramsci um aliado.

Contra a tendência a desfigurar o pensamento gramsciano, firmou-se uma tradição de estudos voltados à exegese dos *Cadernos do cárcere* por meio de cuidadosos rastreamentos filológicos, viáveis somente após a edição crítica dos *Quaderni dal carcere* organizada por Valentino Gerratana em 1975. Antes dela, os estudiosos conheciam somente os seis volumes das "edições temáticas" que agrupavam as anotações dedicadas a cada um dos temas abordados por Gramsci. Dos seis volumes publicados, quatro foram traduzidos no Brasil pela editora Civilização Brasileira: *Concepção dialética da história*; *Os intelectuais e a organização da cultura*; *Maquiavel, a política e o Estado moderno*; e *Literatura e vida nacional*.

A edição organizada por Gerratana apresentou os textos seguindo a ordem em que foram escritos (critério diacrônico). Gramsci reescrevia o mesmo texto diversas vezes acrescentando pequenas alterações e suprimindo uma ou outra palavra. As dificuldades para os minuciosos filólogos eram enormes e os resultados muitas vezes dubitativos. Há sempre uma sombra impedindo a captura do significado real dos conceitos gramscianos nesses exercícios de exegese receosos de se comprometerem com uma conclusão definitiva e esclarecedora. A interpretação, assim, fica em parte prejudicada. Soma-se a isso a descoberta de novos textos escritos por Gramsci, bem como a publicação das inúmeras traduções por ele realizadas – um *traduttore/traditore* que muitas vezes interpretava a seu modo o texto. Finalmente, em anos recentes, iniciou-se, sob a direção de Gianni Francioni, o trabalho para uma nova edição, a Edizione Nazionale, patrocinada pelo Ministério da Cultura italiano, que incorpora os novos textos propondo-se a alterar os critérios de Gerratana.[2]

Como estudar um autor? Referindo-se à obra de Marx, Gramsci fez um comentário que vale perfeitamente como roteiro para a interpretação de seus próprios escritos:

> Se se quer estudar o nascimento de uma concepção do mundo que não foi nunca exposta sistematicamente por seu fundador [...] é preciso, antes de mais nada, reconstruir o processo de desenvolvimento intelectual do pensador dado para identificar os elementos que se tornaram estáveis e 'permanentes', ou seja, que foram assumidos como pensamento próprio, diferente e superior ao "material" anteriormente estudado e que serviu de estímulo; só esses elementos são momentos essenciais do processo de desenvolvimento [...]. A pesquisa do *Leitmotiv* do ritmo do pensamento em desenvolvimento, deve ser mais importante do que as afirmações particulares e casuais e do que os aforismos isolados.[3]

O pensamento, contudo, não se desenvolve sozinho, mas, contrariamente, responde às questões colocadas pela história – e, em Gramsci, essas questões giram em torno da Revolução Russa, da questão meridional, da ascensão do fascismo na Itália etc.

O "processo de desenvolvimento intelectual" gramsciano passou pelo confronto com Bukharin, autor distante da dialética, e próximo do materialismo vulgar e, também, com Croce, o grande pensador idealista que, como ele próprio, reivindicava-se dialético. O percurso de Gramsci de certa forma lembra os dilemas vividos pelo jovem Marx nos anos 1940, quando procurava formular a sua teoria à sombra do legado da filosofia idealista-dialética de Hegel e do materialismo sensualista de Feuerbach.

Em vários momentos, Gramsci fez questão de reafirmar o caráter holístico de seu pensamento como, entre tantos outros exem-

---

[2] Sobre as edições da obra de Gramsci, consulte-se a "Introdução" aos *Cadernos do cárcere* feita por Carlos Nelson Coutinho. São bem interessantes as explicações dadas por Coutinho sobre os critérios adotados na edição brasileira que procurou incorporar o que lhe parecia melhor na "edição temática" e na "edição Gerratana", além do aproveitamento das indicações feitas por Francioni para organizar a novíssima edição.

[3] Gramsci, A. *CC*, v. 4, p. 18-19.

plos, numa passagem em que, discorrendo sobre as relações entre filosofia, política e economia, observou que se essas atividades:

> são os elementos constitutivos de uma mesma concepção do mundo, deve existir necessariamente, em seus princípios teóricos, convertibilidade de uma na outra, tradução recíproca na linguagem específica própria de cada elemento constitutivo: um está implícito no outro e todos, em conjunto, formam um círculo homogêneo.[4]

Os melhores estudos sobre Gramsci assinalam sempre que os diversos conceitos por ele empregados não são peças soltas, pois são recorrentes e integrados num "círculo homogêneo". A fidelidade ao materialismo, por sua vez, não permitia conceder autonomia aos conceitos, pois estes derivam de sua base material. A dialética, portanto, opera no interior da matéria social e não somente no plano conceitual, como pretendia Croce e, em certos momentos, Adorno.

A partir da compreensão do marxismo como uma teoria totalizadora, materialista e radicalmente historicista, Gramsci dirige sua crítica a Bukharin e Croce e, por meio dessas críticas, foi decantando os elementos que se tornariam "estáveis" e "permanentes" na configuração de seu "pensamento próprio". Do mesmo modo, estudou a cultura e os dilemas da revolução na Itália.

O Anti-Croce

O "problema crucial" do materialismo histórico – as relações entre a base e a superestrutura – é um dos eixos condutores da crítica de Gramsci a Croce. Diferentemente de Bukharin, que Gramsci criticara por ser materialista mecanicista, o filósofo napolitano era um intelectual de extração hegeliana de espantosa erudição e autor de uma extensa obra que o consagrou como o mais influente pensador da Itália. Gramsci, que num período juvenil considerava-se "crociano", voltou-se aos *Cadernos* para enfrentar o antigo mestre, a quem considerava "líder mundial da cultura". Inspirado no *"Anti-Dühring"* de Engels, pretendia estabelecer as bases de um *Anti-Croce*, tarefa que "mereceria que um inteiro grupo de homens

---

[4] Gramsci, A. CC, v. 6, p. 209.

lhe dedicasse 10 anos de atividade".[5] O combate intelectual contra o antigo mestre mesclava teoria e política.

A forte presença de Croce na vida cultural e política na Itália era referência para as correntes liberais e para todo o pensamento idealista então hegemônico na Itália. Além disso:

> Os textos crocianos de teoria da história deram as armas intelectuais aos dois maiores movimentos de 'revisionismo' da época, os de Eduard Bernstein, na Alemanha, e o de Sorel, na França. O próprio Bernstein escreveu ter sido levado a reelaborar todo o seu pensamento filosófico e econômico depois de ler os ensaios de Croce.[6]

Como um importante herdeiro da filosofia de Hegel, Croce se apropriou a seu modo da dialética e de temas fundamentais do materialismo histórico. Num movimento simétrico, Gramsci também se apropriou de conceitos crocianos, traduzindo-os para o marxismo, como hegemonia e, também, revalorização da frente filosófica e função dos intelectuais, temas centrais em Croce. Estamos, assim, diante de um emaranhado de referências cruzadas.

Defendendo o legado hegeliano, Gramsci o contrapôs à sua absorção pelo filósofo napolitano. A filosofia hegeliana, segundo Gramsci, é a expressão de um período revolucionário da história, marcado pela Revolução Francesa e pelas guerras napoleônicas, período de contradições e lutas que se refletiram diretamente no interior da filosofia hegeliana. Em Croce, contrariamente, as lutas sociais estão ausentes. Em sua *Storia d'Europa nel secolo decimonono*, Croce não trata da Revolução Francesa e das guerras napoleônicas e, na Storia d'Italia dal 1871 al 1915, ignora as lutas do Risorgimento. Desse modo, ele "prescinde do momento da luta" e "assume placidamente como história o momento da expansão cultural ou momento ético-político". Essa história cultural, despregada de sua base material, é puro idealismo, metafísica do Espírito que se desenvolve à revelia dos homens. Gramsci conclui dizendo que essa historiografia é "um renascimento da historiografia da Restauração adaptada às necessi-

---

[5] Gramsci, A. CC, v. 1, p. 305.
[6] Gramsci, A. *Cartas do cárcere*, v. 2. Rio de Janeiro: Civilização Brasileira, 2005, p. 188. Doravante C.

dades e aos interesses do período atual"; a historiografia de Croce, portanto, "é um hegelianismo degenerado e mutilado, já que sua preocupação fundamental é um temor dos movimentos jacobinos, de qualquer intervenção ativa das grandes massas populares como fator de progresso histórico".[7] Por movimentos jacobinos entenda-se bolchevismo – lembrando que Lenin definia os comunistas como jacobinos estreitamente ligados à classe operária.

Para afirmar sua teoria e mantê-la longe dos "amigos materialistas da dialética hegeliana" (como diria Lenin), Croce precisou também voltar-se contra a própria concepção hegeliana de dialética que expressava as contradições sociais de seu tempo, pondo em seu lugar "uma pura dialética conceitual".[8] Na *Ciência da lógica*, o movimento ininterrupto transformava a identidade em diferença, oposição e contradição. Croce introduziu um elemento atenuador, os "distintos" – conceito tradicionalmente adequado ao entendimento, à razão analítica. Na dialética dos distintos não se desenvolve o movimento contínuo de negação/superação, mas, ao contrário, permanece a coexistência das diferenças.

Assim, a dialética de Hegel sofre uma brusca modificação. Na nova versão de Croce: "A tese deve ser conservada pela antítese para não destruir o próprio processo". Gramsci protesta contra o apaziguamento dos contrários, afirmando que na história real "a antítese tende a destruir a tese, a síntese será uma superação, mas sem que se possa estabelecer *a priori* o que será 'conservado' da tese na antítese". Em outra passagem, acrescenta:

> Se é possível afirmar, genericamente, que a síntese conserva o que é ainda vital na tese, superada pela antítese, não é possível afirmar, sem arbítrio, o que será conservado, o que *a priori* se considera como vital, sem cair no ideologismo, na concepção de uma história com uma meta pré-determinada.[9]

Mas, o que é tão importante para Croce que precisaria ser conservado? Segundo Gramsci, seria "a forma liberal do Estado".

---

[7] Gramsci, A. *CC*, v. 1, p. 281 e p. 291.
[8] Gramsci, A. *C*, v. 1. Rio de Janeiro: Civilização Brasileira, 2005, p. 292.
[9] Idem, p. 395.

A reformulação da dialética, seu "enfraquecimento" como afirmou Gramsci, a serviço de uma visão da história conservadora compreendida como "revolução-restauração" ou "revolução passiva" – um reformismo que incorpora e conserva algumas demandas dos setores populares impedindo o acirramento dos conflitos. Croce desempenharia a mesma função de Gioberti no Risorgimento ao endossar a visão da história como dialética de "conservação e inovação", visão que expressa o temor ao jacobinismo, à presença popular "irracional", à irrupção da negatividade. Gramsci compara essa deformação da dialética àquela praticada por Proudhon e criticada por Marx na *Miséria da filosofia*.[10]

O princípio da contradição em Hegel, diz Marx, foi reduzido por Proudhon "ao simples procedimento de opor o bem ao mal". Sendo assim, não há rupturas (revoluções), mas ajustes, pois a contradição passou a ser entendida como antídoto. Para Marx, contrariamente, "é o lado mau que produz o movimento que faz a história, constituindo a luta".[11] A mesma ideia é endossada por Engels: "Em Hegel, a maldade é a força propulsora do desenvolvimento histórico [...]; são precisamente as paixões más dos homens, a cobiça e a sede de domínio que servem de alavanca ao progresso histórico".[12] Em Proudhon e Croce, a negatividade é neutralizada: revolução-restauração.

Além de conservadora, a concepção de história em Croce é abstrata – história do Espírito que se desenvolve desligada das condições materiais. Nicolas Tertulian lembra uma passagem das *Note autobiografiche* em que Croce procurou defender-se das objeções feitas por aqueles que

> continuam a pensar a história como luta cega dos interesses econômicos e como abuso (*sopraffazione*) perpetrada por um ou outro partido, uma ou outra classe. Deparei-me várias vezes com a objeção de que meu conceito de liberdade estava em desuso (*antiquato*) e formal, e que era preciso modernizá-lo e lhe dar um conteúdo

---

[10] Idem, p. 292.
[11] Marx, K. *Miséria da filosofia*. São Paulo: Ciências Humanas, 1982, p. 110.
[12] Engels, F. "Ludwig Feuerbach e o fim da filosofia clássica alemã", em: Marx, K.; Engels, F. *Obras escolhidas*, v. 3. Rio de Janeiro: Vitória, 1963, p. 190.

com a introdução da satisfação das exigências e das necessidades dessa ou daquela classe ou desse ou daquele grupo social. Mas o conceito de liberdade tem como único conteúdo a liberdade, da mesma forma que o da poesia unicamente a poesia, e se é preciso despertá-lo nas almas com sua pureza, que é seu vigor ideal, é preciso evitar confundi-lo com as necessidades e as exigências de outra ordem.[13]

O sujeito da história em Croce, portanto, seria o universal, um universal que paira acima dos indivíduos? De fato, afirma Croce,

> se se pergunta qual é o sujeito da história da poesia, não se responderá por certo Dante ou Shakespeare, ou a poesia italiana ou inglesa, ou a série de poesias que conhecemos, mas a *Poesia*, isto é, um universal; e à pergunta de qual é o sujeito da história social e política, não se responderá Grécia, Roma, França, nem Alemanha, e tampouco o complexo destas e outras coisas semelhantes, mas, *a Cultura, a Civilização, o Progresso, a Liberdade*, isto é, um universal.[14]

Luciano Gruppi comenta acertadamente que Croce põe no lugar da história efetiva "o conceito derivado dessas realidades, ou seja, a liberdade, a cultura etc.; em suma, uma abstração".[15] Mas, na sequência, para criticar Croce, cita com aprovação uma passagem do jovem Marx que, ainda sob a influência empirista e nominalista de Feuerbach, negava a existência dos universais. Embora longa, vale a pena reproduzi-la:

> Quando, mexendo com realidades, maçãs, peras, morangos, amêndoas, eu formo a ideia geral 'fruta'; quando, indo mais longe, eu imagino que minha ideia abstrata 'a fruta', deduzida das frutas reais, é um ser que existe fora de mim e, ainda mais, constitui a *verdadeira* essência da pera, da maçã etc., eu declaro – em linguagem *especulativa* – que 'a fruta' é a '*substância*' da pera, da maçã, da amêndoa etc. Eu digo, portanto, que aquilo que existe de essencial na pera ou na maçã não é ser pera ou maçã. O que é essencial nessas coisas não é o seu ser real, perceptível aos

---

[13] Tertulian, N. *Lukács e seus contemporâneos*. São Paulo: Perspectiva, 2016, p. 264.
[14] Croce, B. *Teoria y história en la historiografia*. Buenos Aires: Imán, 1953, p. 48.
[15] Gruppi, L. *O conceito de hegemonia em Gramsci*. Rio de Janeiro: Graal, 1978, p. 48.

sentidos, mas a essência que eu tenho dela abstrata e que eu lhe atribuí, a essência de minha representação: 'a fruta'. Meu entendimento limitado, apoiado por meus sentidos, *distingue*, é verdade, uma maçã de uma pera ou de uma amêndoa; mas minha razão especulativa declara que essa diferença sensível é não-essencial e sem interesse. Ela vê na maçã *a mesma coisa* que na pera, e na pera a mesma coisa que na amêndoa, ou seja, *'a fruta'*. As frutas particulares reais são apenas frutas *aparentes*, cuja verdadeira essência é 'a substância', 'a fruta'.[16]

Nessa crítica à autonomização do universal, Marx seguia a orientação de alguns jovens hegelianos que contrapunham a ela a presença sensível dos seres singulares (o "Único", diria Stirner) e, assim fazendo, acabavam por negar a própria dialética.

Gramsci em sua luta pela "unificação cultural do gênero humano", invocou o caráter universal da genericidade, mantendo-se assim longe do nominalismo (e, diremos nós, afastando-se de futuros intérpretes que o colocaram como precursor das "políticas da identidade"). A propósito do gênero humano, Gramsci fez a seguinte afirmação visando distanciar sua posição tanto do nominalismo quanto da autonomização do universal: "a 'natureza humana' não pode ser encontrada em nenhum homem particular, mas em toda a história do gênero humano [...], enquanto em cada indivíduo se encontram características postas em relevo pela contradição com as de outros homens".[17]

Quanto a Croce, sua intenção não era a de fazer a história do universal, mas de conhecer o universal na história. O método da filosofia do espírito, segundo afirmou prevendo críticas, "nunca foi o da abstração e da generalização, mas do pensamento do universal que é imanente no individual".[18] Por isso, procurou afastar-se das posições dualistas que separam o individual do geral, afirmando que "a verdadeira história é a história do indivíduo enquanto universal e do universal enquanto indivíduo. Não se trata de abolir Péricles ou Platão em benefício da Política, ou Sófocles em benefício da Tragédia", pois quem elimina os indivíduos da história, elimina

---

[16] Marx, K.; Engels, F. *A sagrada família*. São Paulo: Cortéz, 1987, p. 59-60.
[17] Gramsci, A. C, v. 1, p. 245.
[18] Croce, B. *El carácter de la filosofía moderna*. Buenos Aires: Imán, 1959, p. 13.

junto com eles "a própria história".[19] Percebe-se aqui a exclusão do particular e, com ele, as mediações sociais.

Acresce que, ao entender toda a história como história do presente, Croce se distanciou da tese marxiana da centralidade ontológica do presente, que o entende como resultado de um processo e não como vivência subjetiva, ideia. Lukács, em *O romance histórico*, cita uma passagem em que Croce expressa com clareza o seu idealismo ao falar de alguns exemplos da temática da historiografia:

> Nenhum desses exemplos me comove: e, por isso, neste instante, essas histórias não são história nenhuma; no máximo, são títulos de livros de história. Elas são história, ou serão, apenas para aqueles que pensaram ou pensarão a seu respeito; e, para mim, elas foram quando pensei a seu respeito e trabalhei com elas de acordo com minha necessidade intelectual, e voltarão a ser quando eu voltar a pensar a seu respeito.[20]

A história pensada é, assim, história das superestruturas ("ético-política") que se desenvolve à revelia da base material, representando "figuras desossadas, sem esqueleto, de carnes flácidas e fracas, mesmo que sob as tinturas das belezas literárias do escritor".[21] Gramsci, com o conceito de bloco histórico, procurava manter a base e a superestrutura unidas, evitando o determinismo da primeira (Bukharin) ou a autonomia da segunda (Croce).

Autonomizando a superestrutura, Croce acusa Marx de defender uma explicação monocausal da história. A "neodialética" de Marx, segundo afirmou, teria substituído a Ideia hegeliana pela Matéria, concebendo assim a estrutura como um Deus oculto conduzindo a história.[22] Gramsci considera improcedente a comparação:

> Não é exato que na filosofia da práxis a 'ideia' hegeliana tenha sido substituída pelo 'conceito de estrutura', como afirma Croce. A 'ideia' hegeliana se resolve tanto na estrutura quanto nas superes-

---

[19] Croce, B. *Teoría e Historia de la historiografía*. Buenos Aires: Imán, 1953, p. 85.
[20] Lukács, G. *O romance histórico*. São Paulo: Boitempo, 2011, p. 223-224.
[21] Gramsci, A. *CC*, v. 1, p. 309.
[22] Croce, B. *Materialismo histórico e economia marxista*. São Paulo: Centauro, 2007, p. 77.

truturas e toda maneira de conceber a filosofia foi 'historicizada', isto é, iniciou-se o nascimento de um novo modo de filosofar, mais concreto e mais histórico do que os precedentes.[23]

Croce afirmara também o caráter de aparência que o marxismo atribuiria à superestrutura, tendo como base de apoio o emprego da palavra anatomia para referir-se à infraestrutura. Mas tal derivação metafórica (anatomia = ciências biológicas; economia = sociedade) precisa ser contextualizada. Segundo Gramsci, ela se originou

> na luta ocorrida nas ciências naturais para afastar do terreno científico os princípios de classificação baseados em elementos exteriores e frágeis. Se os animais fossem classificados pela cor da pele, do pelo ou das plumas, todos protestariam hoje. No corpo humano, certamente, não se pode dizer que a pele (bem como o tipo de beleza física historicamente dominante) seja mera ilusão, e que o esqueleto e a anatomia sejam a única realidade; todavia, por muito tempo, se disse algo similar.[24]

Segundo a interpretação de Croce, o materialismo histórico

> separa a estrutura da superestrutura, remetendo vigorosamente desta maneira ao dualismo teológico [...]. Isto quer dizer que a estrutura é concebida como imóvel, e não a própria realidade em movimento: que coisa quer dizer Marx, nas Teses sobre Feuerbach, quando fala da 'educação do educador' senão que a superestrutura reage dialeticamente sobre a estrutura e a modifica, ou seja, não afirma em termos 'realistas' uma negação da negação? Não afirma a unidade do processo real?[25]

Observe-se aqui que o historicismo gramsciano, ao considerar a estrutura como a realidade do movimento, compartilha a opinião de Marx expressa nos *Grundrisse*, texto publicado quatro anos após a morte de Gramsci: "O capitalismo não é tanto uma estrutura quanto um processo". Ambos se antecipam assim às posteriores pretensões estruturalistas de privilegiar a sincronia.

---

[23] Gramsci, A. *CC*, v. 1, p. 138.
[24] Idem, p. 389.
[25] Gramsci, A. *Quaderni dal carcere*, v. 2. Turim: Einaudi, 1975, p. 854. Doravante *Q*.

Quanto ao papel ativo das superestruturas, Gramsci, numa outra passagem, retoma a afirmação de Croce segundo a qual em Marx as superestruturas seriam "aparência e ilusão", para concluir: as ideologias são, contrariamente,

> uma realidade objetiva e operante, mas não são a mola da história, isso é tudo. [...] Como Marx poderia pensar que as superestruturas são aparência e ilusão? Também suas doutrinas são uma superestrutura. Marx afirma explicitamente que os homens tomam consciência de sua tarefa no terreno ideológico. [...] Se os homens tomam consciência de suas tarefas no terreno das ideologias, isso significa que entre estrutura e superestrutura existe um nexo necessário e vital, assim como no corpo humano entre a pele e o esqueleto: se diria um despropósito se se afirmasse que o homem se mantém ereto sobre a pele e não sobre o esqueleto, e todavia isso não significa que a pele seja uma coisa aparente e ilusória...[26]

Por outro lado, o "nexo necessário e vital", reivindicado para manter unidas as duas instâncias do real, levou Gramsci a apropriar-se criticamente do conceito soreliano de bloco histórico, entendido como "unidade entre a natureza e o espírito (estrutura e superestrutura), unidade dos contrários e dos distintos".[27] A totalização realizada pelo bloco histórico faz da distinção entre base e superestrutura uma afirmação metódica e não orgânica.

A junção das duas esferas sociais que o idealismo e o materialismo vulgar mantinham separadas será retomada, tempos depois, por diversos autores, como Raymond Williams e Guy Debord que, atentos ao avanço tecnológico do capitalismo e à mercantilização da cultura, constataram que a superestrutura se tornou uma força produtiva.

Bukharin

Bukharin foi um dos principais representantes da *intelligentsia* russa que aderiram à causa revolucionária. O país, relativamente atrasado, convivia desde a segunda metade do século XIX com

---

[26] Gramsci, A. *Q*, v. 1, p. 436-7.
[27] Gramsci, A. *CC*, v. 2, p. 26.

uma tradição de grandes intelectuais democratas (Tchernichevski, Dobroliubov, Herzen). Na sequência, o processo revolucionário revelou uma geração de dirigentes políticos formada por homens cultos. Assim, o prestígio do marxismo que até então se concentrava principalmente na Alemanha deslocou-se paulatinamente para a Rússia.

O *Manual* de Bukharin (forma como a qual Gramsci se refere ao *Tratado de materialismo histórico*) foi escrito em 1921 – momento, é bom lembrar, em que alguns dos escritos de Marx e Engels não haviam ainda sido publicados e os seus discípulos procuravam "completar" o materialismo histórico com as mais díspares teorias. Se o austromarxismo incorporou Kant ao pensamento marxista, na Rússia as ideias do físico Mach foram retomadas por diversos intelectuais, como o dirigente partidário Bogdanov, alvo da crítica de Lenin em *Materialismo e empiriocriticismo*.

Com o intuito de apresentar didaticamente a essência do pensamento de Marx e combater suas distorções, Bukharin escreveu o seu *Manual*, dedicado aos "operários desejosos de se iniciarem nas teorias marxistas". Nele, discorre sobre uma infinidade de temas nos quais contrastava a doutrina de Marx com as ciências sociais da época e, em especial, com a sociologia. Leitor culto e bem-informado, demonstrou surpreendente conhecimento de autores como Alfred e Max Weber, Durkheim, Sombart, Simmel etc., contrapondo a todos eles o que entendia ser o materialismo histórico, sem negar, contudo, a possibilidade de incorporar à doutrina de Marx conceitos por eles elaborados.

Diversos pensadores comprometidos com o processo revolucionário reconheciam o talento e a cultura de Bukharin, mas não deixavam de assinalar a precariedade de seus conhecimentos sobre a dialética. Lenin, por exemplo, num texto lido por Gramsci e que ficou conhecido como o "Testamento do revolucionário russo", faz a seguinte apreciação: Bukharin é um valioso e destacado teórico do partido, e, além disso, é considerado merecidamente como o preferido de todo o partido; "porém, suas concepções teóricas muito dificilmente podem qualificar-se de inteiramente marxistas, pois há nele algo escolástico (jamais estudou e creio que jamais compreendeu por completo a dialética").[28] Trotsky, por sua vez, criticou em 1928 as várias tentativas para atualizar o materialismo histórico que acabavam por descaracterizar a doutrina de Marx, incluindo a "escolástica" e o "sistema eclético" de Bukharin, afirmando que ele "não tem a coragem de reconhecer abertamente sua intenção de criar uma nova teoria histórico-filosófica", sob "a tinta do materialismo histórico".[29]

A dialética, como se sabe, esteve longe dos horizontes teóricos da Segunda Internacional. O projeto de resgatá-la, entretanto, estava presente em diversos autores que, entusiasmados com a Revolução de Outubro, retornaram às questões filosóficas para criticar aquelas concepções reformistas, que, em nome da férrea necessidade, não concebiam a história como um processo de rupturas e sim de tranquila evolução. Karl Korsch, em 1923, escreveu *Marxismo e filosofia* recorrendo à dialética para entender o marxismo como expressão da unidade entre teoria e práxis, como autoconsciência do processo histórico. No mesmo ano, Lukács publicou *História e consciência de classe*.

Após a Revolução de Outubro, a discussão sobre a dialética ganhou força na Rússia revolucionária. A década de 1920 assistiu a uma contenda opondo os "dialéticos", tendo à frente Deborin e os "mecanicistas", representados por L. I. Akselrod. Deborin saiu vencedor do embate, mas nem por isso deixou de lançar uma dura crítica a *História e consciência de classe*. Sua fidelidade à ortodoxia, contudo, de nada lhe serviu: em 1931 foi acusado de ser um "ideólogo menchevique". No mesmo ano, Stalin instituiu o *diamat* como doutrina oficial e, em 1938, publicou no quarto capítulo da *História do Partido Comunista da URSS* o famoso texto "Materialismo dialético e materialismo histórico", pondo um ponto final na discussão.

A polêmica contra o *Manual* de Bukharin enfeixa questões filosóficas derivadas das discussões sobre a dialética, mas cuja

---

[28] Lenin, V. I. *Carta ao Congresso*. Testamento político de Lenin, em: Marxists Internet Archive.
[29] Trotski, L. "Las tendencias filosóficas del burocratismo", em: CEIP Leon Trotsky.

motivação principal tem, como sempre, um fundo político. Gramsci acompanhou o debate sobre a dialética na Rússia e, também, a revisão do hegelianismo proposta por Croce, autor com quem se identificara em seu período de formação. A crítica de Gramsci é contemporânea às suas preocupações em reconstruir o legado de Marx no início dos anos 1930. A febril atividade desse período expressou-se nas reflexões sobre Maquiavel, na contínua retomada do conceito de hegemonia, na reflexão sobre guerra de movimento e guerra de posição etc.

Nesse momento de esclarecimento e redefinição, incomodava a Gramsci a divulgação internacional das ideias de Bukharin e a perspectiva de elas serem adotadas para o trabalho de formação dos militantes. Curiosamente, o próprio Gramsci, em 1925, havia recorrido ao *Manual* em seus cursos, traduzindo então alguns capítulos daquele texto que, naquele momento, considerava "um tratado completo" sobre o materialismo histórico. O revolucionário russo, naquela época, gozava de um grande prestígio, tendo sido promovido ao cargo de secretário-geral da Internacional Comunista.

Os intérpretes de Gramsci não escondem certa perplexidade diante da virulência dos ataques ao revolucionário em desgraça que logo mais seria executado por Stalin em 1938. Essa mudança radical na avaliação nos *Cadernos do cárcere* deve ser situada no interior dos embates ocorridos no interior do Partido Comunista russo, às voltas com os rumos a serem tomados pela revolução, e seus reflexos entre os dirigentes do partido italiano na prisão de Turi, onde Gramsci se encontrava. Em 1929, a Internacional realizou a desastrosa guinada à esquerda defendendo a tese segundo a qual a social-democracia e o fascismo eram "irmãos gêmeos" e derivando, a partir daí, a política de classe contra classe.

Gramsci, assim, via suas concepções teóricas e práticas (guerra de posição, hegemonia) serem contrariadas. Isolado politicamente, passou a defender a política de frente única para a realização de etapas intermediárias e a necessidade de se lutar pela convocação de uma Constituinte. Tais propostas, por sua vez, levaram-no também a criticar a teoria da "revolução permanente" de Trotsky. Gramsci, assim, voltava-se com redobrado afinco ao projeto de reconstrução do materialismo histórico.

A importância por ele concedida à hegemonia, consequentemente, via a disseminação das ideias de Bukharin como um perigo a ser combatido. Horrorizava a Gramsci o entendimento do marxismo como prolongamento do senso comum – o *Manual*, com esse pressuposto, pretendia educar os trabalhadores e aproximá-los do marxismo. Mas tal concepção, para Gramsci, não substitui o verdadeiro trabalho de formação do progresso intelectual das massas para, por meio dele, realizar a reforma cultural da humanidade. Aldo Zanardo observou a propósito:

> Para Bukharin, o marxismo se desenvolve em continuidade com o senso comum [...] vem a ser uma espécie de sistematização do senso comum. [...] No âmbito da teoria era necessário dispor de um conjunto de ideias, de fórmulas, relativamente ordenado, fácil, adaptado para a difusão; um instrumento simplificado, capaz de penetrar rapidamente nas grandes massas, de mobilizá-las, iluminá-las e conseguir que delas saíssem quadros. [...] Com uma colocação desse tipo permanece inabordado, contudo, o problema da formação dos quadros políticos e intelectuais superiores, o problema da educação ideológica permanente das massas populares, o problema da relação dos dirigentes com as massas, o problema da atividade e da passividade cultural e política destas massas.[30]

Transformar o marxismo numa sociologia positivista que apenas reproduz de forma pretensamente científica o senso comum. Trata-se, pois, de superar essa fase e passar para o momento político: a luta pela hegemonia. E aqui Gramsci enfatiza o papel dos intelectuais como "organizadores da hegemonia", e a necessidade de um partido revolucionário para elevar o senso comum das massas.

Reconstruir o materialismo histórico, para Gramsci, significava conceber a obra de Marx como uma obra *in progress* e não como um sistema fechado e concluído que pudesse ser sintetizado num tratado, como pretendia Bukharin e, antes dele, o *Anti-Dühring* de Engels e os trabalhos de Plekhanov. A sistematização, contudo, foi oficialmen-

---

[30] Zanardo, A. "O Manual de Bukharin vistos pelos comunistas alemães e por Gramsci", em: Bertelli, R. (org.). *Bukharin, teórico marxista*. Belo Horizonte: Oficina de Livros, 1989, p. 69.

te efetivada por Stalin em 1938 em *Materialismo dialético e materialismo histórico*. Tempos depois, em 1969, ecos desse intento podem ser constatados no divulgadíssimo manual de Marta Harnecker, *Os conceitos elementares do materialismo histórico*, livro empenhado em difundir o legado de Marx pela lente althusseriana.

Gramsci, em direção oposta, via o marxismo como um produto da história e da cultura, ou melhor, de uma nova cultura em estado latente. "É possível escrever um livro elementar, um manual, um 'ensaio popular' de uma doutrina que está ainda na fase da discussão, da polêmica, da elaboração?". Gramsci lança a pergunta e responde em seguida afirmando que qualquer tentativa de manualizar o materialismo histórico está condenada ao fracasso e que o intento de Bukharin resultou "numa mecânica justaposição de elementos desconexos".[31]

O *Manual* se inicia falando da sociologia e de um tema caro a Gramsci: a previsão. A sociologia burguesa, segundo o *Manual*, não soubera prever a Revolução Russa. Ela, convém lembrar, nasceu como uma resposta aos desafios postos pela consolidação da ordem burguesa e da perplexidade diante dos desarranjos provocados na vida social (as "anomias" de que falava Durkheim) e do receio em relação ao imprevisível futuro. Paralelamente à formação das primeiras teorias sociológicas, as ciências naturais haviam conhecido um espantoso progresso e, paulatinamente, foram controlando os fenômenos naturais, enquanto os sociólogos olhavam com perplexidade para a desconhecida, e por isso incontrolável, sociedade burguesa. Daí a pretensão de se construir uma ciência social que, à semelhança das ciências naturais, pudesse conhecer e controlar os fenômenos sociais, prevendo seus desdobramentos e interferindo em seu curso. Essa mesma equiparação com as ciências naturais é compartilhada por Bukharin, que a transferiu da sociologia para o marxismo, trazendo para o interior deste as concepções positivistas que orientavam a sociologia em suas origens. Pretendia-se, desse modo, combater o idealismo e os resquícios da teleologia hegeliana que estariam presentes em Marx.

---

[31] Gramsci, A. *CC*, v. 1, p. 142.

O conceito básico incorporado da sociologia é o de equilíbrio, conceito conveniente à cautelosa estratégia de construção do socialismo para uma liderança revolucionária necessitada de uma "pausa para respirar". Após o trauma das rupturas drásticas, convulsões violentas, "saltos" dialéticos, a sociedade tenderia, segundo Bukharin, a um equilíbrio, algo análogo à adaptação na biologia. Nas palavras do biógrafo Stephen Cohen:

> A seu ver, a primeira tarefa dos bolcheviques era refazer o tecido social do país, dilacerado e dividido pela Revolução e pela guerra civil. Promover a integração social era sinônimo de '*normalizar*' a autoridade soviética e fazê-la aceita pelo maior número possível de setores da população [...]; uma sociedade em guerra consigo mesma não pode ser produtiva nem próspera.[32]

Evidentemente, essas ideias foram primeiramente contestadas pelos defensores da "revolução permanente" e, em 1929, com a queda de Bukharin, pelo stalinismo que, em sua ampla campanha difamatória, associou o "direitismo" na política às concepções deterministas da sociologia burguesa.

Esse é o contexto em que Gramsci, influenciado por aquela campanha, desfechou o virulento ataque ao *Manual*. Incomodava-o, sobretudo, a mescla entre sociologia e marxismo, pois, assim, a filosofia da práxis deixaria de ser uma teoria original, para ser apenas "a 'sociologia' do materialismo metafísico",[33] um materialismo que "diviniza a matéria".[34]

A busca da previsão é tema caro aos dois revolucionários. Em Bukharin, ela caminha junto com o determinismo que persegue as causas geradoras do desenvolvimento, mas estas sempre remetem sucessivamente a uma causa anterior, sendo assim, nas palavras de Gramsci, uma das manifestações da "busca de Deus". A busca da causa das causas, a causa primeira, comprovaria a concepção metafísica de matéria: a crença numa causa primeva anterior à história

---

[32] Cohen, S. *Bukharin, uma biografia política*. São Paulo: Paz e Terra, 1980, p. 142.
[33] Gramsci, A. CC, v. 1, p. 120.
[34] Gramsci, A. Q, v. 1, 451.

dos homens que, num gesto inaugural, pôs o mundo em movimento e se recolheu à sombra das origens.

Entregue ao movimento sucessivo de causas e efeitos, a história se efetivaria mecanicamente sem conhecer rupturas e descontinuidades: "A lei da causalidade substitui a dialética. [...] Se 'idealismo' é ciência das categorias *a priori* do espírito, isto é, uma forma de abstração anti-historicista, este ensaio popular é idealismo ao contrário". As categorias empíricas são igualmente aprioristicas e abstratas e, a partir delas, pesquisam-se mecanicamente "as leis de "regularidade, normalidade, uniformidade", sem superação, pois o efeito não pode ser superior à causa".[35]

Uma preocupação recorrente do *Manual* é, portanto, atribuir ao materialismo dialético a necessidade de pesquisar as leis que regem o desenvolvimento da sociedade. Diz Gramsci:

> Já que 'parece', por uma estranha inversão de perspectivas, que as ciências naturais fornecem a capacidade de prever a evolução dos processos naturais, a metodologia histórica foi concebida como sendo 'científica' apenas se, na medida em que, habilita abstratamente a 'prever' o futuro da sociedade.[36]

Mas, só se pode prever algo na história se "se aplica um esforço voluntário e, desta forma, contribui-se concretamente para o resultado 'previsto'". A previsão, portanto, não é um ato do conhecimento, e sim um "ato prático", uma expressão da vontade coletiva.[37]

A crítica teórica desdobra-se em política, pois o evolucionismo de cariz positivista desconhece esse elemento "perturbador" (a vontade coletiva) que intervém na história para subverter o desenvolvimento linear. Na dialética, a ruptura é expressa na passagem da quantidade à qualidade; na história, pela irrupção da práxis humana. Na edição brasileira dos *Cadernos do cárcere*, há uma importante informação sobre a tradução gramsciana de práxis: "Subversão da práxis [*rovesciamento della prassi*] é a fórmula como

---

[35] Gramsci, A. *Q*, v. 2, p. 1054.
[36] Gramsci, A. *CC*, v. 1, p. 121.
[37] Idem, p. 122.

ficou conhecida na Itália, a partir de uma não muito feliz tradução de Gentile, a expressão *"unwälzende Praxis"*, presente na versão engelsiana da Tese III de Marx sobre Feuerbach, que seria mais bem traduzida como "práxis subversora". (No original de Marx, está simplesmente *"revolutiönare Praxis"*, ou "práxis revolucionária"). Ao traduzir esse texto, Gramsci segue Gentile e usa também *"rovesciamento della prassi"*.[38] Rodolfo Mondolfo fez, a propósito, o seguinte esclarecimento:

> Mas à tradução 'práxis que se subverte' [*unwälzende Praxis*] se tem objetado que seria mais fiel traduzir-se: 'práxis que subverte' ou práxis subversiva revolucionária. A diferença entre ambas é evidente. Em uma se atribui à atividade humana a tarefa de subverter-se e transformar-se a si mesma; na outra, às condições exteriores objetivas. O certo é que a segunda expressão traduz melhor, porém não se lhe dá exatamente o conceito.[39]

"Práxis que se subverte" ou "práxis subversora" aponta para o cerne da crítica do jovem Marx a Feuerbach que, em seu materialismo passivo, concebia apenas os seres individuais e o pensamento. Embora ainda não tivesse elaborado a categoria modo de produção, Marx já pressupunha a existência de uma totalidade social dinâmica formada por um conjunto de seres que se agrupam não pela ação da consciência, como queria Feuerbach, mas graças a uma mediação material, o trabalho. A práxis, portanto, é compreendida como mediação dialética: subverte os opostos e se subverte a si própria em sua incessante atividade.

O mesmo espírito norteia o pensamento de Gramsci ao criticar Bukharin por desconhecer a dialética e menosprezar, com seu cientificismo positivista, o papel perturbador da vontade – que não deve ser confundido com voluntarismo caprichoso ou dever-ser abstrato movido pelo imperativo ético. A vontade, contrariamente, orienta-se pelas "condições objetivas postas pela realidade histórica" – ela pressupõe, portanto, um núcleo "racional" e "concreto". Ou como diz Gramsci: "a vontade como consciência operosa da

---

[38] Idem, p. 461.
[39] Mondolfo, R. *Estudos sobre Marx*. São Paulo: Mestre Jou, 1967, p. 13.

necessidade histórica, como protagonista de um drama histórico real e efetivo".[40]

Como se pode ver, o foco de Gramsci procura ligar não só os indivíduos entre si como também os indivíduos com a "necessidade histórica de um drama real e efetivo". Há um claro movimento de transcendência: ir além do momento presente, recusando os grilhões da férrea necessidade e, também, cobrando o desejo de universalização, de superação da mera individualidade, pois nesta ficamos restritos à "vontade de todos", isto é, à somatória dos interesses privados. Na "vontade coletiva nacional-popular" há, contrariamente, uma superação da esfera privada, dos interesses econômico-corporativos, fazendo nascer uma consciência ético-política. Os indivíduos, então, manifestam plenamente a sua sociabilidade: são "indivíduos sociais".

Gramsci retoma esse movimento de universalização quando escreve sobre "o homem-indivíduo e o homem-massa". Uma multidão de indivíduos, diz ele, "dominada pelos interesses imediatos ou tomada pela paixão suscitada pelas impressões momentâneas [...] unifica-se na decisão coletiva pior [...]"; nessas multidões, "o individualismo não só não é superado, mas é exasperado [...]". Numa situação de assembleia, contrariamente, "os elementos desordeiros e indisciplinados" são unificados "em torno de decisões superiores à média individual: a quantidade transforma-se em qualidade".[41]

No passado, diz Gramsci, o homem-coletivo existiu sob a forma da liderança carismática. Por meio desta realizava-se

> uma vontade coletiva sob o impulso e a sugestão imediata de um 'herói', de um homem representativo; mas essa vontade coletiva era devida a fatores extrínsecos, compondo-se e decompondo-se continuamente. O homem coletivo de hoje, ao contrário, forma-se essencialmente de baixo para cima, à base da posição ocupada pela coletividade no mundo da produção – 'Qual é o ponto de referência para o novo mundo em gestação? O mundo da produção, o trabalho'.[42]

---

[40] Gramsci, A. CC, v. 3, p. 17.
[41] Gramsci, A. CC, v. 3, p. 259.
[42] Gramsci, A. CC, v. 3, p. 263.

Além de esclarecer a orientação geral do marxismo, Gramsci critica também o positivismo e as chamadas leis sociológicas que "não passam de uma duplicação do próprio fato observado",[43] e essa resignação da teoria perante a realidade impossibilita a crítica do real. Tempos depois, a mesma ideia reapareceu em Adorno em sua polêmica com a sociologia empírica norte-americana. Mas o que move Adorno é a crítica da identidade entre sujeito e objeto e a convicção de que o pensamento deve preservar sua irredutível distância perante o objeto – o mundo alienado. Gramsci, contrariamente, defende a unidade entre teoria e prática e quer que o pensamento se realize no contato com a realidade, que se efetive na transformação revolucionária do mundo.

A dialética, diferentemente do positivismo, fala em tendências e não em leis petrificadas. Por isso, a ação política, explorando as contradições sociais, "destrói as leis dos grandes números".[44] O culto aos números, e a consequente substituição da teoria pela estatística, irá nortear a sociologia empírica a partir dos anos 1940, especialmente nos Estados Unidos. Uma verdadeira indústria de pesquisas unindo a universidade com as grandes corporações consolidou o que Adorno batizou de "pesquisa administrativa", voltada a conhecer e a manipular opiniões – seja para induzir ao consumo, seja para orientar o voto.

A investigação sociológica, assim conduzida, produziu uma enxurrada de pesquisas comportamentais utilizando a técnica dos *surveys*: a coleta de amostras aleatórias de uma população, a partir de uma determinada porcentagem de indivíduos sorteados aleatoriamente e entrevistados individualmente, seria representativa do conjunto daquela população. Gramsci, atento aos desdobramentos do positivismo, antecipou a crítica aos fundamentos teóricos subjacentes às futuras pesquisas de opinião:

> A lei dos 'grandes números' pode ser aplicada à história e à política somente enquanto as grandes massas permanecerem passivas [...] ou se supõe que permaneçam passivas [...]. A ação política tende

---

[43] Gramsci, A. CC, v. 1, p. 151.
[44] Idem, p. 147-8.

> precisamente a fazer sair as grandes multidões da passividade, isto é, a destruir a 'lei' dos grandes números.[45]

A submissão ao caráter inexorável das leis pressupõe a passividade na esfera política, pois leva ao conformismo, ao fatalismo e à derrota. Soma-se a isso a crença no progresso, na evolução natural e por etapas do processo histórico. Gramsci contrapõe a essa noção positivista do progresso a noção dialética de devir: "o progresso é uma ideologia, o devir é uma concepção histórica". Inicialmente, a ideologia do progresso exerceu um papel democrático e progressista, incentivando os homens a controlar a natureza, libertando-os, assim, do domínio das forças naturais que deixam de ser vistas como fatalidade. No plano político, a ideologia do progresso serviu de referência para a formação dos modernos Estados constitucionais. Hoje, diz Gramsci, ela perdeu esse aspecto progressista, tornando-se uma ideologia resignada. O devir, contrariamente, rompe com o evolucionismo mecânico ao introduzir na história a negatividade, a ruptura e os saltos produzidos pela "perturbadora" vontade humana.[46]

A raiz dos equívocos de Bukharin, afirma Gramsci, advém de seu desconhecimento da dialética, responsável, entre outras coisas pela divisão da filosofia da práxis em duas disciplinas: de um lado, uma sociologia evolucionista (materialismo histórico), de outro, uma filosofia transformada num sistema fechado, pronto e acabado (o materialismo dialético). Assim fazendo, cria-se um corpo lógico (a dialética e suas leis) exterior ao processo histórico. A divisão do marxismo em duas disciplinas, contudo, acabaria sancionada por Stalin e reproduzida pelos manuais de "marxismo-leninismo" que passaram a orientar em todo o mundo a formação dos militantes comunistas.

Na contracorrente, Gramsci observou que na expressão "materialismo histórico" "deu-se maior peso ao primeiro membro, quando deveria ter sido dado ao segundo: Marx é essencialmente um

---

[45] Gramsci, A. Q, v. 2, p. 856-7.
[46] Gramsci, A. CC, v. 1, p. 403-5.

'historicista'".[47] Quanto ao materialismo, Gramsci lembra que em Marx essa palavra tinha uma conotação negativa quando empregada para criticar os filósofos materialistas do século XVII, e que ele preferia falar em "dialética racional" em oposição à "especulativa" e não em dialética materialista.

Gramsci, assim, considerava um erro a divisão do marxismo em duas disciplinas, pois tal procedimento faz da filosofia (materialismo dialético), um corpo exterior ao processo histórico concebido como extensão das ciências naturais e erigido em método aplicável a qualquer realidade, como se quisesse "colocar toda a história no bolso". Para Gramsci, não existe um método em geral pois, como quer o marxismo

> o método desenvolveu-se e foi elaborado conjuntamente ao desenvolvimento e à elaboração daquela determinada investigação e ciência, formando com ela um todo único. Acreditar que se pode fazer progredir uma investigação científica aplicando-lhe um método tipo, escolhido porque deu bons resultados em outra investigação ao qual estava relacionado, é um equívoco estranho que nada tem em comum com a ciência.[48]

Em outra passagem, nos chamados "cadernos miscelâneos", Gramsci retorna ao tema fazendo uma vigorosa inflexão ontológica ao enfatizar que o método não constrói o objeto. Ele, ao contrário, está subordinado ao objeto, reconhecendo sua prioridade ontológica: "não existe um método por excelência, 'um método em si'. Toda pesquisa científica cria para si um método próprio, uma lógica própria, cuja generalidade e universalidade consiste apenas em ser 'conforme ao fim'".[49]

Materialismo vulgar, positivismo, fetichismo do método, evolucionismo – todas essas características do pensamento de Bukharin confluem num determinismo que desconsidera o papel perturbador da ação dos homens na história. Isso transparece na visão mecânica e desistorizada das relações entre infraestrutura e superestrutura, bem como do entendimento dessas duas esferas. Para Bukharin as

---

[47] Gramsci, A. CC, v. 6, p. 359.
[48] Gramsci, A. CC, v. 1, p. 122-3.
[49] Idem, p. 324-5.

forças produtivas se reduzem à técnica e esta é erigida em princípio, em causa primeira e única conduzindo tanto o desenvolvimento da ciência como o de toda a sociedade. Nas páginas do *Manual* podem ser lidas diversas passagens nesse sentido: "Chegamos à conclusão de que sempre as combinações de instrumentos de trabalho e a técnica social determinam as combinações e as relações dos homens, isto é, a economia social". Ou então: "Em geral, o desenvolvimento das 'superestruturas' é função da técnica social".[50]

Considerar a técnica como "determinante básica" é uma tese estranha ao marxismo que alimentou a crítica de Gramsci e, antes dele, a de Lukács num artigo respeitoso sobre Bukharin em que assinala seus pontos fracos: a pretendida autonomização da técnica, sua centralidade no interior da estrutura econômica, a pretensão de prever o curso histórico.[51]

A crítica diplomática de Lukács parece sugerir que Bukharin corrija seus equívocos; Gramsci, ao contrário, afirma ser necessário destruir aquele conceito de ciência recolhido das ciências naturais e afastar do marxismo a visão determinista que vê o desenvolvimento social governado pela metamorfose do instrumento técnico. Sobre este último ponto, Gramsci observou que a filosofia da práxis estuda uma máquina não para conhecer suas estruturas e propriedades, mas "enquanto é momento das forças materiais de produção, enquanto é objeto de propriedade de determinadas forças sociais, enquanto expressa uma relação social e esta corresponde a um determinado período histórico".[52]

Mais do que apontar falhas, o empenho de Gramsci se concentra na necessidade de reconstruir o materialismo histórico segundo sua própria visão. Talvez por isso ele não tenha se preocupado em assinalar as hesitações e confusões teóricas presentes no *Manual*, que muitas vezes levaram o autor a contradizer suas próprias teses.

---

[50] Bukharin, N. *Tratado de materialismo histórico*. Lisboa/Porto/Luanda: Centro do Livro Brasileiro, s/d, p. 158 e 219.
[51] Lukács, G. "Tecnologia e relações sociais", em: Bertelli, Roberto (org.). *Bukharin, teórico marxista*, cit.
[52] Gramsci, A. *CC*, v. 1, p. 161.

A desmedida ambição enciclopédica de Bukharin teve como resultado uma narrativa esparramada que tudo quer explicar, mas, em meio a tantas digressões, fez involuntariamente correções de ideias antes afirmadas de modo inequívoco. Assim, após afirmações conclusivas, Bukharin fez questão de ressaltar "a questão da 'influência de retorno' das superestruturas sobre a base econômica e sobre as forças produtivas da sociedade", bem como o seu "papel de regulador" do conjunto da vida social, pois sem elas "a sociedade deixará de existir e cairá em decomposição". E aqui não se trata de uma questão meramente teórica: o dirigente bolchevista estava, em sua prática diária, utilizando o aparelho estatal para interferir na base material e viabilizar a transição ao socialismo.

Igualmente importante é a afirmação da materialidade das superestruturas, já que elas incluem "homens e coisas". Reforçando essa afirmação, Bukharin acrescentou: "Vimos que a imensa 'superestrutura' disposta acima da base econômica da sociedade é ela mesma bastante complexa na sua 'estrutura' interior. Ela contém objetos materiais (utensílios, instrumentos etc.)". Por isso, sua organização interna tem como modelo o trabalho material:

> Na sociedade capitalista, por exemplo, um grande laboratório técnico está interiormente organizado como uma empresa industrial. A organização de um teatro, com o proprietário, o diretor, os artistas, os figurantes, os técnicos, os empregados, os operários, lembra igualmente a de uma fábrica.

Outro exemplo citado é o da religião, provavelmente inspirado na leitura de *As formas elementares da vida religiosa,* de Durkheim:

> A religião é uma superestrutura que não consiste somente num sistema de ideias concordantes; ela tem também uma organização apropriada de homens (organização eclesiástica, segundo a expressão corrente), assim como um sistema de regras e de maneiras de adoração da divindade.[53]

A materialidade das estruturas, que deixa de ser concebida como meros reflexos etéreos, desencarnados, é uma ideia que será

---

[53] Bukharin, N. *Tratado de materialismo histórico*, cit., p. 269, 267, 254, 243, 256 e 202.

retomada, desenvolvida e refinada por Gramsci e, a partir dele, influenciou as obras de Raymond Williams sobre a organização da cultura e de Althusser sobre os aparelhos ideológicos do Estado. Um dos primeiros intérpretes a chamar atenção sobre esse ponto foi Christine Buci-Glucksmann, discípula de Althusser, num livro denso sobre o pensador sardo no qual, num *tour de force*, procurou compatibilizar os dois autores. Segundo essa autora, Bukharin efetuou "uma verdadeira revalorização das superestruturas".[54]

Gramsci reconhece *en passant* sua dívida chegando a perguntar-se diante das observações de Bukharin:

> as bibliotecas são estrutura ou superestrutura? E os laboratórios experimentais dos cientistas? E os instrumentos musicais de uma orquestra? [...]. Na realidade, certas formas de instrumento técnico têm uma dupla fenomenologia: são estrutura e superestrutura: a própria indústria tipográfica [...] participa dessa dupla natureza. Ela é objeto de propriedade, portanto de divisão de classes e de luta, mas é também elemento inseparável de um fato ideológico ou de vários fatos ideológicos: a ciência, a literatura, a religião, a política etc.[55]

Voltando ao tema, porém, Gramsci refreou seu entusiasmo considerando que "esse modo de colocar a questão torna as coisas inutilmente complicadas", sendo apenas "um modo barroco de pensar".[56] De qualquer forma, as considerações sobre a materialidade das superestruturas, tal como afirmada por Bukharin, foram traduzidas e incorporadas ao pensamento gramsciano.

A questão estava lançada e Gramsci, sempre atento aos diversos níveis presentes nas esferas superestruturais, e vendo nelas não somente a ação de retorno e a sua materialidade, mas, principalmente, o campo de batalha em que se trava a luta pela hegemonia. Mas, para isso, foi preciso superar inicialmente a concepção determinista das relações sociais, pois estas estão articuladas no mecânico antagonismo entre forças produtivas e relações de produção, concebido de modo a-histórico.

---

[54] Buci-Gluksmann, C. *Gramsci e o Estado*, cit., p. 322.
[55] Gramsci, A. CC, v. 6, p. 359.
[56] Gramsci, A. CC, v. 1, p. 159.

Em Bukharin, a sociedade era vista de modo mecânico, como se fosse um sistema (concepção que mais tarde orientará a sociologia funcionalista). O historicismo de Gramsci antecipa, assim, a crítica a essas tentativas de esvaziar a historicidade da vida social, bem como antecipa a crítica da ontologização da estrutura, tal como ocorrerá no estruturalismo clássico (Saussure), que a identifica com a linguagem, ou com a cultura e suas invariantes trocas (a "antropologia estrutural" de L. Strauss), ou com o inconsciente (Lacan), ou como Althusser, em sua concepção de ideologia como um fenômeno a-histórico que tudo contamina. O papel ativo e contraditório da superestrutura como local de disputa pela interpretação da realidade indica que no léxico gramsciano não há lugar para expressões uniformizadoras como "indústria cultural", "dominante cultural", "*habitus*" etc.

Contra a rigidez das estruturas, Gramsci invoca sempre o "elemento perturbador", a vontade. Na recorrente referência ao "Prefácio de 1857" da *Contribuição à crítica da Economia Política*, Gramsci insiste em afirmar que a aparente solidez do modo de produção contém em seu interior a esfera ideológica – aquela onde os homens tomam consciência dos conflitos sociais e podem agir para resolvê-los: "A estrutura, de força exterior que esmaga o homem, assimilando-o e o tornando passivo, transforma-se em meio de liberdade, em instrumento para criar uma nova forma ético-política".[57]

Gramsci usa a palavra *catarse*, retirada e traduzida da estética de Aristóteles para, com ela, nomear esse momento de suspensão em que se dá a passagem do objetivo ao subjetivo, da necessidade à liberdade, do econômico-corporativo ao ético-político.

Ideologia

Vimos como Althusser apoiou-se na *Ideologia alemã* para defender a visão epistemológica: a ideologia como falsa consciência. Adorno, por sua vez, partiu de *O capital* para defender a perspectiva ontológica: ideologia é a própria sociedade entregue ao fetichis-

---

[57] Idem, p. 314.

mo da mercadoria. Gramsci, contrariamente, apoiou-se no "Prefácio de 1857", da *Contribuição à crítica da Economia Política*, para desenvolver uma concepção política: a ideologia como o espaço em que os homens tomam consciência dos conflitos sociais e travam suas lutas.

Gramsci não pôde conhecer *A ideologia alemã*, só publicada em 1932, obra de referência para Althusser; quanto a'*O capital*, fez, de memória, referências localizadas – em especial, à "lei da queda tendencial da taxa de lucro" que lhe serviu de amparo para criticar o determinismo, mas não deu maior importância ao capítulo sobre o fetichismo da mercadoria, ponto de partida da reflexão de Adorno.

No "Prefácio de 1857", Marx afirmou que as revoluções sociais decorrem da contradição entre as forças produtivas e as relações de produção e, também, que os homens tomam consciência daquela contradição na superestrutura ou, em suas palavras, nas formas "jurídicas, políticas, religiosas, artísticas ou filosóficas, em resumo, as formas ideológicas pelas quais os homens tomam consciência desse conflito, levando-o às últimas consequências".[58]

Sendo assim, diz Gramsci, a ideologia não é "aparência e ilusão", como afirma Croce, e nem reflexo mecânico da base material, como quer Bukharin. Contrapondo-se a esses autores, Gramsci entende a ideologia como "uma realidade objetiva e operante", "um instrumento de ação política". Essa concepção positiva de ideologia, como se pode ver, diferencia-se radicalmente da interpretação althusseriana, que a vê como representação da "relação imaginária" dos indivíduos com suas condições reais de existência; e distancia-se igualmente da visão homogeneizadora de Adorno.

Alguns autores, como Guido Liguori, assinalam um distanciamento entre Gramsci e Marx no entendimento do fenômeno ideológico: por não conhecer a *Ideologia alemã*, Gramsci teria incorrido numa contradição: construiu uma concepção positiva da ideologia, enquanto em Marx ela é compreendida em chave negativa, como

---

[58] Marx, K. *Contribuição à crítica da Economia Política*. São Paulo: Martins Fontes, 1977, p. 25.

visão distorcida da realidade.[59] Essa afirmação pressupõe erroneamente a existência plenamente explicitada no texto de Marx de uma teoria já concluída da ideologia. Mas, como o próprio título indica, a *Ideologia alemã* critica uma forma especial de ideologia: aquela presente nos textos dos jovens hegelianos que, em seu idealismo especulativo, invertiam as relações entre a realidade e o pensamento. A referência à ideologia, entendida como "câmara escura", é uma generalização feita a partir de um alvo bem definido (os jovens hegelianos). Depois, nas obras maduras, a ideologia passou a ser pensada num registro positivo como uma esfera do modo de produção.

A concepção positiva de ideologia levou Gramsci a reportar-se às passagens em que Marx fala da "solidez das crenças populares" e das ideias que, quando incorporadas pelas massas, tornam-se uma força material:

> A análise dessas afirmações, creio, conduz ao fortalecimento da concepção de 'bloco histórico', no qual, precisamente, as forças materiais são o conteúdo e as ideologias são a forma, distinção entre forma e conteúdo puramente didática, já que as forças materiais não seriam historicamente concebíveis sem forma e as ideologias seriam fantasias individuais sem as forças materiais.[60]

Por isso, a ideologia tem um substrato material – não é reflexo (como afirma o *diamat*) e nem aparência (como é compreendida por Croce). Assim pensando, Gramsci volta-se para o estudo da estrutura material que as diversas classes criam para manter e difundir a ideologia. Os indivíduos não estão soltos na sociedade: "ninguém é desorganizado e sem partido, desde que se entendam organização e partido num sentido amplo, não formal", pois sofrem a influência do "aparelho hegemônico de um grupo social sobre o resto da população".[61] As ideias de um indivíduo, portanto, "não 'nascem' espontaneamente no cérebro de cada indivíduo: tiveram um centro de formação, de irradiação, de difusão de persuasão". Esta última

---

[59] Liguori, G. "Ideologia", em Frosini, F. e Liguori, G. (orgs.). *Le parole di Gramsci*. Roma: Carocci, 2010, p. 139.
[60] Gramsci, A. *CC*, v. 1, p. 238.
[61] Gramsci, A. *CC*, v. 3, p. 253.

observação foi feita a propósito de um artigo escrito por um autor fascista que criticara a democracia e o sufrágio popular, argumentando que esse regime iguala o voto de qualquer "imbecil" com aqueles que se dedicam ao Estado e à Nação. Gramsci, contrariamente, afirma que a opinião de cada eleitor não é "exatamente" igual a de outros. Os números têm apenas um valor instrumental e nos dão apenas uma indicação. Mas, o que efetivamente os números medem? Gramsci responde: "exatamente a eficácia e a capacidade de expansão e persuasão das opiniões de poucos, das minorias ativas, das elites, das vanguardas etc. etc.".[62]

Aqui é preciso ter cuidado para não confundir os termos e identificar ideologia com aparelho hegemônico. Este "cria um novo terreno ideológico",[63] mas não a própria ideologia, como é pensada pela sociologia positivista (Durkheim) e pelo estruturalismo (Althusser). A ideologia não é um dado prévio cristalizado nas instituições ou nos aparelhos, mas o produto dinâmico das relações sociais. O determinante é a base material historicamente compreendida e não a ideologia ontologizada que supostamente integra coercitivamente os indivíduos nas instituições sociais ou, então, numa esfera estrutural misteriosa que interpela os indivíduos e, assim fazendo, transforma-os em "assujeitados" sujeitos. Gramsci, convém lembrar, fala em estrutura ideológica e não na ideologia como estrutura.

Já os aparelhos de hegemonia somam-se aos aparelhos coercitivos na concepção gramsciana de Estado. Até então os marxistas concentraram-se unilateralmente na função coercitiva do Estado, o que seria, segundo o nosso autor, uma característica do "Oriente". Para as sociedades mais complexas, Gramsci desenvolveu a teoria do "Estado integral" (ou "Estado ampliado", como foi popularizado por Christine Buci-Glucksmann), em que vigora a unidade--distinção da sociedade civil com a sociedade política.

A inspiração veio dos *Princípios da Filosofia do Direito* de Hegel que narra, como se fosse um silogismo lógico, o desenvol-

---

[62] Idem, p. 82.
[63] Gramsci, A. CC, v. 1.

vimento de um conceito geral (a vontade), em seus três momentos: família, sociedade civil e, finalmente, Estado político. Como um universal, o Estado é o momento de conciliação dos interesses privados que dilaceravam a sociedade civil. Para realizar esta reunificação, foi necessário um movimento de mão dupla. O Estado, para integrar a sociedade civil, formou um aparato que inclui as assembleias, câmaras, aparelho jurídico e policial etc. Do outro lado, a sociedade civil fez-se presente no Estado por meio dos partidos e associações que agrupam o que há de comum nos interesses até então dispersos para, assim, se integrarem na universalidade representada pelo Estado.

É justamente este segundo movimento que interessou a Gramsci. Partidos e associações são vistos por Hegel como a "trama privada" do Estado. Este, portanto, utiliza-se desses órgãos privados para manter e "educar" o consenso. Mas a concepção de associação em Hegel, devido às condições sociais de seu tempo, era ainda "vaga e primitiva", tendo como exemplo acabado de organização as corporações herdadas do feudalismo. Em Marx, essa concepção ainda permanece restrita, incluindo apenas a "organização profissional, clubes jacobinos, conspirações secretas de pequenos grupos, organização jornalística".[64]

Nas sociedades ocidentais modernas, a sociedade civil tornou-se mais complexa ao conviver com partidos políticos organizados, sindicatos fortes, meios de comunicação poderosos (a grande imprensa e o nascente rádio). A disputa pela hegemonia ganha agora nova relevância e o Estado ampliado transforma-se num terreno do conflito de classe, da disputa pela hegemonia travada nas instituições que divulgam a ideologia.

Em direção contrária, o Estado se faz presente na sociedade civil ao interferir na economia. Esse movimento de mão dupla, por sua vez, embaralha as relações entre a base e as superestruturas. Em *Americanismo e fordismo*, Gramsci já havia observado a característica básica da sociedade "racionalizada": "a 'estrutura' domina

---

[64] Gramsci, A. CC, v. 3, p. 119.

mais imediatamente as superestruturas e estas são "racionalizadas" (simplificadas e reduzidas em número)".[65]

Gramsci dedicou-se intensamente a analisar os dois aparelhos de hegemonia que lhe pareciam os mais importantes em sua época: os jornais e a escola. A imprensa, como a "parte mais dinâmica", foi objeto de permanente atenção. Antes de ser preso, Gramsci trabalhou como jornalista nos órgãos dos partidos socialista e comunista, escrevendo sobre os mais diversos temas. Em uma carta à cunhada, lembrou que "em dez anos de jornalismo escrevi linhas suficientes para encher quinze ou vinte volumes de 400 páginas".[66] Os inúmeros comentários reunidos no segundo volume dos *Cadernos do cárcere* mostram o nosso autor acompanhando febrilmente a cobertura realizada por jornais e revistas, bem como propondo para a imprensa partidária a sua concepção de *jornalismo integral* voltada para a informação e formação do público.

A mesma atenção foi dispensada à escola. Da experiência dos conselhos operários de Turin e dos desdobramentos da reflexão empreendida em *Americanismo e fordismo*, Gramsci conservou a necessidade de uma nova escola (*a escola unitária*) para criar o intelectual que, à semelhança do que ocorre na indústria moderna, possa integrar trabalho e conhecimento. Mas, agora, a antiga visão obreirista que pressupunha a ruptura radical (destruição) do velho aparato escolar após a revolução por outro totalmente diferente, cedeu lugar a uma concepção afinada com a tese marxiana da herança cultural e da luta, ainda no interior da sociedade burguesa, pela transformação do velho aparelho ideológico. Trata-se, portanto, de reformar progressivamente a antiga instituição pedagógica como parte integrante do projeto de construção de uma nova hegemonia.

É importante lembrar aqui a crescente complexidade da educação no mundo desde a desintegração do feudalismo. O desenvolvimento da indústria e da ciência foi criando especializações continuamente. A laicização do Estado, por sua vez, tirou da igreja

---

[65] Gramsci, A. CC, v. 4, p. 248.
[66] Gramsci, A. C, v. 2, p. 83.

católica o "monopólio das superestruturas". Os padres, os "intelectuais orgânicos" do mundo feudal, tiveram a sua atividade restrita às escolas confessionais em franca inferioridade em relação ao ensino público. A escola, assim, passou a ser um dos cenários da luta ideológica: desligou-se da igreja e progressivamente foi conquistando sua autonomia em relação ao Estado. Aqui, novamente, encontramos uma diferença em relação a Althusser, autor que enfaticamente defende uma estratégia política de lutas preferencialmente fora das instituições, pois estas estariam irremediavelmente a serviço da disseminação da ideologia burguesa.

A materialidade da ideologia, que se faz presente na imprensa e na escola foi, como vimos, uma das fontes da teoria althusseriana dos "aparelhos ideológicos do Estado". Em Gramsci, ela é o caminho para se pensar o tema central de sua obra: a hegemonia. É a hegemonia o "ordenador da ideologia, que empresta o cimento mais íntimo à sociedade civil e, portanto, ao Estado".[67] Fator de coesão (cimento), a ideologia é a fonte de uma *vontade coletiva*, de uma *concepção do mundo*, de um *movimento cultural*:

> Mas, nesse ponto, coloca-se o problema fundamental de toda concepção do mundo, de toda filosofia que se transformou em um movimento cultural, em uma 'religião', uma 'fé', ou seja, que produziu uma atividade prática e uma vontade nas quais ela esteja contida como 'premissa' teórica implícita (uma 'ideologia', pode-se dizer, desde que se dê ao termo 'ideologia' o significado mais alto de uma concepção do mundo, que se manifesta implicitamente na arte, no direito, na atividade econômica, em todas as manifestações de vida individuais e coletivas) – isto é, o problema de conservar a unidade ideológica em todo o bloco social que está cimentado e unificado justamente por aquela determinada ideologia.[68]

Mas este não é o único significado de ideologia que aparece nos *Cadernos do cárcere*. Gramsci fala também na existência, ao lado de uma "ideologia necessária" e "orgânica", de uma ideologia que é "pura elucubração arbitrária de determinados indivíduos" e, também, de uma ideologia difusa: as

---

[67] Gramsci, A. *CC*, v. 1, p. 375.
[68] Idem, p. 98-9.

> historicamente orgânicas, isto é, que são necessárias a uma determinada estrutura, e ideologias arbitrárias, racionalísticas, "voluntaristas". Enquanto são historicamente necessárias, as ideologias têm uma validade que é validade "psicológica": elas "organizam" as massas humanas, formam o terreno no qual os homens se movimentam, adquirem consciência de sua posição, lutam etc. Enquanto são "arbitrárias", não criam mais do que "movimentos" individuais, polêmicas etc.[69]

Observe-se que essa divisão foi criticada por Lukács que, na *Ontologia do ser social*, não aceita o caráter individual da ideologia, mas defende, num registro parecido ao de Gramsci, a visão positiva do conceito. Não obstante, ideologia para ambos não é falsa consciência. Por isso, o critério para compreendê-la não é gnosiológico, mas político: no interior do ser social, ela cumpre a função de, como diz Lukács, "dirimir os conflitos sociais".

Essa diferenciação entre ideologias necessárias e arbitrárias serviu para Gramsci enfocar diversos temas: as classes residuais ou ainda não conscientes de si, determinadas formas do pensamento filosófico, as artes, a produção literária, a crítica literária, as questões da linguística, o fordismo e o americanismo etc. A preocupação em atentar para a unidade-diferenciação dos conceitos pressupõe sua historicidade e seu inter-relacionamento no interior da totalidade social.

Um indivíduo, por exemplo, pode desenvolver uma visão do mundo híbrida, que recolhe fragmentos ideológicos da visão de mundo de outras classes sociais. Isto se deve ao fato de que as classes não vivem em compartimentos estanques, que elas se inter-relacionam e estão em permanente movimento. Exemplos dessa mescla reaparecem nos comentários sobre folclore ("fragmentos indigestos" é a expressão usada para assinalar a ambiguidade ideológica) e a cultura popular (que toma de "empréstimo" e reproduz conteúdo de outras classes).

As questões relativas à linguagem e à gramática estão também intimamente relacionadas com as concepções de mundo. Em sua juventude, Gramsci pretendia ser linguista e nunca deixou de se

---

[69] Idem, p. 237.

preocupar com o assunto; de resto, sempre presente em seu país. Na Itália, os diversos dialetos regionais conviviam com a língua oficial imposta e, por isso, desde a reunificação linguística, era objeto de discussão.

Paralelamente, Gramsci acompanhava as discussões travadas na Rússia. A ascensão de Stalin trouxe uma modificação do Estado em relação aos dialetos regionais. Somente em 1950, a nova orientação aparece claramente expressa no texto *Sobre o marxismo na linguística*. Interessado em afirmar "a existência de uma língua nacional única" na URSS e a subordinar a ela os dialetos (e os eventuais movimentos separatistas), Stalin defendeu a tese segundo a qual a língua é uma estrutura estável, alheia aos embates sociais, portadora de um "caráter harmonioso e racional".

Gramsci, em seus escritos carcerários, também defendia a ideia de uma língua nacional única, sem, contudo, afirmar seu caráter harmonioso, e julgava importante e enriquecedor a existência dos dialetos. A língua nacional e a sua gramática normativa, segundo Gramsci, é sempre uma escolha, "uma orientação cultural, ou seja, é sempre um ato de política cultural-nacional" – ato que tornou impositiva a todos uma língua oficial que no ano da reunificação (1860) era falada por apenas 2,5 % dos italianos.[70] Antonino Infranca, a propósito, apontou a língua húngara (e de certo modo o catalão) como elemento aglutinador, formador da identidade nacional em conflito aberto com o cosmopolitismo da União Europeia. Quanto à Itália, observou:

> O italiano é a língua usada pelos italianos há apenas 65 anos, isto é, desde 1954, quando começaram as transmissões televisivas; apesar da escola pública, os italianos não usavam o italiano na vida cotidiana. [...] os nacionalistas italianos nunca insistiram na língua como elemento aglutinador da nação italiana.[71]

Como todo ato político a imposição do italiano como língua oficial suscitou as mais diversas reações: "oposições de "princípio",

---

[70] Hobsbawm, E. *Nação e nacionalismo desde 1870*. São Paulo: Paz e Terra, 2004, p. 77.
[71] Infranca, A. "Hungria: da epidemia à ditadura", em: *A Terra é redonda*. www.aterraeredonda.com.br, 2020.

uma colaboração de fato, oposição nos detalhes etc."[72] Para alguns discípulos de Gentile, a gramática era vista como algo inútil e, como tal, deveria ser excluída do ensino escolar. Segundo Gramsci esse pensamento é uma forma de "liberalismo" que deixaria a formação dos indivíduos ao acaso e à influência restrita do meio ambiente (família, vizinhança etc.). Com isso, se excluiria do aprendizado da língua culta a massa popular. O ensino da gramática normativa, afirma Gramsci, "visa a fazer com que se aprenda todo o organismo de uma determinada língua, bem como criar uma atitude espiritual que torne as pessoas capazes de se orientarem sempre no ambiente linguístico".[73] Sem isso, os subalternos encontram dificuldades ainda maiores para lutar por direitos e pela erradicação do analfabetismo. Como no exemplo da escola, Gramsci julga imprescindível *participar* de uma batalha cultural, dentro dos quadros da legalidade burguesa, cujas vitórias serão sempre acanhadas e provisórias.

No mais, Gramsci considerava um ganho cultural falar duas línguas – o dialeto e o italiano – mas afirmava o caráter limitado da primeira:

> Se é verdade que toda linguagem contém os elementos de uma concepção do mundo e de uma cultura, será igualmente verdade que, a partir da linguagem de cada um, é possível julgar a maior ou menor complexidade da sua concepção do mundo. Quem fala somente o dialeto ou compreende a língua nacional em graus diversos participa necessariamente de uma intuição do mundo mais ou menos restrita e provinciana, fossilizada, anacrônica em relação às grandes correntes de pensamento que dominam a história mundial. Seus interesses serão restritos, mais ou menos corporativistas ou economicistas, não universais. Se nem sempre é possível aprender outras línguas estrangeiras a fim de colocar-se em contato com vidas culturais diversas, deve-se pelo menos conhecer bem a língua nacional. Uma grande cultura pode traduzir-se na língua de outra cultura, isto é, uma grande língua nacional historicamente rica e complexa pode traduzir qualquer outra grande cultura, ou seja, ser

---

[72] Gramsci, A. *CC*, v. 6, p. 144
[73] Gramsci, A. *CC*, v. 6, p. 149.

uma expressão mundial. Mas, com o dialeto, não é possível fazer a mesma coisa.[74]

Ao aceitar as regras do jogo, do "ato político", Gramsci incluía as questões relativas à linguagem na disputa pela hegemonia. Criticava a postura "liberal", mas também se opunha àqueles que se recusavam, "por princípio", a participar da luta, especialmente os anarquistas, desde sempre combatidos em seus escritos políticos e pedagógicos. Como um "produto social", uma "concepção do mundo", a linguagem é um campo de batalha, um terreno permeado por contradições a ser disputado. Criticando o caráter "gramatiqueiro" de um linguista, observou:

> a língua deve ser tratada como uma concepção do mundo, como a expressão de uma concepção do mundo; o aperfeiçoamento técnico da expressão, seja quantitativo (aquisição de novos meios de expressão), seja qualitativo (aquisição dos matizes de significado de uma ordem sintática e estilística mais complexa), significa ampliação e aprofundamento da concepção do mundo e da sua história.[75]

O "valor instrumental" da linguagem, sua relação íntima com a "concepção do mundo", levou Gramsci a entendê-la como herança cultural a ser apropriada, tornando-se, assim, momento da luta hegemônica.

Também aqui Gramsci se distancia de autores como Adorno e Althusser. Adorno, em seus ensaios, constatou o esgotamento do romance realista motivado pelo avanço da reificação – a reapresentação da realidade, seu reflexo literário, teria se tornado assim uma impossibilidade. A não correspondência entre o real e sua representação figurada exigiria do escritor uma "segunda linguagem". Althusser, por sua vez, insistiu na necessidade de se separar realidade e pensamento. O corte epistemológico possibilitaria instaurar o *discurso científico* oposto à linguagem da alienação.

O projeto gramsciano não compartilha da concepção negativa de ideologia, pois enxerga a linguagem realmente existente como mais um espaço de luta. Desse modo, distancia-se também do estru-

---

[74] Gramsci, A. *CC*, v. 1, p. 95.
[75] Gramsci, A. *CC*, v. 2, p. 229-230.

turalismo linguístico, herdeiro da concepção negativa de ideologia, que se tornou hegemônico nos anos 1960. A desconfiança em relação à linguagem, a denúncia de seu caráter ideológico de expressão do poder, transparece com clareza na seguinte afirmação de Roland Barthes em sua famosa aula inaugural no Collège de France: "Mas a língua, como desempenho de toda linguagem, não é nem reacionária e nem progressista; ela é simplesmente: fascista; pois o fascismo não é impedir de dizer, é obrigar a dizer".[76] Gramsci, pelo que se sabe, não teve conhecimento dos estudos feitos por Bakhtin nos anos 1920, mas certamente endossaria o entendimento do signo linguístico como "a arena da luta de classes".

O caráter polissêmico da concepção gramsciana de ideologia, como vimos, mantém vínculos estreitos de identificação-diferenciação com uma ampla gama de conceitos: linguagem, concepção do mundo, crença, consenso, aparelho hegemônico, senso-comum, fé, folclore etc. – conceitos esses participantes do grande tema inclusivo: a hegemonia, a luta pela reforma moral da sociedade; uma sociedade dividida, que expressa sua divisão também nos fenômenos das superestruturas.

Cultura

Gramsci ocupa um lugar solitário nas reflexões marxistas sobre a cultura. Em seus últimos anos de vida, ocorreu o debate sobre o significado do expressionismo entre os exilados alemães, debate que orientou as discussões sobre estética durante todo o século XX. O prisioneiro não tomou conhecimento desse importante debate. No entanto, ele certamente conhecia bem as discussões sobre arte ocorridas na Rússia revolucionária. Em sua juventude demonstrou entusiasmo pela *proletkult* e pelo futurismo, entusiasmo que não sobreviveu ao amadurecimento intelectual revelado nos *Cadernos do cárcere*.

Talvez por razões, digamos assim, "diplomáticas", o dirigente italiano não quis intrometer-se nas polêmicas entre as várias tendências artísticas russas, cada uma delas apresentando-se como

---

[76] Barthes, R. *Aula*. São Paulo: Cultrix, s/d, p. 14.

a "verdadeira representante" da arte revolucionária. A truculência stalinista logo iria atingir o campo das artes, o que certamente explica os prudentes comentários esparsos de Gramsci contra os que queriam ver a arte a serviço da propaganda. O primado da política no projeto gramsciano respeita a autonomia das diversas esferas da atividade humana e suas especificidades. Priorizar a política não significa submeter a arte às suas exigências imediatas pois, como assinalou, "só por metáfora fala-se de arte política".[77]

Numa outra passagem Gramsci retorna ao tema contrapondo o político ao literato:

> O literato deve ter perspectivas menos precisas e definidas do que o político, deve ser menos 'sectário', se assim se pode dizer, mas de um modo 'contraditório'. Para o político, toda imagem 'fixada' *a priori* é reacionária: o político considera todo o movimento em seu devir. O artista, ao contrário, deve ter imagens 'fixadas' e filtradas em sua forma definitiva. O político imagina o homem como ele é e, ao mesmo tempo, como deveria ser, para alcançar um determinado objetivo. [...] O artista representa necessariamente 'o que é' em certo momento [...] de modo realista.[78]

Gramsci, certamente influenciado por Croce, estava sensível à necessidade de manter a autonomia relativa dos "distintos". Mas o filósofo napolitano compreendia essas esferas como entidades independentes, como "momentos do Espírito" ligados circularmente à realidade. Assim pensando, ele se afastou da dialética hegeliana e aproximou-se da razão analítica ("entendimento") empenhada na tarefa de distinguir, separar, diferenciar os fatos observados, visando, assim, a classificá-los em sua positividade e destacar suas características próprias e inconfundíveis. O ato de discernir, necessário ao esclarecimento, é, contudo, um momento a ser superado, negado, na lógica dialética. Nela, a diferença é sempre uma diferença determinada: ela pressupõe a alteridade e, em seu movimento, reunifica os diferentes numa nova unidade.

Como um autor que desde sempre combateu o positivismo e suas derivações e, na maturidade, o idealismo, Gramsci toma par-

---

[77] Gramsci, A. *CC*, v. 3, 222.
[78] Gramsci, A. *CC*, v. 6, p. 262-3.

tido nessa questão. Com Hegel, entende que autonomia não significa indeterminação, e, com Marx, afirma a prioridade ontológica da base material: "a distinção não será entre momentos do Espírito absoluto, mas entre estrutura e superestrutura".[79] O conceito que abarca essas duas dimensões é o de bloco histórico. Marx não substituiu a Ideia hegeliana pela Matéria, como disse Croce, mas o lugar ocupado pelo Espírito no filósofo napolitano é substituído em Gramsci pela materialidade-idealidade do bloco histórico ("Conceito de bloco histórico: no materialismo histórico é o equivalente filosófico do 'espírito' na filosofia crociana: introduzir no 'bloco histórico' uma atividade dialética e um processo de distinção não significa negar a unidade real").[80]

Analisando as superestruturas, Gramsci afirma que toda manifestação cultural contém elementos ideológicos, mas isso não significa diluir a cultura na ideologia. É significativa, por exemplo, a referência a Shakespeare, criticado por diversos autores (Tolstói, Shaw, Ernest Crosby) devido às suas posições aristocráticas:

> Não existe em toda a obra de Shakespeare quase nenhuma palavra de simpatia para com o povo e as massas trabalhadoras [...] seu drama é essencialmente aristocrático. Quase todas as vezes em que introduz na cena burgueses ou pessoas do povo, apresenta-os de modo depreciativo ou repugnante, fazendo deles objeto ou tema de riso.

Esse tipo de comentário, diz Gramsci, é dirigido "contra Shakespeare 'pensador', e não contra Shakespeare 'artista'".[81] Gramsci critica a "tendenciosidade moralista" desses intérpretes que reduzem a arte à mera expressão ideológica.

Essas e outras incursões em temas culturais e artísticos acompanharam toda a trajetória do nosso autor. Nos artigos para o jornal *Avanti!*, o jovem revolucionário, além da análise da vida política, dedicou centenas de páginas a Pirandello e Ibsen. Nos *Cadernos do cárcere*, a reflexão sobre os temas culturais é parte integrante de um "plano preestabelecido" que ele expôs à cunhada numa carta

---

[79] Gramsci, A. *Q*, v. 2, p. 977.
[80] Idem, p. 854.
[81] Gramsci, A. *CC*, v. 6, p. 121.

de 19 de março de 1927. Nela, Gramsci pretendia realizar: 1) uma pesquisa sobre os intelectuais italianos; 2) um estudo de linguística comparada; 3) um estudo sobre o teatro de Pirandello; 4) um ensaio sobre o romance de folhetim e o gosto popular em literatura.[82] Os quatro temas que compõem a pesquisa gramsciana fazem parte do projeto da luta pela *reforma moral da sociedade*.

Esse projeto político-cultural partia de um diagnóstico da vida cultural italiana que constatava o divórcio existente entre os artistas e o povo. Tal divórcio tem uma explicação histórica que começa com César, que transferiu para Roma todos os intelectuais do Império Romano, criando, assim, uma "organização cultural". Teve início, então, "aquela categoria de intelectuais "imperiais" em Roma, que continuará no clero católico e deixará muitas marcas em toda a história dos intelectuais italianos, com sua característica de "cosmopolitismo" até o século XVIII".[83] Cosmopolitismo significa distanciamento em relação ao povo-nação, tendência que se reforça no Renascimento e no Risorgimento. Croce, segundo Gramsci, se insere nessa tradição, sendo "o último homem do Renascimento".

O resultado desse processo de longa duração foi a transformação dos intelectuais italianos numa *casta* distanciada do povo e alheia aos problemas nacionais. O povo, por sua vez, passou a se identificar com a literatura estrangeira (especialmente a francesa), mais precisamente com os melodramas publicados em suplementos especiais dos jornais, os folhetins (em italiano, *romanzo d'appendice*). O divórcio entre a literatura nacional e o povo interessou profundamente a Gramsci. E não só a ele: no mesmo período, na Alemanha, país que como a Itália foi reunificado tardiamente, Walter Benjamin escreveu em 1932 uma peça radiofônica que tinha o irônico título *O que os alemães liam enquanto os seus clássicos escreviam*.

Na reiterada comparação com a França, Gramsci procurava apontar a especificidade da formação nacional e das relações entre intelectuais e artistas e o povo. Na França, o desenvolvimento da revolução burguesa aproximou os intelectuais do povo e permitiu o

---

[82] Gramsci, A. *CC*, v. 1, p. 128-9.
[83] Gramsci, A. *CC*, v. 2, p. 136.

florescimento de uma literatura nacional e popular como expressão do Estado-nação. A aproximação foi possível graças à ação radical dos jacobinos empurrando a revolução burguesa além de seus limites.

Na Itália, contrariamente, consolidou-se uma total divisão faltando, pois, "uma força *jacobina* eficiente, precisamente aquela força que, nas outras nações, criou e organizou a vontade coletiva nacional-popular e fundou os Estados modernos".[84]

Entende-se, assim, o interesse de Gramsci ao relacionar Risorgimento, intelectuais e literatura: na Itália, como em todos os países, a formação da literatura nacional estava diretamente vinculada à formação do Estado-nação e àquilo que Machado de Assis chamou de "instinto de nacionalidade".

As referências ao folhetim inserem-se também nessa perspectiva histórica. A paixão que essa literatura menor despertava no presídio de Turi chamou a sua atenção, bem como o fato de os grandes jornais recorrerem a ela (em especial, as obras de Alexandre Dumas) para aumentar as vendas. Essa aliança entre jornalismo e literatura chegou tardiamente na Itália. Na França, logo após a Revolução de 1930, o jornal *La Presse* barateou o preço das assinaturas para auferir lucro nos anúncios publicitários. A criação de um público estável e permanente passou a ser garantida com a publicação dos folhetins. Otto Maria Carpeaux observou os desdobramentos dessa iniciativa:

> O êxito dessa invenção foi tão grande que até os jornais mais antigos, de digna tradição ideológica, se viram obrigados a imitar o exemplo: o *Journal des Débats* publicou os *Mystères de Paris*, de Sue, e o *Constitutionnel* ofereceu o *Juif errant*, do mesmo romancista. Dumas *père*, Georges Sand, Balzac, aparecerão entre os autores de romances folhetins. Inicia-se uma aliança entre jornalismo e literatura. [...] a literatura começa a viver do público dos jornais. Quando Gustav Kolb reorganizou, em 1832, a *Augsburgische Allgemeine Zeitung*, do editor Cotta, editor de Goethe e Schiller, contratou Heine como correspondente em Paris. Em 1843 aparece Charles Dickens entre os repórteres de *Morning Chronicle* [...]. A *Indépendence Belge*, fundada em 1831 em Bruxelas, terá entre os

---

[84] Gramsci, A. CC, v. 3, p. 17.

seus colaboradores estrangeiros um Thackeray, um Mazzini, um Gutzkow, um Multatuli, um Dostoiévski.[85]

A recepção na Itália do folhetim francês levou Gramsci a debruçar-se sobre esse tipo de literatura. Em sua avaliação, o folhetim é considerado uma literatura menor, mas, o que é mais importante, é um elemento de cultura ("um elemento efetivo de cultura, de uma cultura certamente degradada").[86] Numa carta a Berti (8/8/1926), confessou:

> Tenho uma bendita capacidade de encontrar aspectos interessantes até mesmo na produção intelectual mais baixa, como os romances de folhetim, por exemplo. Se tivesse oportunidade acumularia centenas e milhares de fichas sobre vários temas de psicologia social difusa.[87]

Essa "bendita capacidade" distancia Gramsci dos demais teóricos que estudam as questões culturais. Lukács e Adorno, por exemplo, são autores que, digamos assim, olham para cima, para a alta cultura, para as obras primas. A cultura popular, no olhar condescendente de Lukács, é incluída, em sua monumental *Estética*, no que ele batizou de "ciclo problemático do agradável". Adorno, por sua vez, condenou a cultura popular ao desaparecimento sob o rolo compressor da homogeneização social que tudo engloba, nivela e descaracteriza. Althusser, empenhado em firmar sua interpretação do marxismo, tinha como referência estética as obras experimentais da chamada vanguarda, não escrevendo nada sobre a cultura popular.

Gramsci e Bakhtin são os únicos teóricos marxistas que olharam para baixo e valorizaram a cultura popular. Diferentemente de Bakhtin, Gramsci não se limitou a ressaltar os aspectos críticos e transgressivos da cultura popular, mas, como veremos mais em frente, ressaltar seu caráter contraditório.

---

[85] Capeaux, O. M. *História da literatura ocidental*, v. 6. Rio de Janeiro: Alhambra, 1982, p. 1396.
[86] Gramsci, A. CC, v. 6, p. 39.
[87] Gramsci, A. C, v. 1, p. 176.

A atitude de Gramsci, portanto, nada tem de elitista, pois compreende que o interesse popular provém de "algo profundamente sentido e vivido". Paralelamente, procurou entender os esquemas psicológicos subjacentes que atraem o interesse do leitor:

> O barroco, o melodramático, aparecem a muitas pessoas do povo como um modo de sentir e agir extraordinariamente fascinante, como um modo de evadir-se daquilo que elas consideram baixo, mesquinho, desprezível em sua vida e em sua educação, a fim de ingressarem numa esfera mais seleta, de altos sentimentos e nobres paixões.[88]

O folhetim, portanto, "satisfaz uma exigência da vida", mas, acrescenta, o faz a partir de um critério comercial,

> dado pelo fato de que o elemento 'interessante' não é 'ingênuo', 'espontâneo', intimamente fundido na concepção (intuição) artística, mas trazida de fora, de modo mecânico, dosado industrialmente como elemento seguro de êxito imediato. Contudo, isso significa, de qualquer modo, que também a literatura comercial não deve ser negligenciada na história da cultura: ao contrário, ela tem um enorme valor deste ponto de vista, já que o sucesso de um livro de literatura comercial indica (e frequentemente é o único indicador existente) qual é a 'filosofia da época', ou seja, qual é a massa de sentimentos (e de concepções do mundo) que predomina na multidão 'silenciosa'. Essa literatura é um 'narcótico' popular, é um 'ópio'.[89]

Assim, do lado da produção há o interesse puramente comercial que se utiliza de "excitantes psicológicos" para envolver o público; e, do lado do consumo literário, há uma multidão anônima que sonha com olhos abertos projetando suas frustrações e seu desejo de justiça social nos heróis do folhetim. Narcótico, ópio: expressões semelhantes àquelas utilizadas por Adorno para condenar a indústria cultural. A diferença é que Gramsci tem a atenção prioritariamente voltada para o público leitor e seus sentimentos: a literatura responde a uma real necessidade sentida que é anterior à produção. Os escritores, conscientes disso, procuram

---

[88] Gramsci, A. CC, v. 6, 214.
[89] Idem, p. 168-9.

satisfazer tais necessidades, mas estas também poderiam ser satisfeitas pela literatura artística, lembrando o apreço do povo por Shakespeare e pelo teatro grego. Pensando assim, Gramsci acena para estudos de recepção.

Para o marxismo o que deve ser privilegiado: a produção ou o consumo? Marx enfrentou essa questão nos *Grundrisse* ao discorrer sobre os momentos que formam o ciclo econômico: produção, distribuição, circulação e consumo, entendendo esses termos como partes integrantes de um "silogismo dialético", como momentos de um processo interativo em que cada um deles atua como mediador, trocando de lugar num permanente movimento.

O que importa para Marx é a exigência de se relacionar todos esses termos, tratando-os como momentos de um mesmo processo, de modo a não autonomizar nenhum deles. Mas, o "momento determinante", o ponto de partida do ciclo econômico, é a produção. O mesmo critério deveria valer para a literatura, como ensina Antonio Candido. Quando se iniciou nossa literatura? Antes do Arcadismo existiam "manifestações literárias", mas não uma literatura propriamente dita. Esta, diz o crítico recorrendo à sociologia funcionalista, deve ser entendida como um *sistema* formado por três partes conectadas: obra, autor e público, partes que só se firmaram a partir do Arcadismo.[90] Tanto o marxismo como o funcionalismo, tão diferentes em tudo, aproximam-se na reivindicação da perspectiva holística e no primado da produção.

Voltando para as observações de Gramsci e Adorno, podemos observar que ambos também concedem prioridade à esfera da produção. A diferença central entre eles reside em dois pontos. Em primeiro lugar, ressalte-se a importância conferida à recepção em Gramsci e à necessidade de se realizar pesquisas sociológicas sobre o público leitor. Adorno, por sua vez, não descarta a esfera da recepção, mas esta é *deduzida* a partir dos "esquemas prévios do entendimento" e da psicanálise.[91] Em segundo lugar, existe a forte

---

[90] Candido, A. *Formação da literatura brasileira. Momentos decisivos*. São Paulo/Rio de Janeiro: Fapesp/Ouro sobre Azul, 2017, 16 ed., esp. p. 25-39.
[91] Cf. Frederico, C. "Recepção: as divergências metodológicas entre Adorno e Lazarsfeld", em *Ensaios sobre marxismo e cultura*, cit.

convicção de Gramsci de que não se pode falar em homogeneidade (massificação, diria Adorno): "um determinado momento histórico-social jamais é homogêneo; ao contrário, é rico de contradições".[92]

Aprofundando essa ideia afirmou: "Existem no povo diversos estratos culturais, diversas 'massas de sentimento', preponderantes num ou noutro extrato". Consequentemente, existe uma "variedade de tipos de romance popular". Gramsci chegou a acenar para uma tipologia a ser utilizada na extensa pesquisa que pretendia fazer: *romances de caráter nitidamente ideológico-político*, ligados às ideologias de 1848; *romance de tipo sentimental; romance de pura intriga*, de conteúdo conservador-reacionário; *romance histórico; romance policial; romance de terror; romance científico de aventuras*.[93]

Em outras passagens procurou assinalar diferenças internas no interior de cada tipo. No caso do romance policial, por exemplo, ressaltou numa de suas cartas as qualidades literárias de um Chesterton, "um grande artista", contrapondo-o a Conan Doyle, "um escritor medíocre":

> Chesterton escreveu mais uma finíssima caricatura das histórias policiais do que histórias policiais propriamente ditas. O Padre Brown é um católico que ironiza o modo de pensar dos protestantes [...], Sherlock Holmes é o policial 'protestante', que descobre o fio da meada de um crime a partir de fora, baseando-se na ciência, no método experimental, na indução.[94]

O discernimento no estudo da literatura popular se estende também para o folclore, que mistura elementos "fossilizados" e "progressistas", formando "um aglomerado indigesto de fragmentos". Talvez por isso tenha sido visto como algo "pitoresco", "uma bizarria", quando, na verdade, deveria ser entendido como "reflexo das condições de vida cultural do povo".

No interior das manifestações folclóricas deve-se distinguir diferentes extratos:

---

[92] Idem, p. 65.
[93] Idem, p. 45-6.
[94] Gramsci, A. C, v. 1, p. 445.

> Os fossilizados, que refletem condições de vida passada e que são, portanto, conservadores e reacionários; e os que são uma série de inovações, frequentemente criadoras e progressistas, determinadas espontaneamente por formas e condições de vida em processo de desenvolvimento, e que estão em contradição com a moral dos estratos dirigentes, ou são apenas diferentes dela.[95]

O esforço para discernir matizes no interior das manifestações culturais populares não existe nas análises de Adorno. Mas, há outra diferença que não pode ser minimizada – a distância temporal entre eles. Adorno, nos Estados Unidos, pôde ver realizada e em pleno funcionamento a indústria cultural. Gramsci acompanhou os seus primeiros sinais, demonstrando preocupação com as novas ameaças ao seu projeto de disputar a hegemonia:

> Entre os elementos que recentemente perturbaram a direção normal da opinião pública por parte dos partidos organizados e definidos em torno de programas definidos, devem ser postos na linha de frente a imprensa marrom e o rádio (onde estiver muito difundido). Eles possibilitam suscitar extemporaneamente explosões de pânico ou de entusiasmo fictício, que permitem alcançar objetivos determinados, nas eleições, por exemplo.[96]

A perplexidade do prisioneiro parece indicar o nascimento de um novo momento que irá requerer novas formas de ação. Numa outra passagem, constata:

> Também hoje a comunicação falada é um meio de difusão ideológica que tem uma rapidez, uma área de ação e uma simultaneidade emotiva enormemente mais amplas do que a comunicação escrita (o teatro, o cinema e o rádio, com a difusão de alto-falantes nas praças, superam todas as formas de comunicação escrita, desde o livro, até a revista, o jornal, o jornal mural), mas na superfície, não em profundidade.[97]

Lembremos que até então o movimento comunista seguia a orientação de Lenin em *O que fazer?* utilizando como meio de divulgação prioritários o jornal e a revista – o primeiro, voltado à

---

[95] GramscI, A. *CC*, v. 6, p. 135-5.
[96] Gramsci, A. *CC*, v. 3, p .270.
[97] Gramsci, A. *CC*, v. 4, p. 67.

agitação imediata, e a revista para a propaganda das ideias revolucionárias. Quando Gramsci fazia suas anotações, a Alemanha da República de Weimar atravessava um momento de turbulência política. A vigência da frágil democracia permitiu as experiências de Walter Benjamin em suas peças radiofônicas, bem como os revolucionários textos sobre o rádio escritos por Brecht entre 1927-1932. Na Itália fascista, essas tentativas de utilização do então novo meio de comunicação pelo movimento operário não puderam ocorrer. Restrito à palavra escrita, Gramsci apostava no "nascimento de uma nova cultura entre as massas populares", que fará desaparecer "a separação entre cultura moderna e cultura popular ou folclore", movimento que "corresponderia no plano individual ao que foi a Reforma nos países protestantes".[98]

A nova cultura projetada por Gramsci tem ocasionado uma sucessão de mal-entendidos. O pomo da discórdia é uma passagem em que Gramsci faz duas afirmações que, infelizmente, não foram desenvolvidas: 1) "somente a partir dos leitores da literatura de folhetim é que será possível selecionar o público suficiente e necessário para criar a base cultural da nova literatura". 2) Para isso, é preciso abandonar os preconceitos, sendo que

> o preconceito mais comum é o de que a nova literatura deva se identificar com uma escola artística de origem intelectual, como foi o caso do futurismo. A premissa da nova literatura não pode deixar de ser histórico-política, popular: deve ter como objetivo elaborar o que já existe, não importa se de modo polêmico ou de outro modo; o que importa é que aprofunde suas raízes no húmus da cultura popular tal como ela é, com seus gostos, suas tendências etc., com seu mundo moral e intelectual, ainda que atrasado e convencional.[99]

A proposta de uma nova literatura a partir do *"húmus da cultura popular"* propiciou diversas acusações de "populismo", acusações reforçadas pela referência ao nacional-popular. Afinal, o que se deve entender por essa expressão? Num texto esclarecedor, Maria Bianca Luporini lembrou a origem russa da expressão:

---
[98] Gramsci, A. *CC*, v. 6, p. 136.
[99] Idem, p. 234.

a palavra *narod* serviu, até um certo momento, para designar tanto o povo como a nação, pois na afrancesada cultura russa do século XIX não havia palavras para traduzir *nacionalité* e *populaire*. A junção do substantivo abstrato *narodnost* com o adjetivo *narodnyj* nasceu na polêmica travada pelos literatos românticos contra a universalidade abstrata do classicismo.[100]

Gramsci divulgou a expressão na Itália. Nos *Cadernos*, observou:

> Em muitas línguas, 'nacional' e 'popular' são sinônimos ou quase. [...] Na Itália, o termo 'nacional' tem um significado muito restrito ideologicamente e, de qualquer modo, não coincide com 'popular', já que na Itália os intelectuais estão afastados do povo, ou seja, da 'nação', estando ligados, ao contrário, a uma tradição de casta, que jamais foi quebrada por um forte movimento político popular ou nacional vindo de baixo.[101]

Tempos depois, a expressão acabou sendo pejorativamente associada aos *narodniks*, os "populistas" russos, um movimento político revolucionário do século XIX. Gramsci, contudo, foi bem claro ao mostrar que o nacional-popular era algo *inexistente* na Itália. Tratava-se, portanto, de um *projeto* que visava reconciliar os escritores com o povo e a nação.

Uma questão permanece em aberto. Nacional-popular: qual dos dois termos é o mais importante? Deve-se privilegiar uma literatura nacional que se colocaria acima das divisões de classes ou uma literatura popular como expressão direta da vivência das classes subalternas? Os discípulos de Gramsci oscilaram entre essas duas possibilidades.

Gramsci, entretanto, manteve os termos unidos, marcando distância seja do nacionalismo ou do que viria a ser chamado de

---

[100] Cf. Luporini, M. B. "Alle origini del "nazionale-populare", in Baratta, G. e Catone, A. (orgs.). *Antonio Gramsci e il progresso intellettuale di massa*. Milão: Unicopli, 1995. Mas esta mão é a única fonte de Gramsci. Antes dele, Vicenzo Gioberti criticara o cosmopolitismo e acenara, de modo conciliador, ao nacional-popular. Outra fonte de Gramsci vem da Alemanha, país de reunificação tardia, por meio de autores filiados ao idealismo alemão. Cf. Arantes, Paulo Eduardo, "Uma reforma intelectual e moral", in *Ressentimento da dialética*. São Paulo: Paz e Terra, 1996.

[101] Gramsci, A. *CC*, v. 6, p. 41-2.

populismo. Quanto ao nacionalismo, assinalou: *"Uma coisa é ser particular, outra é pregar o particularismo. Aqui reside o equívoco do nacionalismo. [...] Ou seja, nacional é diferente de nacionalista. Goethe era 'nacional' alemão, Stendhal, 'nacional' francês, mas nenhum dos dois era nacionalista". Uma ideia não é eficaz se não for expressa de alguma maneira, artisticamente, isto é, particularmente. Mas um espírito é particular na medida em que é nacional? A nacionalidade é uma particularidade primária; mas o grande escritor se particulariza ainda entre seus conterrâneos e esta segunda "particularidade" não é o prolongamento da primeira.*[102]

Gramsci, aqui, procurou diferenciar-se do fascismo que também havia constado o divórcio entre os escritores e o povo para reivindicar o caráter nacional da literatura, entendido, porém, apenas como uma primeira particularidade. O apelo à "alma nacional" é um recurso ideológico. Wagner, diz Gramsci, "sabia o que fazia quando afirmava que sua arte era expressão do gênio alemão, convidando assim toda uma raça a se aplaudir a si mesma em suas obras". Aferrar-se como representante da alma nacional "é útil, para quem não tem personalidade, decretar que o essencial é ser nacional. Max Nordau escreve sobre alguém que exclamou: 'Vocês dizem que nada sou. Mas, vejam, eu sou alguma coisa: sou um contemporâneo!'".[103] No caso específico da Itália, a nacionalidade reivindicada pelo fascismo, num país de histórico cosmopolitismo, era uma "excrescência anacrônica" que se resumia à "exaltação do passado", "da tradição" – enquanto Gramsci estava preocupado em desenvolver uma "crítica impiedosa da tradição", passo necessário à "renovação cultural-moral, da qual poderá nascer uma nova literatura".[104]

A análise matizada do significado do nacional nas artes acompanhou, como vimos, a abordagem diferenciadora sobre a cultura popular em seu esquematismo e ambiguidades. Para superar esses limites torna-se imprescindível a ação de uma política cultural orientada pela filosofia da práxis. Esta, afirmou,

---

[102] Gramsci, A. *CC*, v. 2, p. 72.
[103] Idem, p. 73 e p. 72.
[104] Gramsci, A. *Q*, v. 2, p. 740.

> não busca manter os 'simples' na sua filosofia primitiva de senso comum, mas busca, ao contrário, conduzi-los a uma concepção de vida superior. Se ela afirma a exigência do contato entre intelectuais e simples, não é para limitar a atividade científica e para manter uma unidade no nível inferior das massas, mas justamente para forjar um bloco intelectual-moral que torne politicamente possível um progresso intelectual de massa e não apenas de pequenos grupos de intelectuais.[105]

Ou seja: torna-se necessário superar os limites da cultura popular, que, apesar de conter elementos críticos, apresenta também as limitações de uma população que não teve acesso à educação e à boa literatura.

E é justamente na alta literatura que Gramsci encontra o modelo para o seu projeto: "A literatura popular em sentido pejorativo (como a de Sue e epígonos) é uma degenerescência político-comercial da literatura nacional-popular, cujo modelo são precisamente os trágicos gregos e Shakespeare".[106]

O nacional-popular, convém repetir, é um projeto subordinado aos imperativos da reforma moral da sociedade, da luta pela hegemonia. Não tem sentido, portanto, considerá-lo uma literatura realmente existente na Itália. A ênfase no nacional, como veremos mais em frente, obedecia à lógica de seguir o exemplo de Lenin e aclimatar o marxismo às condições italianas. Daí as incursões na história do Renascimento e do Risorgimento e o estudo sobre o papel dos intelectuais. No campo das artes, a "nacionalização" do marxismo apontava para um caminho totalmente contrário à pasteurização promovida por Zhdanov a partir de 1934.

Tempos depois, as observações de Gramsci seriam consideradas ultrapassadas pelos estudiosos que, extraindo-as de seu contexto histórico e geográfico, afirmaram sua total inadequação aos tempos modernos da globalização e do advento de uma pretensa cultura "internacional-popular" (a rigor, os produtos da indústria cultural). A cultura nacional-popular para Gramsci faz parte de um momento a ser superado quando se realizar a "unificação do gêne-

---

[105] Gramsci, A. *CC*, v. 1, p. 103.
[106] Gramsci, A. *CC*, v. 6, p. 227.

ro humano" – quando, então, prevalecerá a "literatura universal" como prognosticou Marx no *Manifesto*.

Divergências à parte, há consenso entre os diversos intérpretes na constatação de que Gramsci abriu um caminho original na tradição marxista ao incluir o estudo da literatura no interior da cultura, e não mais vendo-a como exclusiva da linguística ou das teorias estéticas. E, assim fazendo, Gramsci depara-se uma vez mais com a sombra de Croce, autor de elaborados livros sobre estética. Gramsci, ao incluir a literatura no interior da cultura, não combateu Croce no campo específico da estética. Afastando-se de seu antigo mestre e de sua análise "frigidamente estética", amparou-se em De Sanctis:

> o tipo de crítica literária próprio à filosofia da práxis é fornecido por De Sanctis, não por Croce ou por qualquer outro [...]: neste tipo devem se fundir a luta por uma nova cultura, isto é, por um novo humanismo, a crítica dos costumes, dos sentimentos e das concepções do mundo, com a crítica estética ou puramente artística.[107]

Em vez de lutar por uma nova arte, como pretendiam os futuristas, Gramsci propõe a formulação de uma *nova cultura* capaz de reconciliar os artistas com o povo. A proposta do "nacional-popular" era o núcleo da *política cultural* defendida por Gramsci. A literatura e as questões estéticas são vistas a partir dessa preocupação educacional, desse desejo de elevar a consciência das massas, pois o que interessa verdadeiramente ao revolucionário sardo é o *valor cultural* e não apenas o *valor estético* da obra literária.

Ao analisar uma obra, ensina Gramsci, é necessário separar *valor artístico* e *valor cultural*. Uma obra literária pode ter escasso valor artístico, mas um importante valor cultural (pode expressar, por exemplo, o modo de vida das classes subalternas). Deslocando o foco da crítica literária das teorias estéticas para o estudo da cultura afirma também que a literatura não é um ramo da linguística, como futuramente afirmará o estruturalismo. Arte não é somente linguagem: esta é o *material*, o veículo da literatura. Por isso, Gramsci não propõe uma nova linguagem, uma nova arte, como

---

[107] Idem, p. 66.

pleiteavam as várias correntes vanguardistas que surgiram na Rússia revolucionária, mas uma *nova cultura*.

Esse projeto de *renovação da cultura*, da luta por uma nova hegemonia, apoia-se na defesa de uma arte *nacional-popular*. Mas tal renovação não é o resultado de um processo endógeno, da evolução natural da própria cultura. Gramsci, para afirmar suas ideias, recorre a uma passagem de Croce em *Cultura e vita morale* e a "traduz", em termos materialistas: "Poesia não gera poesia; a partenogênese não tem lugar; é necessária a intervenção do elemento masculino, do que é real, prático, moral". Esta passagem, diz Gramsci,

> pode ser própria do materialismo histórico. A literatura não gera literatura etc., as ideologias não criam ideologias, as superestruturas não geram superestruturas a não ser como herança da inércia e da passividade: elas são geradas, não pela 'partenogênese', mas pela intervenção do elemento 'masculino' – a história – a atividade revolucionária que cria o novo 'homem', isto é, novas relações sociais.[108]

A inclusão da arte na esfera da cultura é o modo pelo qual Gramsci se contrapôs à estética de Croce. Moral, afetos, intuição, termos caros a Croce, foram substituídos no deslocamento efetuado por Gramsci.

O filósofo napolitano escreveu sobre arte num momento em que na Itália duas posições antagônicas se confrontavam: a corrente racionalista, herdeira de Hegel, que entendia a arte como "manifestação sensível do Espírito", e a corrente irracionalista, que entendia a arte como um fenômeno inconsciente. Croce, nesse embate, seguiu um caminho próprio ao afirmar a arte como um produto da intuição. Falando sobre a poesia em *Breviário de estética*, afirma que ela é "intuição lírica" ou "intuição pura", "na medida em que é pura de qualquer referência histórica e crítica à realidade ou irrealidade das imagens de que se entretece, e capta o palpitar da vida em sua idealidade".[109] Separando a intuição lírica de qualquer contato com o mundo exterior, Croce, segundo se pode ler no ensaio de

---

[108] Gramsci, A. *Q*, v. 2, p. 733.
[109] Croce, B. *Breviário de estética. Aesthetica in nuce*, cit., p.156.

Alfredo Bosi, considera que "as imagens do poema são entes ideais, produção da intuição, e não da percepção. Logo, não podem ser objeto de ciências empíricas e classificatórias, como a sociologia, a antropologia cultural, a psicologia".[110]

A crítica de Gramsci realça o caráter social e histórico da arte:

> Por que os poetas escrevem, por que os pintores pintam? [...] Croce responde mais ou menos o seguinte: para se recordarem das próprias obras, já que, segundo a estética crociana, a obra de arte é 'perfeita', já e apenas, no cérebro do artista [...]. Na realidade, volta-se a questão da 'natureza do homem' e à questão do que é o 'indivíduo?' Se o indivíduo não pode ser pensado fora da sociedade (e, portanto, se nenhum indivíduo pode ser pensado a não ser como historicamente determinado), é evidente que todo o indivíduo e também o artista, e toda a sua atividade, não podem ser pensados fora da sociedade, de uma determinada sociedade. O artista, portanto, não escreve ou pinta etc., isto é, não 'registra' externamente suas fantasias apenas para 'sua recordação pessoal', para poder reviver o instante da criação, mas só é artista na medida em que 'registra' externamente, em que objetiva, historiciza suas fantasias.[111]

Reconduzindo a arte ao mundo social, Gramsci desloca o foco da interpretação. Em Croce, temos a obra literária como um *a priori*, uma idealidade, o que convida o intérprete a enfocar as obras de arte como um mundo à parte, desligadas da história social. Essa visão *individualizante* da arte, entendida como *intuição lírica*, um *a priori* concebido na mente do artista, é contestado por Gramsci que remete a questão para a *função da arte*: "A 'beleza' não basta: é preciso um conteúdo 'humano e moral' que seja a expressão das aspirações do público. Isto é, a literatura deve ser ao mesmo tempo elemento atual de cultura (*civiltà*) e obra de arte (de beleza)".[112]

A estética intuicionista de Croce recebe então o acréscimo de um conteúdo, uma massa de sentimentos, afinado com as aspirações do público: a arte, portanto, deixa de ser uma façanha restrita à mente do escritor ("arte interior") e passa a ser pensada em ter-

---

[110] Bosi. A. "A estética de Benedetto Croce: um pensamento de distinções e mediações", em *Céu, inferno. Ensaios de crítica literária e ideológica*. São Paulo: Duas Cidades/Editora 34, 2003, p. 401.
[111] Gramsci, A. CC, v. 6, p. 240.
[112] Gramsci, A. Q, v. 1, p. 86-7.

mos históricos e inserida em um circuito de relações sociais. Nas palavras de Niksa Stipcevic:

> Gramsci concentrará a maior parte de sua atenção de fato sobre a 'comunicabilidade' da obra de arte, e mais precisamente sobre a parte reversa da "comunicação": não da obra ao leitor, mas do leitor à obra. Se Croce se pergunta 'o que é a arte'? Gramsci, ao contrário, se pergunta quais os motivos capazes de criar uma atmosfera de vivo interesse em torno de uma obra; em outras palavras, por quais razões ela se afirma no tempo.[113]

A mudança de foco, contudo, não levou o nosso autor a propor o que mais tarde seria chamado de "estética da recepção".[114] A sugestão gramsciana aproxima-se mais de uma abordagem sociológica dos diversos momentos da atividade literária, parte integrante da "frente cultural" na luta pela conquista da hegemonia. Uma vez mais, reaparecem as relações entre literatura e política – setores das superestruturas "distintos" a serem pensados em suas relações de reciprocidade e de autonomia relativas.

"A atividade política é precisamente o primeiro momento ou primeiro grau das superestruturas".[115] Prioridade não significa submissão da arte às conveniências da política, adverte Gramsci, atento à politização da arte na Rússia e, portanto, interessado em separar as duas esferas. Pela mesma razão, manteve distância dos movimentos vanguardistas em seu empenho de revolucionar a arte. Sem concessões, portanto, seja ao conteudismo ou ao formalismo,

> deve-se falar de luta por uma 'nova cultura' e não por uma 'nova arte' (em sentido imediato). Talvez nem se possa dizer, para ser exato, que se luta por um novo conteúdo da arte, já que este não pode ser pensado abstratamente, separado da forma. Lutar por uma nova arte significaria lutar para criar novos artistas individuais, o que é absurdo, já que é impossível criar artificialmente os artistas [...]. Que não se possam criar artificialmente artistas individuais, portanto, não significa que o novo mundo cultural, pelo qual se luta, suscitando paixões e calor de humanidade, não sus-

---

[113] Stipcevic, N. *Gramsci e i problemi litterari*. Milão: Mursia, 1968, p. 56.
[114] Cf. Jauss, H. R. *A história da literatura como provocação à teoria literária*. São Paulo: Ática, 1994.
[115] Gramsci, A. *Q*, v. 2, p. 977.

cite necessariamente 'novos artistas'; ou seja, não se pode afirmar que Fulano e Beltrano se tornarão artistas, mas pode-se afirmar que do movimento nascerão novos artistas. Um novo grupo social que ingressa na vida histórica com postura hegemônica, com uma segurança de si que antes não possuía, não pode deixar de gerar, a partir de seu interior, personalidades que, antes, não teriam encontrado força suficiente para se expressar.[116]

Também aqui, e não só na vida política, a "perturbadora" vontade se faz presente, pois é ela que "põe em movimento a fantasia artística".

Estamos distantes, portanto, da concepção kantiana da arte como "finalidade sem fim", pois as manifestações artísticas são pensadas visando a um finalismo: uma *concepção superior de vida*. Entende-se, assim, que a arte, a linguagem, o senso comum, o folclore, a filosofia etc. são partes integrantes de uma mesma "família de conceitos", de uma "rede categorial". A definição gramsciana de cultura torna-se, desse modo, compreensível:

> uma coerente, unitária e nacionalmente difundida 'concepção da vida e do homem', uma 'religião laica', uma filosofia que tenha se transformado precisamente em 'cultura', isto é, que tenha gerado uma ética, um modo de viver, um comportamento cívico e individual.[117]

Dialética e revolução

A Revolução de 1917, interrompendo a crença na linearidade de uma história conduzida pelo desenvolvimento mecânico das forças produtivas, colocou na ordem do dia a reflexão sobre a dialética dentro e fora da Rússia. Hegel, enfim, deixava de ser tratado como um "cachorro morto", como disse certa vez Marx, mas a sua influência sobre o marxismo era uma questão que permanecia e ainda hoje permanece aberta. "Materialismo dialético" é expressão recorrente que procura apontar as conexões de Marx com Hegel. Mas, qual dos dois termos deve ter prioridade? Questão semelhante, anteriormente, havia dividido o hegelianismo.

---
[116] Gramsci, A. CC, v. 6, p. 70.
[117] Idem, p. 63-4.

Hegel foi cuidadoso e calculadamente ambíguo ao nomear a sua dialética de *dialética idealista-objetiva*, unindo, assim, Ideia e Matéria, subjetividade e objetividade, o racional e o real. E, como o pensamento para Hegel é objetivo e real, as relações entre ser e pensamento permanecem embaralhadas. Em sua obra há momentos de extremo idealismo em que a realidade é derivada do pensamento; em outros, contrariamente, as categorias geradas pelo pensamento expressam aquilo que já está dado previamente na realidade (é o caso da segunda parte da *Ciência da lógica*, "A doutrina da essência", que tanto entusiasmou o Lenin dos *Cadernos filosóficos*). Lukács, outro entusiasta daqueles dois textos, apegou-se a eles para elogiar a "verdadeira" ontologia de Hegel, a materialista, e separá-la da "falsa", a idealista.

Os discípulos de Hegel, entretanto, procuraram enfatizar um ou outro dos termos que o mestre pretendera unir. De um lado, a chamada "direita hegeliana" apegou-se ao idealismo e à prioridade do sistema sobre o método: com isso, tomaram como referência os *Princípios da Filosofia do Direito*, a obra mais conservadora de Hegel, na qual a monarquia era glorificada como o momento supremo da racionalidade. Assim fazendo, estabeleciam um limite à dialética que não deveria mais pretender ir além do existente: o real é racional.

De outro lado, a "esquerda hegeliana" afirmava com veemência a prioridade do método (a dialética) e de seu movimento ininterrupto que conduz a continua negação do presente: o racional é real, mas a monarquia, numa Europa sacudida pela Revolução Francesa, tornara-se um anacronismo, algo irracional. A realização da racionalidade, portanto, exige a derrocada do regime monárquico, pois este ainda não é o racional, mas apenas o empírico, momento a ser ultrapassado.

Hegel, antecipando-se a essas interpretações, tinha consciência do caráter enigmático de sua formulação:

> O poeta Heine, que foi aluno de Hegel na Universidade de Berlim, assegurava que o velho filósofo forçava a obscuridade das exposições que fazia em suas aulas, porque temia as consequências de suas ideias revolucionárias, caso elas fossem compreendidas. Heine

conta que uma vez interpelou o professor, após uma das aulas, irritado com aquilo que considerava 'conservador' na equivalência hegeliana do *real* e do *racional*. Segundo ele, Hegel lhe observou, então, com um sorriso: "E se o Sr. lesse a frase assim: *o que é real deve ser racional...?*[118]

Gramsci constatou que o marxismo herdou a tensão entre os dois termos que Hegel pretendera manter unidos. Numa passagem, observou:

> Os continuadores de Hegel destruíram esta unidade, e se retornou aos sistemas materialistas, por um lado, e aos espiritualistas, por outro [...]. O dilaceramento ocorrido com o hegelianismo se repetiu com a filosofia da práxis, isto é, da unidade dialética se voltou ao materialismo filosófico, ao passo que a alta cultura moderna idealista tentou incorporar da filosofia da práxis aquilo que lhe era indispensável para encontrar algum novo elixir.[119]

Muitas vezes, o apego ao materialismo exclui a dialética, como atesta *Materialismo e empiriocriticismo* de Lenin, nos tempos em que ele combatia a influência das ideias irracionalistas no interior do partido, mas sem ainda ter estudado a *Ciência da lógica* de Hegel ou, então, mais recentemente, como ocorre entre os discípulos de Della Volpe.

Por outro lado, a ênfase unilateral na dialética faz dela uma dialética meramente conceitual que desconsidera a materialidade do real. O Lukács de *História e consciência de classe*, por exemplo, excluiu de sua teoria a natureza e, com ela, a mediação material que permitia o intercâmbio entre os homens e a natureza: o trabalho. Consequentemente, a fratura entre ser e pensamento só poderia encontrar solução quando a classe operária, vista como um "pensador coletivo", chegar ao poder, transformando-se, assim, num sujeito-objeto idêntico. Esta unidade, em Hegel, só se concretizaria no longínquo momento da realização do Espírito Absoluto, depois de atravessar uma longa odisseia.

---

[118] Konder, L. "Hegel e a práxis", em *Temas de ciências humanas*, n. 6, 1979, p. 10.
[119] Gramsci, A. *Q*, v. 3, p. 1861.

Em Lukács, a Revolução Russa como prenúncio da revolução mundial já anunciava a reconciliação. Evidentemente, esse desvario idealista contrastava com a dura realidade da construção do socialismo na Rússia. Trotsky, em 1928, lembrou que Lukács tentou ir além do materialismo histórico:

> Arriscou-se a anunciar que, com o início da Revolução de Outubro, que representava o salto do reino da necessidade ao reino da liberdade, o materialismo histórico havia deixado de existir e havia deixado de responder às necessidades da era da revolução proletária. Não obstante, rimos muito com Lenin desse descobrimento, que, para dizer moderadamente, era, pelo menos, prematuro.[120]

Gramsci, por sua vez, tentou afastar-se tanto do materialismo vulgar quanto do idealismo. A filosofia da práxis, entendida como historicismo absoluto, pretendia a superação/conservação das duas tendências numa síntese harmoniosa. Mas a influência crociana acompanhou para sempre o nosso autor. Em sua crítica ao *Tratado de materialismo histórico* de Bukharin e ao texto apresentado por aquele autor no Congresso de História da Ciência e da Tecnologia, realizado em Londres em 1931, Gramsci fez o seguinte comentário sobre a questão da objetividade do conhecimento:

> É evidente que, para a filosofia da práxis, a 'matéria' não deve ser entendida nem no significado que resulta das ciências naturais (física, química, mecânica etc., e estes significados devem ser registrados e estudados em seu desenvolvimento histórico), nem nos significados que resultam das diversas metafísicas materialistas. As diversas propriedades físicas (químicas, mecânicas etc.) da matéria, que em seu conjunto constituem a própria matéria [...], devem ser consideradas, mas só na medida em que se tornam 'elemento econômico produtivo'. A matéria, portanto, não deve ser considerada como tal, mas como social e historicamente organizada pela produção e, desta forma, a ciência natural deve ser considerada essencialmente como uma categoria histórica, uma relação humana.[121]

---

[120] Trotsky, L. "Las tendencias filosóficas del burocratismo", em *CEIP León Trótski*, s/d, p. 3
[121] Gramsci, A. CC, v. 1, p. 160.

Trata-se aqui de uma visão antropocêntrica que insiste em afirmar a não existência de uma objetividade em si, "extra-histórica" e "extra-humana".

A interminável tensão entre materialismo e idealismo colocou-se também para Gramsci. Quem julga a objetividade? A questão parece situar o nosso autor ao lado dos céticos que acusavam os materialistas de dogmáticos por afirmarem a existência de algo que não podem provar. Para Gramsci, a crença na objetividade do mundo real remonta à religião e ao criacionismo: o universo foi criado por Deus e se apresenta aos homens desde sempre como algo acabado. Em direção oposta, o Lenin de *Materialismo e empiriocriticismo* afirmara a semelhança entre o marxismo e o bom senso do "realismo ingênuo" (que intuitivamente percebia a independência do mundo exterior em relação à nossa consciência), com a concepção dos cientistas.

A divergência aponta caminhos diferentes nas relações sujeito-objeto. Em Lenin, o conhecimento é um reflexo da realidade; em Gramsci, o conhecimento da realidade é condicionado à história e ao ponto de vista do homem:

> o conceito de *objetivo* da filosofia materialista vulgar parece querer significar uma objetividade superior ao homem que poderia ser conhecida mesmo fora do homem [...]. Conhecemos a realidade apenas em relação ao homem e, como o homem é um devir histórico, também o conhecimento e a realidade são um devir, também a objetividade é um devir etc.

Ou ainda: "Objetivo significa sempre 'humanamente objetivo' [...]. O homem conhece objetivamente na medida em que o conhecimento é real para todo o gênero humano *historicamente* unificado em um sistema cultural unificado".[122]

Gramsci, portanto, coloca-se numa perspectiva antropocêntrica que condiciona a objetividade do real à esfera subjetiva, ao conhecimento compartilhado "por todo o gênero humano", "por todos os homens, isto é, por todos os homens que possam ver e sentir do mesmo modo".[123]

---

[122] Idem, p. 134.
[123] Gramsci, A. Q, v. 1, p. 466.

Como era de se esperar, tal concepção gerou muitas críticas. Os adversários do historicismo e da dialética, como por exemplo, Lucio Colletti, acusaram o caráter anticientífico de um pensamento que pretende submeter a natureza à história, fazendo assim do conhecimento histórico o modelo exclusivo da ciência. Gramsci, portanto, teria permanecido preso à tradição idealista do historicismo italiano, pois considera a natureza como uma categoria social, histórica. Orlando Tambosi, competente discípulo brasileiro da escola dellavolpiana, observou esse alheamento em relação à natureza para quem se pretende materialista. A natureza nunca aparece em Gramsci "como limite, dura alteridade, mas como possibilidade ilimitada":

> na tradição italiana, *historicismo* significa sobretudo uma concepção da História – fundamentalmente de derivação hegeliana – que afirma a *historicidade de todo o real, reduzindo, em consequência, todo conhecimento a conhecimento histórico*. Trata-se [...] da posição croceana, indissociável do seu idealismo, que nega o caráter cognoscitivo das Ciências da Natureza – estas são apenas pragmáticas e utilitárias.[124]

A consagração do marxismo como historicismo serviu a uma finalidade política: Gramsci foi instrumentalizado por Togliatti e pela direção do PCI para a defesa da estratégia da "democracia progressiva" – a transição democrática ao socialismo por meio do consenso, do "compromisso histórico" entre partidos e segmentos sociais heterogêneos.

Contudo, o mais importante dos discípulos de Gramsci no Brasil, Carlos Nelson Coutinho, afinado com a orientação política de Togliatti, não deixou de assinalar os traços idealistas de Gramsci.[125] A influência crociana no pensamento de Gramsci levou-o a constatar a negação de um tipo específico de conhecimento, o científico, identificado sem mais como ideologia. A identificação entre o conhecimento nas ciências naturais e no

---

[124] Tambosi, O. *O declínio do marxismo e a herança hegeliana. Lucio Colletti e o debate italiano* (1945-1991). Florianópolis: UFSC, 1999, p. 24.
[125] Coutinho, C. N. *Gramsci. Um estudo sobre o seu pensamento político.* Rio de Janeiro: Campus, 1999, p. 6-62.

marxismo é errônea. O marxismo é uma ciência, e quando transformado em guia para a ação (= ideologia), não perde o seu caráter científico.

Não distinguir os dois tipos de conhecimento leva a uma visão antropocêntrica que reduz o conhecimento à expressão da subjetividade, a uma "relação humana". A equivalência entre objetivação histórico-social e objetivação natural, por sua vez, identifica também as duas modalidades de consciência correspondentes: antropocêntrica (própria das ciências humanas) e a desantropomorfizadora (aquela das ciências naturais), diz Coutinho, apoiando-se na divisão estabelecida pelo Lukács da *Estética*.

A atmosfera cultural da Itália marcada pela crítica dos herdeiros de Hegel ao positivismo e pelo seu maior expoente, Croce, acompanhou para sempre Gramsci, o que ajuda a explicar algumas passagens dos *Cadernos do cárcere* com inegáveis "incrustações" idealistas (para voltarmos contra Gramsci a expressão que usou para criticar os traços "positivistas" em Marx). O papel da natureza nas anotações carcerárias, contudo, conserva certa ambiguidade, como atestam as referências críticas a Lukács (que a expulsou de sua teorização) e das ambíguas referências ao Engels da *Dialética da natureza* (responsabilizado pelos desvios de Bukharin).

O marxismo em construção de Gramsci gestou, ao lado dessas poucas digressões gnosiológicas, uma vigorosa teoria política que é, de fato, o que realmente interessa nas anotações carcerárias. Nas páginas seguintes analisaremos a presença do historicismo e sua influência na teoria revolucionária, confrontando suas posições teóricas e políticas com Althusser e Adorno.

Contradição e transição

Em seu confronto com Croce, Gramsci negou a existência pleiteada pelo filósofo de uma dialética dos *distintos*, pois a considerava expressão de um pensamento conservador que se apropriava de conceitos do materialismo histórico para, assim, subordiná-lo a uma filosofia idealista adepta da "revolução passiva". Mas não negava a coexistência da contradição com os distintos – "não existem só os opostos, mas também os distintos".[126] Suas análises políticas são cuidadosas nesse ponto, sempre visando a apontar a teia de interesses sociais que se fazem presentes nas diversas e mutáveis conjunturas políticas – interesses nem sempre antagônicos o que, por sua vez, torna imprescindível e complexo o trabalho político para a formação da hegemonia. A relação entre *contradição e distinção*, contudo, não é tema pacífico entre os autores marxistas, pois contém desdobramentos teóricos e políticos importantes.

Althusser, por exemplo, criticou o conceito hegeliano de "negação da negação" por entender que ele pressupõe um movimento linear, sem rupturas, da história vista como um processo de superação-conservação. No lugar dessa visão diacrônica, afirmou o caráter complexo da vida social que não se resume na crença de uma contradição simples, mas num acúmulo de contradições que coexistem espacialmente, obedecem a uma hierarquia, e à sobredeterminação em última instância da economia.

Dessa forma, substituiu a análise histórica pela sincrônica, substituição que teve como referência o texto de Mao Zedong, *Sobre a contradição*, texto que inovou o léxico marxiano ao acrescentar novos termos: o caráter universal e particular da contradição, contradição principal (forças produtivas/relações de produção) e contradição secundária, aspecto principal e secundário da contradição, contradições antagônicas e não antagônicas etc.

A "tradução" das ideias de Mao no texto de Althusser, além de servir para a crítica do hegelianismo presente em autores marxistas, serviu também para reforçar sua concepção do modo de produção como um "todo complexo estruturado" em que as modificações na base econômica não modificam automaticamente a superestrutura, pois as várias instâncias que a compõem (jurídico-política, ideológica) possuem uma temporalidade própria.

A inflexão teórica de Althusser abriu caminho para o estudo de conjunturas políticas, como os realizados por Nicos Poulantzas, em que a razão analítica se debruça sobre a realidade social, em sua

---

[126] Gramsci, A. *CC*, v. 1, p. 384.

sincronia, para identificar e classificar os interesses sociais em disputa. Além desses desdobramentos, as ideias de Althusser tiveram consequências políticas talvez não previstas pelo autor. A autonomização relativa das instâncias serviu como justificação teórica da luta ideológica travada pelas chamadas minorias, lutas muitas vezes desligadas das contradições materiais, ficando, assim, restritas e confinadas às demandas particularistas. Mas serviu também para alimentar a recusa frontal das instituições burguesas: o Estado, o direito, o mercado. O encontro com o maoismo, nos conturbados anos 1960, alimentou essa visão ultraesquerdista que desprezava a participação na luta travada no interior das instituições em nome do ataque frontal ao Estado capitalista.

Mao Zedong, chamado a validar a interpretação althusseriana de Marx, também se insere entre os adversários da herança hegeliana no marxismo representada, na China, pelos intelectuais do partido que replicavam as teses defendidas por Deborin na polêmica sobre a dialética na Rússia dos anos 1920. Aliando-se à Stalin, Mao acompanhou a crítica à herança historicista e hegeliana, entendendo a tese da "negação da negação" como conciliação dos contrários.

Contra o historicismo afirmou:

> A escola de Deborin sustenta que a contradição aparece não no começo de um processo, mas somente quando ele já se desenvolveu até certo estágio. [...] Essa escola não entende que cada uma e todas as diferenças já contêm a contradição e que a própria diferença é contradição.[127]

Essa hipertrofia de uma contradição, existente desde sempre, que não se desenvolve a partir da fragmentação de uma unidade gerando a diferença e, finalmente, a oposição, tem como objetivo negar o caráter "positivo", "apaziguador", da síntese. A tese não é superada/conservada na síntese, mas destruída, como atesta este espantoso comentário:

> O que é a síntese? Todos vocês presenciaram como os dois contrários, o Kuomitang e o Partido Comunista, foram sintetizados no

---

[127] Zedong, Mao. *Sobre a prática e a contradição*. Rio de Janeiro: Zahar, 2008, p. 92.

campo. A síntese ocorreu assim: os exércitos deles vieram, e nós os devoramos, pedaço a pedaço [...]. O peixe grande comendo o peixe pequeno, isto é síntese. [...] Por sua parte, Yang Hsien acredita que dois combinam em um, e que a síntese é o laço indissolúvel dos contrários. Que laços indissolúveis existem nesse mundo? As coisas podem estar ligadas, mas no final elas acabam por ser separadas. Nada existe que não possa ser cortado.[128]

A separação inevitável das coisas, a onipresença da luta dos contrários, num permanente moto-contínuo, desconhece a possibilidade da síntese. A revolução cultural, a tentativa de se fazer uma revolução dentro da revolução, portanto, fazer da revolução um processo sem fim, exemplifica bem os resultados políticos do "mau infinito" da contradição, da voragem autofágica cujo resultado foi a desarticulação da vida econômica prenunciando o fim do socialismo real.

No plano teórico, a negação do terceiro momento, a síntese, sugere uma surpreendente aproximação com a "dialética negativa" de Adorno. Em suas aulas, Adorno, como vimos anteriormente, afirmou que "a palavra síntese me resulta extremamente desagradável" sentindo por ela verdadeira "aversão".[129] O conceito de síntese encarnava para Adorno a odiosa "identidade" que a sua dialética negativa pretendia criticar. Tal recusa, evidentemente, não estava a serviço de uma revolução sem fim, mas da necessidade de manter o espírito crítico distante da "reconciliação com a realidade", com a "positividade" de um mundo irremediavelmente alienado.

Se "o poder está na ponta do fuzil", como dizia Mao, em Gramsci o Estado capitalista não se mantém somente pela coerção, mas também pelo consenso. Por isso, a luta pressupõe a construção da hegemonia. Estamos aqui diante de duas situações diferentes: na primeira, "Oriental", ocorreu uma *guerra de movimento*, mas na segunda, "Ocidental", deve vigorar a *guerra de posição*. No "Ocidente", a estratégia "Oriental" é representada pela teoria da "revolução permanente" de Trotsky, considerado por Gramsci

---

[128] Idem, p. 222 e p. 224.
[129] Adorno, T. *Introducción a la dialéctica*, cit., p. 107.

"o teórico político do ataque frontal num período em que este é apenas causa de derrotas".[130]

Diferenças à parte, nas duas estratégias a luta dos contrários está sempre presente, mas, segundo as cuidadosas referências históricas de Gramsci, ela pode conhecer diferentes desfechos. Além da irrupção revolucionária, existe a possibilidade de uma *crise orgânica*, uma situação em que "o velho morreu e o novo não pode nascer" (Gramsci utiliza a palavra morboso para caracterizá-la). Essa situação "patológica" é o resultado da perda do consenso pela classe dominante, isto é, ela deixou de ser é uma classe *dirigente*, tornando-se apenas *dominante*. Efetiva-se, nesse caso, um descompasso entre a estrutura e a superestrutura, em que esta se desenvolveu sem estar em consonância com a base material.[131]

Outra possibilidade ocorre no cesarismo que "expressa uma situação na qual as forças em luta se equilibram de modo catastrófico, isto é, equilibram-se de tal forma que a continuação da luta só pode terminar com a destruição recíproca".[132] Pode, ainda, haver uma "síntese conservadora", como ocorre na revolução passiva, em que as demandas da antítese são parcialmente incorporadas. Isso acontece como

> reação das classes dominantes ao subversivismo esporádico, elementar, não orgânico, das massas populares, por meio de 'restaurações' que acolheram uma certa parte das exigências que vinham de baixo; trata-se, portanto, de 'restaurações progressistas' ou 'revoluções-restaurações', ou, ainda, 'revoluções passivas'.[133]

Hegemonia: revolucionários e reformistas

Alguns intérpretes de Gramsci conferem centralidade ao conceito de bloco histórico que estaria presente no núcleo do pensamento de nosso autor. Outros, como Giuseppe Cospito, consideram-no um conceito deixado para trás na redação dos *Cadernos do*

---

[130] Gramsci, A. *CC*, v. 3, p. 255.
[131] Idem, p. 184.
[132] Idem, p. 76.
[133] Gramsci, A. *CC*, v. 1, p. 393.

cárcere. Em sua atenta leitura, seguiu a periodização dos cadernos procurando acompanhar o "ritmo do pensamento" de Gramsci. Segundo sua interpretação, o conceito de bloco histórico foi paulatinamente abandonado a partir de 1932, cedendo lugar a expressões alternativas que Gramsci passou a usar para nomear as relações entre a base e a superestrutura, expressões que, em curto período de tempo, cedem o lugar a outras: "quantidade e qualidade", "conteúdo e forma", "objetivo e subjetivo", até chegar, finalmente, em "relações de força".[134]

Cabe aqui uma observação. Gramsci utiliza a última expressão para com ela realizar "análise das situações". Não se trata, portanto, de um conceito abstrato, mas de expressão empregada na análise de processos históricos determinados. Ele, a propósito, se pergunta se a realidade efetiva "é talvez algo estático e imóvel ou, ao contrário, uma relação de forças em contínuo movimento e mudança de equilíbrio?".[135]

Segundo escreveu Carlos Nelson Coutinho, no *Dicionário gramsciano*, é esse último o aspecto central a ser realçado, pois com ele Gramsci pôde fazer a transição do conceito da esfera teórica presente no "Prefácio de 1859" para a análise histórica, visando a realçar o papel da superestrutura: "o momento predominante da dinâmica das relações de força se encontra, assim, mais no nível político e ideológico, embora tenha base em determinações econômicas".[136]

No plano propriamente teórico, a expressão "bloco histórico" parece sintetizar os elementos que se tornaram "permanentes" e "estáveis" no pensamento gramsciano, além de manterem juntos os dois momentos básicos da realidade: a estrutura (bloco) e o processo (histórico). O rastreamento filológico de Cospito, útil para os "especialistas", mais complica do que esclarece em seu movimento ininterrupto de apresentação e rápido descarte dos termos empregados por Gramsci num curtíssimo período.

---

[134] Cospito, G. *El ritmo del pensamiento de Gramsci. Una lectura diacrónica de los* Cuadernos del cárcel. Buenos Aires: Continente, 2016.
[135] Gramsci, A. *CC*, v. 3, p. 35.
[136] Coutinho, C. N. "Relações de força", em Liguori, G., Voza, P. (orgs.). *Dicionário gramsciano*. São Paulo: Boitempo, 2017, p. 685.

Todo o esforço e todas as dificuldades encontradas por Gramsci são frutos de seu empenho antideterminista para compreender as relações entre a base e a superestrutura a partir daquele texto esquemático de Marx. Não se trata evidentemente de um exercício de mera exegese: havia um condicionamento histórico que influenciava a reflexão de Gramsci. A saber: a nova relação que se firmava entre Estado e mercado na sociedade capitalista moderna. A pretendida separação entre aquelas duas esferas, divulgada pela concepção liberal do *Estado guarda-noturno*, minada já na primeira guerra mundial, encontrou sua verdade na grande crise de 1929.

Gramsci viveu intensamente os debates de seu tempo, mostrando sempre que no novo momento histórico as relações entre Estado e mercado se entrelaçaram definitivamente. Seus textos sobre fascismo e americanismo estão centrados na presença crescente do Estado na atividade econômica. Esse fenômeno, entretanto, não significa que a economia como ciência perdeu o seu objeto, que não há mais crises econômicas e que o controle social se impõe a todos, sem resistência, como pretendem os teóricos frankfurtianos.

A leitura gramsciana do "Prefácio de 1857" da *Crítica da Economia Política* tinha uma clara orientação política: criticar o materialismo vulgar, o idealismo e os intérpretes marxistas que recorriam a Marx para justificar um reformismo progressivo que negava a possibilidade da insurreição antes que o capitalismo desenvolvesse plenamente as forças produtivas. Mas, para Gramsci, ao contrário dos marxistas que defendiam o ataque frontal ao Estado burguês, a elevação da "concepção do mundo" é pré-requisito para os subalternos disputarem a hegemonia e confrontarem a ideologia dominante. Essa disputa se realiza *inicialmente* no *interior* dos aparelhos hegemônicos.

E aqui entramos num controverso tema político. Gramsci concebeu o conceito de bloco histórico para tirar as relações entre a base e as superestruturas do determinismo, assim como na noção de Estado integral procurou superar a arbitrária separação entre Estado e sociedade civil. Desse modo, o Estado integral tornou-se o cenário da luta hegemônica. Não se trata mais da concepção restrita de Estado, como a de Althusser, pois nela não se disputa a hegemonia, mas luta-se para destruir o Estado burguês e todas as suas instituições.

No que diz respeito à sociedade civil, não se deve conceder a ela prioridade absoluta, como quer a interpretação liberal de Gramsci iniciada por Bobbio – aqui, de fato, o revolucionário sardo transforma-se num teórico das superestruturas e da hegemonia cultural como caminho para se obter a governança. A sociedade civil, nesse registro, é pensada como uma esfera separada do Estado e da base econômica, aproximando-se do que depois seria conhecido como "terceiro setor".

Domenico Losurdo observou que para Gramsci, contrariamente, "também a sociedade civil é de algum modo Estado, no sentido de que também no seu interior podem ser exercidas formas terríveis de domínio e opressão (o despotismo da fábrica capitalista e até a escravidão), com relação às quais podem representar um contrapeso, ou um instrumento de luta, as instituições políticas, mesmo as burguesas".[137]

A hegemonia, portanto, não deve ficar restrita ao plano cultural, como consenso obtido por meio da razão comunicativa e não pela força, pela insurreição revolucionária. Nessa linha insere-se Perry Anderson que afirma que a hegemonia não pode ser alcançada antes da tomada do poder e, por isso, defende a perspectiva insurrecional.[138]

Quando se fala em crítica ao "reformismo" nas interpretações de Gramsci, no Brasil, o alvo preferido é Carlos Nelson Coutinho que, a partir da dualidade Oriente-Ocidente, construiu uma refinada teoria que nega a transição ao socialismo por meio do choque frontal com os aparelhos coercitivos de Estado, de rupturas revolucionárias concentradas num breve lapso de tempo e, em seu lugar, afirma a necessidade de uma luta pela conquista da hegemonia por meio da "guerra de posições" que se desenvolve "por um período

---

[137] Losurdo, D. *Antonio Gramsci: do liberalismo ao "comunismo crítico"*. Rio de Janeiro: Revan, 2006, p. 223.
[138] Anderson, P. "As antinomias de Antonio Gramsci", em *Crítica marxista. A estratégia revolucionária da atualidade*. São Paulo: Joruê, 1986.

relativamente longo de maturação, no qual se dá uma complexa luta por espaços e posições, um movimento de avanços e recuos".[139]

Esta prolongada guerra de posições pressupõe, segundo seus críticos, uma imagem idílica da sociedade civil formada por interesses não contraditórios aparentando uma pretensa universalidade. Além disso, o caráter complexo das instituições nela presentes apenas reforçaria o domínio exercido pelos aparelhos de hegemonia sobre os setores populares, impedindo, assim, o caminho da emancipação, como afirmam diversos autores.[140]

Ditadas por escolhas políticas *a priori*, essa polêmica promete nunca ter fim. Parece-me, portanto, aconselhável voltar a Gramsci e assinalar o contexto histórico que determinou suas hesitações nunca definitivamente superadas.

Interpretação e superinterpretação

É ponto pacífico que a perspectiva abertamente insurrecional dos tempos do *L'Ordine Nuovo* sofreu um abrandamento nos *Cadernos do cárcere*, pois, afinal, a rebelião operária havia sido derrotada não só na Itália como também na Alemanha e na Hungria. Além disso, o capitalismo parecia estar numa fase de estabilidade. Nesse contexto, a Rússia revolucionária a duras penas procurava sobreviver. O projeto de extinção do Estado foi arquivado em nome do "socialismo em um só país". Consequentemente, a perspectiva de uma iminente revolução mundial cedeu lugar às políticas da "frente única" propostas pela Internacional Comunista. A drástica mudança de conjuntura coincidiu com o período mais criativo de Gramsci e dos novos conceitos urdidos em sua "oficina": hegemonia, guerra de posição, revolução passiva etc.

Na luta entre Trotsky e Stalin, Gramsci ficou com o segundo, embora afirmasse que as críticas lançadas contra Trotsky eram *"irresponsáveis"*. A teoria da revolução permanente, contudo, lhe parecia uma perigosa elucubração intelectualista feita à revelia da

---

[139] Coutinho, C., N. Gramsci. *Um estudo sobre seu pensamento político*, cit., p. 93.
[140] Bianchi, A. *O laboratório de Gramsci*. São Paulo: Alameda, 2008; e Schlesener, A. H. *Revolução e cultura em Gramsci*. Curitiba: UFRP, 2002.

história, pois em Marx e Engels ela se referia a 1848 – um período conturbado da história francesa que se encerrou nos anos 1870 com a derrota da Comuna de Paris e a expansão colonial europeia. A partir de então, ocorreram mudanças significativas como a consolidação do parlamentarismo, o fortalecimento do sindicalismo, a constituição dos partidos modernos – portanto, uma complexificação da sociedade civil com as consequentes mudanças em sua relação com o Estado. Sendo assim, a "guerra de movimento", implícita na tese da revolução permanente, deveria ser substituída pela "guerra de posição" no interior da agora *"robusta estrutura da sociedade civil"*.[141] Homogeneizar momentos históricos diferentes (1848, 1905, 1917) lhe parecia um anacronismo. Além disso, significava também uma ameaça à sobrevivência do Estado soviético a pretensão aventureira de tentar exportar a revolução para a Europa.

O desenvolvimento do processo revolucionário, segundo Gramsci, "é no sentido do internacionalismo, mas o ponto de partida é "nacional", e é deste ponto de partida que se deve partir". Na sequência, afirma a necessidade de

> depurar o internacionalismo de todo elemento vago e puramente ideológico (em sentido pejorativo) para dar-lhe um conteúdo de política realista. O conceito de hegemonia é aquele em que se reúnem as exigências de caráter nacional e podemos compreender por que certas tendências não falam desse conceito ou apenas se referem a ele de passagem.[142]

Diferentemente de Lenin, que era "profundamente nacional e profundamente europeu", Trotsky, visto geralmente como um "ocidentalista", era, para Gramsci, "um cosmopolita, isto é, superficialmente nacional e superficialmente ocidentalista ou europeu".[143]

A transição ao socialismo foi sempre tema controverso. Marx foi lacônico a esse respeito. Especular sobre o futuro, em seu tempo, era tarefa realizada pelos utopistas; além disso, o utopismo opunha-se ao seu realismo dialético, sempre hostil às projeções arbitrárias. Já o desenrolar do processo revolucionário na Rússia em nada

---

[141] Gramsci, A. *CC*, v. 3, p. 262.
[142] Idem, p. 314-5.
[143] Idem, p. 261.

se assemelhava com as teses defendidas por Lenin em *O Estado e a revolução*: a criação de um Estado-Comuna, "sem polícia, sem exército fixo, sem burocracia". Um partido revolucionário, apoiado por uma classe operária minoritária num país ainda agrário, viu-se desamparado com o fracasso da esperada revolução na Europa e a guerra civil.

A direção partidária adaptou-se à nova realidade, ensaiando a necessidade de se criar primeiramente um "capitalismo de Estado" para obter as condições materiais para a transição ao socialismo; em seguida, implantou o chamado "comunismo de guerra" para, finalmente, instituir a NEP (Nova Política Econômica). Evidentemente, essa última guinada foi interpretada pela "oposição operária" como uma traição; mudança de rumos que teve como símbolo a brutal repressão aos marinheiros de Kronstadt.

A pretendida transição ao socialismo seguiu o seu curso por meio da política gradualista da NEP formulada por Bukharin. Segundo Stephen Cohen, "no período de 1925-27, o bolchevismo oficial foi basicamente bukharinista; o partido seguia o caminho bukharinista para o socialismo", caminho contestado pela oposição de esquerda que insistia no papel do Estado como incentivador da luta de classes. A necessidade de equilíbrio para o *organismo* social, tal como Bukharin havia aprendido com a sociologia funcionalista, reapareceu como referencial teórico para promover a harmonia num tecido social traumatizado por tantas mudanças abruptas. O mais importante na nova orientação é o fato de o Estado a partir de agora deixar de ser primordialmente um "instrumento de repressão" para poder criar as condições necessárias à "colaboração" e à "unidade social". Quanto ao terror, "seu tempo já passara".[144]

Não foram somente Lenin e Bukharin a mudar de uma posição radical para uma moderada. Também Gramsci seguiu esse percurso. Em 28 de julho de 1917, escrevera com entusiasmo:

> A revolução não para, não fecha o seu ciclo. Devora os seus homens, substitui um grupo por outro mais audacioso; e somente por causa

---

[144] Cohen, S. *Bukharin, uma biografia política*, cit., p. 245 e p. 231.

dessa sua instabilidade, dessa sua perfeição jamais alcançada, é que se afirma verdadeiramente como revolução.[145]

Mas, em 14 de outubro de 1926, Gramsci redigiu uma carta em nome do Birô Político do partido italiano para o Comitê Central do Partido Comunista da URSS em sua XV Conferência. Nela, o entusiasmo cedeu lugar à preocupação com os possíveis desdobramentos da cisão do partido, tensionado pela oposição de esquerda (Trotsky, Zinoviev, Kamenev). Gramsci afirmou que os três dirigentes "contribuíram poderosamente para nos educar para a revolução" e, por isso, "gostaríamos de estar seguros de que a maioria do Comitê Central do PC da URSS não pretende vencer de modo esmagador esta luta e está disposta a evitar medidas excessivas".[146] O encarregado de transmitir a carta, Togliatti, houve por bem engavetá-la e o Congresso afastou os velhos bolcheviques, que tempos depois seriam executados.

Apesar das preocupações, Gramsci concordava com a orientação do partido ao adotar a NEP lembrando, a propósito, a semelhança com a Itália, onde a população rural era apoiada por uma igreja católica com dois mil anos de experiência em organização e propaganda. A oposição de esquerda, contrariamente, pregava a expropriação dos camponeses para financiar a industrialização do país.

Gramsci concordava ainda com a necessidade de obrigar a classe operária a fazer novos sacrifícios em nome da construção do socialismo e apontava a *inaudita contradição*: "jamais ocorreu na história que uma classe dominante, em seu conjunto, se visse em condições de vida inferiores a determinados elementos e extratos da classe dominada e submetida". Aos operários, que fizeram a revolução, se exigia sacrificar os interesses classistas imediatos em nome dos interesses gerais e ouvir comentários demagógicos como "É você o dominante, ó operário mal-vestido e mal alimentado, ou é dominante o *nepman* encasacado e que tem à sua disposição

---

[145] Gramsci, A. *Escritos políticos*, v. 1. Rio de Janeiro: Civilização Brasileira, 2004, p. 105.
[146] Idem, p. 392.

todos os bens da terra?". Ou então: "Você lutou para que? Para ficar ainda mais arruinado e mais pobre?".[147]

Todos os recuos teóricos de Gramsci, advindos da dura realidade, tiveram seu ponto de inflexão no VII e último congresso da Internacional Comunista. A aprovação do relatório apresentado por Dimitrov colocou em pauta dois temas centrais ao Gramsci dos *Cadernos do cárcere*: a questão nacional e a política de frente única.

Até então os bolcheviques pretendiam subordinar todos os partidos comunistas às diretrizes da Internacional Comunista, concebido como um partido único dirigindo a revolução mundial (tal pretensão reaparecerá com a criação da IV Internacional). Daí em diante, a questão nacional obrigou os comunistas a olhar com atenção para a *especificidade* de seus países, deixando de lado os esquemas generalizadores exportados por Moscou. A defesa do Estado soviético havia gerado um profundo patriotismo que, de certo modo, se identificava com a construção do socialismo. Daí a consciência da necessidade de ir além daquela concepção abstrata e irrealista de internacionalismo proletário ainda presente em diversos setores que, simplesmente, ignoravam as identidades nacionais.

Empenhado em "traduzir" para a Itália a Revolução de Outubro, Gramsci em vários momentos criticou a compreensão estreita do internacionalismo e, como estudioso de linguística, estava atento aos debates na Itália sobre a imposição de uma língua unificada e a sobrevivência dos dialetos, bem como às estreitas relações entre linguagem, cultura, concepção do mundo e hegemonia.

A política de frente única contra o fascismo deveria pôr fim momentaneamente à estratégia de classe contra classe e o seu correlato: fascismo ou revolução proletária. Gramsci passou, a seu modo, a defender a frente única como um período de transição necessário para derrotar o fascismo levantando a palavra de ordem da Constituinte. Segundo Christine Buci-Glucksmann, ela pode ser interpretada como "o testamento político de Gramsci", concebido no momento em que elaborava os conceitos de hegemo-

---

[147] Idem, p. 384 e p. 392.

nia e guerra de posição. A defesa da Constituinte, evidentemente, é uma reivindicação *democrática* que pressupõe a aliança de classes contra o fascismo; uma pausa, portanto, na luta entre as classes sociais antagônicas.

A posição realista perante a necessidade de fortalecer o Estado soviético – a defesa da NEP e os interesses gerais do proletariado industrial contra os interesses classistas imediatos – assinala uma distância em relação aos textos escritos nos tempos em que Gramsci coordenava os conselhos de fábrica em Turim, pregando a união entre operários e camponeses pobres. Mas essa distância significa uma ruptura, uma mudança drástica de posição? Em sua densa pesquisa, Marcos del Roio afirma, contrariamente a Chirstine Buci-Glucksmann, que a visão de Gramsci era diferente da de Dimitrov, e que houve apenas um progressivo refinamento na concepção de frente única iniciado em "Alguns temas da questão meridional":

> Aqui Gramsci lança uma noção mais ampla de aliança operário--camponesa, uma vez que, com a inclusão da questão da massa dos intelectuais se aproxima da formulação do *bloco histórico*, que implica problemas como a organização da produção e do Estado na transição, assim como a questão essencial da organização da esfera subjetiva, tema nuclear dos *Cadernos do cárcere*. Dessa maneira, a fórmula política da frente única encontra, com Gramsci, novas soluções e um aprofundamento teórico que a IC [Internacional Comunista], no seu conjunto, não conseguia contemplar.[148]

Não há dúvida sobre a diferença em relação à IC; mas restringir o bloco histórico à aliança entre operários, camponeses e intelectuais não significa esvaziar o alcance da teoria da hegemonia que pouco se diferenciaria daquela formulada anteriormente por Lenin? O que Gramsci teria acrescentado de novo? Não haveria igualmente um esvaziamento da estratégia da guerra de posição? A hegemonia, em Gramsci, foi concebida para superar o economicismo e o corporativismo que impediam a classe operária de ir além de seus interesses classistas imediatos e, assim, influenciar a direção do processo histórico. Exemplo esclarecedor é a posição de Gramsci

---

[148] Del Roio, M. *Os prismas de Gramsci*. São Paulo: Boitempo, 2019, p. 231.

perante a NEP: o enriquecimento dos culaques parecia um acinte aos operários que fizeram a revolução e comparavam a penúria em que viviam com a crescente riqueza daquela camada social. O que é determinante, para o marxismo de Lenin e Gramsci, não é o *ponto de vista classista*, mas o *ponto de vista da totalidade*.

A divergência entre as interpretações traz consigo a interminável disputa entre um Gramsci "reformista" ou "revolucionário". O ponto central é a proposta de uma Constituinte como uma etapa *intermediária* entre a queda do fascismo e a transição ao socialismo. Esta proposta é um buraco negro na interpretação, pois foi feita a partir de relatos dos companheiros de prisão sem o respaldo textual, já que Gramsci, sob o recrudescimento da censura, nada escreveu a respeito.

O tema é familiar ao público brasileiro: nos anos finais da ditadura militar iniciou-se um amplo debate sobre a proposta de convocação da Constituinte. Setores mais à esquerda, então agrupados no Partido dos Trabalhadores, afirmavam que a Constituinte (por eles batizada de "prostituinte"), era uma reivindicação burguesa que não interessava à classe operária. Temendo a "contaminação" da ideologia liberal e a possível hegemonia dos setores burgueses, pregavam o choque frontal contra o regime.

A lógica dual ("classe contra classe") aí presente já havia se manifestado anteriormente no interior do movimento operário brasileiro dos anos 1970 por meio da centralidade conferida às comissões de fábrica em detrimento dos sindicatos, estratégia adotada para manter distância em relação às instituições legais. A experiência vivida pelo jovem Gramsci em Turim era uma referência evocada pelas "oposições sindicais" no Brasil. A alternativa classista recusava a política da frente democrática, afirmando a necessidade da criação de uma contra-hegemonia operária formada em espaços alternativos às instituições burguesas. De novo, os ecos de Gramsci, mas somente de seus textos juvenis, pois nos *Cadernos do cárcere* não consta a expressão "contra-hegemonia", própria da lógica binária, e sim a necessidade de disputar a hegemonia ocupando espaços no *interior* das instituições existentes, nos "aparelhos privados de hegemonia".

A fortuna crítica de Gramsci encontrou na Constituinte um divisor de águas. Os que a recusavam insistiam na autonomia do proletariado e, portanto, na distância em relação a qualquer composição com os setores burgueses democráticos. Consequentemente, insistiam na continuidade linear entre o Gramsci conselhista e o dos *Cadernos do cárcere*. Já os defensores da política de alianças tomaram a defesa da Constituinte como ponto de partida para a futura estratégia da "democracia progressiva" de Togliatti e do "compromisso histórico" com a democracia cristã. Nos dois casos, o que era apenas uma etapa *intermediária* foi absolutizada para referendar escolhas políticas. Como num palimpsesto, as anotações sofridas de Gramsci foram "raspadas" para dar lugar a uma nova escrita ditada por referências que não constavam no horizonte do revolucionário encarcerado.

E aqui cabe a pergunta: há limites na interpretação de um texto? Ou ainda: faz sentido "escavar" a escrita gramsciana para descobrir além da textualidade um *significado* oculto e revelador que tudo esclareceria?

A segunda questão tem sido trilhada pela chamada crítica desconstrutivista, interessada em afirmar o caráter flutuante do significado e denunciar a pretensão "autoritária" de se determinar um unívoco e perene sentido. A análise desconstrutivista é movida pela suspeita, acreditando que o que mais interessa no texto é o que nele foi *recalcado*, o não dito, e não o que o "suspeito" autor efetivamente disse. Não sei se algum crítico desconstrutivista se debruçou sobre os *Cadernos do cárcere* para descobrir os silêncios e as ausências do texto. De qualquer modo, o caráter "flutuante" das anotações carcerárias parece assombrar todos os intérpretes.

Quanto à primeira questão – se há limites na interpretação –, convém lembrar a diferenciação feita por Umberto Eco entre *interpretação e superinterpretação*. A crítica literária tradicional restringia-se às relações autor-obra; posteriormente, procurou-se incluir o leitor como coparticipante do processo literário. Assim, ele deixaria para trás a antiga passividade ao ser convocado para participar da criação do sentido. O texto, portanto, perde a pretensão de possuir um sentido unívoco, pois depende da participação do leitor. Umberto Eco, em 1962, saudou esta inclusão no livro *Obra aberta*. Como o título indica, a obra literária deveria deixar de ser vista como algo acabado, concluído, *fechado*. Ela se tornou uma obra *aberta* que se oferece ao leitor, convidando-o a participar das diversas possibilidades de interpretação.

A partir dos anos 1970, a ascensão do pós-estruturalismo se encarregou de ampliar a participação do leitor, abrindo as portas para as ilimitadas e arbitrárias possibilidades de leituras. Eco, então, voltou ao tema visando estabelecer *limites* à interpretação, pois ela não deveria violentar o texto ao seu bel prazer estabelecendo um vale-tudo relativista. A fidelidade à letra e ao espírito do texto (à escritura e à "intenção do autor") restringe a liberdade do leitor e estabelece limites ao fluxo interminável de interpretações – deve ser, portanto, o critério para separar as interpretações fundamentadas das veleidades presunçosas e arbitrárias.[149]

Em sua solidão carcerária, Gramsci escrevia compulsivamente a sua obra. Não era mais o jornalista que produzia textos circunstanciais em profusão: "Em dez anos de jornalismo escrevi linhas suficientes para encher 15 ou 20 volumes de 400 páginas, mas estas linhas eram escritas no dia a dia e, a meu ver, deviam morrer no fim do dia".[150] O prisioneiro, agora, estava às voltas com a necessidade de organizar sua "vida interior" e usar a escrita como forma de resistência, escrevendo uma obra *für ewig* para *atualizar* o materialismo histórico. Uma obra, contudo, sem interlocutor, obra de um autor que escrevia para esclarecer suas próprias ideias e que morreu sem ter dado a elas uma redação definitiva.

Stuart Hall: o universalismo e o culto às diferenças

Entre os discípulos de Gramsci, há os que entendem que a cultura deve ser interpretada numa perspectiva antropológica, como um modo de vida. Não se trata mais de ligar a cultura com a *nação*, mas com as *classes sociais* (Raymond Williams, Richard Hoggart,

---

[149] Eco, U. *Interpretação e superinterpretação*. São Paulo: Martins Fontes, 2001.
[150] Gramsci, A. C, v. 2, p. 83.

Edward Palmer Thompson) ou, ainda, com *os grupos sociais e indivíduos* (Stuart Hall).

Nação, classes sociais, grupos, indivíduos: o vínculo da cultura passou por esses momentos sucessivamente, como veremos a seguir.

Em um primeiro momento, muito se escreveu sobre "o caráter nacional" de um povo ou da literatura como expressão da formação da nacionalidade. Assim, por exemplo, no movimento pela independência das colônias nas Américas a literatura adquiriu uma função política: formar o ideário nacional.

A reivindicação da particularidade de cada cultura nacional foi muitas vezes o argumento usado contra o discurso universalista dos direitos humanos, tal como era propagado pelo Iluminismo. Os adversários do Terceiro Estado, na Europa, recorreram à tradição, aos costumes, ao folclore, ao "espírito do povo", àquilo que é comum num país determinado, vale dizer, a sua cultura.

Iniciava-se, assim, um embate de longa duração. De um lado, os defensores do secularismo, do racionalismo, dos direitos universais do homem e de seu corolário político (a democracia) e filosófico (o pensamento totalizador). De outro, os críticos modernos do universalismo apelarão para a particularidade, a diversidade, o direito à diferença, o pluralismo, a tolerância e seu corolário político (o liberalismo) e filosófico (o nominalismo).

Em um segundo momento, a cultura também costuma aparecer vinculada às diversas classes sociais. No pensamento marxista, essa vinculação foi pensada de diferentes modos. Num ponto extremo estão os defensores da *proletkult* com sua crença na existência de uma cultura própria da classe operária. Aqui, cultura e ideologia são equiparadas enquanto expressões imediatas dos interesses classistas. Estamos, assim, perante o rígido determinismo: ideologia e cultura pertencem à superestrutura e esta é determinada pela base material, a infraestrutura.

Uma versão sofisticada da vinculação classe/cultura encontra-se na obra de Lucien Goldmann e em sua teoria sobre a "homologia das estruturas" – a correlação necessária entre classes sociais e formas de expressão artísticas. A equiparação entre cultura e ideologia ganhou contornos rígidos em Althusser e sua famosa teoria sobre os aparelhos ideológicos do Estado. De certa forma, pode-se fazer uma analogia entre essa teoria e o velho positivismo que via a consciência humana moldada integralmente pelas instituições. Os leitores de Durkheim devem se lembrar do papel coercitivo que a "consciência coletiva", encarnada nas instituições, exerce sobre a consciência individual.

De modo semelhante, os aparelhos ideológicos formatam a consciência dos indivíduos. Há uma indisfarçável ontologização da ideologia nessa versão estruturalista do marxismo: as ideologias "falam" por meio dos indivíduos. Como consequência dessa concepção determinista, o sujeito desaparece. Ele, aliás, é o "assujeitado", o "interpelado", o canal por onde escoam as ideologias.

No campo marxista, a relação entre cultura e ideologia será o divisor de águas que irá separar os discípulos de Gramsci dos de Althusser. A equiparação entre cultura e ideologia não existe em Gramsci, autor preocupado em ver como a realidade das classes é vivida, interiorizada e expressa. Assim pensando, Gramsci via a cultura em sua relação viva com os processos sociais, a estrutura de poder e a luta pela hegemonia. Cultura não é mais um reflexo passivo da base material e nem uma formação coerente e fechada como a ideologia, mas um campo de tensão onde se trava a luta pela conquista da hegemonia.

Gramsci, assim, passou a ser a referência dos estudos marxistas da cultura, como aqueles realizados por Thompson, Williams e Stuart Hall. Essa orientação, que vinculava a cultura com as classes sociais, será, entretanto, progressivamente abandonada. Figura chave nesse percurso é Hall, autor que passou a ser a principal referência dos Cultural Studies. Gramsci continua a ser citado, mas o seu pensamento, como veremos, foi "adaptado" às teorias culturalistas.

Em seus primeiros trabalhos, Stuart Hall pensava a cultura em suas relações com a economia, o poder e as classes sociais. Seus estudos nos anos 1960 sobre a subcultura juvenil mostram o aguçamento das desigualdades sociais. Os temas então dominantes na sociologia – *welfare state*, manipulação das massas, passividade – eram contestados por Hall em sua preocupação com as formas de resistência contra-hegemônicas da juventude. Mesmo o famoso ensaio sobre codificação/decodificação apontava para a resistência oposicionista que parecia ter como pano de fundo a existência das classes sociais e de suas lutas.[151]

A virada para as teses pós-modernistas ocorreu durante o thatcherismo. Estudando esse fenômeno, Hall constatou como ele pôs fim ao referencial teórico das esquerdas. Thatcher atacou o movimento sindical e nem por isso a classe operária reagiu. A partir daí, Hall abandonou o referencial classista, decretando o fim das "solidariedades tradicionais", preferindo falar sobre outras formas de identificação baseadas no gênero e etnia para, finalmente, remeter o tema da identidade para o indivíduo, o sujeito nômade, flutuante, híbrido, portador de influências díspares.[152] Esse percurso tortuoso acabou por aproximá-lo de Antonio Negri na busca de forças sociais capazes de resistir à globalização. Numa longa entrevista, declarou:

> Não o proletariado, nem o sujeito descolonizado, mas sobretudo o que Antonio Negri chama de 'multidões', forças difusas. Há toda espécie de forças que não podem ser unificadas pelo que é chamado de nova ordem mundial. E eu ouço essas vozes na arte, na música, na literatura, na poesia, na dança. Eu ouço essas vozes que ainda não podem realizar-se como sujeitos sociais coletivos.[153]

Teoria sem disciplina

Nesse percurso das classes sociais ao indivíduo, o pensamento gramsciano, em Hall, sofreu drásticas transformações, sendo substituído pelo "pós-método" ou "pós-metodologia", como afirmou em outra entrevista. A atração exercida pelo pós-estruturalismo foi assim explicada por Hall:

> Agrada-me ser eclético, diria 'ilógico'. Não me agrada ficar ligado a um único sentido dos conceitos, agrada-me tirá-los de suas posições originais, ver se conseguem funcionar em outras prospectivas. É isso que eu chamo de 'pensamento indeterminado', considero-me certamente um autor 'indisciplinado'. Ainda mais porque o próprio

---

[151] Hall, S. *Da diáspora: identidades e mediações culturais*. Belo Horizonte: UFMG, 2003.
[152] Hall, S. *A identidade cultural na pós-modernidade*. Rio de Janeiro: DP&A, 1999.
[153] Hall, S. "Entretien avec Stuart Hall", em: Alizart, M., Hall, S., Macé, E., Maigret, E. (orgs.). *Stuart Hall*. Paris: Amsterdam, 2007, p. 91.

mundo tornou-se um lugar 'indeterminado', onde tudo se entrelaça, não pode ser enfrentado com conceitos ou categorias rígidas. A interconexão dissolve as diferenças radicais ou absolutas. Por isso, tenho sido atraído pelas concepções pós-estruturalistas sobre o processo de significação.[154]

"Conceitos ou categorias rígidas" dizem respeito, basicamente, às relações entre a base material e a superestrutura e, também, à "determinação em última instância" pela primeira. A imagem espacial e dualista de Marx – base e superestrutura – havia sido contestada por Raymond Williams, que não aceita conceber a cultura como reflexo da superestrutura. Originalmente, diz ele, cultura referia-se a cultivo, colheita. Hall, que durante tantos anos trabalhou e conviveu com Williams, tinha à sua disposição essa visão materialista, histórica e totalizadora. Mas, curiosamente, preferiu aproximar-se de Althusser, um dos primeiros a reelaborar a categoria modo de produção, que, em Marx, dizia respeito sobretudo à base material.

Assim pensando, procurou, como vimos anteriormente, redefinir os termos para criticar o determinismo monocausal, o primado absoluto da economia. As lutas sociais poderiam então ser pensadas num leque mais amplo. Por exemplo: as lutas ideológicas do movimento feminista ou das minorias étnicas, cuja dinâmica não pode ser reduzida somente à dimensão econômica. O marxismo, desse modo, iniciava a passagem do privilégio concedido às classes sociais e à luta de classes para os movimentos sociais moleculares.

No campo teórico, o caminho que leva do determinismo rígido para a indeterminação celebrada por Hall estava, enfim, aberto. O próprio Althusser referia-se à "hora longínqua e apagada" da determinação econômica. O modo de produção, como vimos, foi fragmentado por Althusser para, assim, autonomizar as "instâncias". A intenção perseguida era livrar-se da "totalidade expressiva" de Hegel – um todo que se reflete e se faz presente em todos os momentos particulares. Althusser prefere falar em "todo-complexo-estruturado-já-dado" para afastar-se daquela visão que lhe

---

[154] Mellino, M. "Teoria senza disciplina. Conversazione sui 'Cultural Studies' con Stuart Hall", em: Studi *Culturali*, n. 2, 2007, p. 326.

parece simplista e historicista e, assim, pôr em relevo a articulação das diferentes instâncias.

Paralelamente, Hall acopla a esta concepção estrutural da sobredeterminação, a teoria bakhtiniana da *heteroglossia*[155] como apoio para caracterizar a posição híbrida do sujeito pós-moderno – aquele sujeito sincrético, mestiço, situado nos espaços intersticiais do tecido social. Não deixa de produzir uma sensação de perplexidade no leitor atento essa apropriação de coisas que *hurlent d'être ensemble*: o historicista Gramsci, o estruturalista Althusser e ainda Bakhtin, o crítico do estruturalismo.

Yuri Brunello, numa análise brilhante, observou que Hall pretendeu transformar Gramsci

> em uma espécie de idealizador *ante litteram* da teoria das articulações, vale dizer, da visão que Hall deriva de Althusser via Laclau, segundo a qual as forças sociais, as classes, os grupos e os movimentos políticos não se tornariam unitários por causa dos condicionamentos econômicos objetivos para depois dar lugar a uma ideologia unificada, mas seguiriam o processo oposto. Qual processo? Segundo as palavras de Hall, os grupos sociais se constituem como agentes políticos por meio da 'ideologia que os constitui'.[156]

Não são as condições materiais de existência que possibilitam a convergência de interesses. A visão desmaterializada de Hall retoma a ontologização da ideologia, tal como preconizada pelo estruturalismo (Althusser, Pêcheux, Foucault) e reafirmada pelos pós-estruturalistas.

Olhando retrospectivamente para os Cultural Studies, Hall arriscou uma definição para dar conta da heterogeneidade de temas e abordagens: "os Cultural Studies são uma formação discursiva,

---

[155] A expressão deriva de duas palavras gregas para "outro" e "língua", ganhando o seguinte sentido em Bakhtin: "aquilo dentro do discurso que não pode reduzir-se à ordem de nenhuma voz ou código único ou autorizado". Assim, na visão de Bakhtin, "nenhum sistema de signos é inteiramente autônomo, dado que cada enunciado se origina numa multidão heteroglóssica de significados, valores, discursos sociais, códigos culturais, etc.". Cf. Payne, M. (org.), *Diccionario de teoría crítica e estudios culturales*. Buenos Aires: Paidós, 2006, p. 383.
[156] Brunello, Y. "Identità senza rivoluzione. Stuart Hall interprete di Gramsci", em: *Crítica Marxista*, n. 5, 2007, p. 52.

no sentido de Foucault".[157] Para este autor, as formações discursivas integram a "arqueologia do saber" – uma história do pensamento centrada na análise das "regras de formação" por meio das quais os enunciados alcançam uma unidade. O discurso científico não é mais a reprodução do real, pois é ele, contrariamente, quem constitui os objetos da ciência. O que interessa a Foucault é o estudo das *práticas discursivas*, que estabelecem "as condições de exercício da função enunciativa".[158] Assim, sai de cena a concepção de ciência como um reflexo, como conhecimento do mundo exterior, como tentativa racional de desvelar o em-si da realidade. O que interessa à arqueologia foucaultiana é a compreensão da prática discursiva, pois é ela que constrói os objetos a serem estudados. A ideia de referente não consta dessa empreitada, pois as coisas não têm significados intrínsecos – somos nós que atribuímos sentidos a elas.

A mudança de orientação teórica que aproximou Hall do pós-estruturalismo e, como consequência, dos estudos pós-coloniais, teve resultados paradoxais. O "pensamento indeterminado", por exemplo, tem permitido aos adeptos dos Cultural Studies falar sobre todos os assuntos, sem os rigores do pensamento científico. A "transdisciplinaridade" ocupou o lugar da interdisciplinaridade, pois esta, segundo Hall, conserva as "velhas disciplinas", como a sociologia, estudos literários etc. Desse modo, celebra-se, de fato, a ausência de disciplina. Pode-se fazer uma análise sociológica, sem o controle exercido pelos dados empíricos; discorrer sobre temas filosóficos sem o rigor que o pensamento filosófico exige; escrever sobre literatura sem o enfrentamento com o texto, o contexto e a especificidade do literário, reduzido que foi a um texto cultural equivalente a qualquer outro; pode-se também estudar a história sem o rigoroso cotejo com documentos e fontes primárias.

Estamos, portanto, girando em falso no campo do discurso e, pior, é por meio dele que se pretende compreender o mundo que nos cerca. A "virada linguística" de Hall, entretanto, convive com as referências constantes a Gramsci. Além de linguística, a vira-

---

[157] Hall, S. *Identité et cultures: politiques des cultural studies*. Paris: Amsterdam, 2008, p. 18.
[158] Foucault, M. *Arqueologia do saber*. Rio de Janeiro: Forense, 1997, p. 136.

da também é cultural, pois, segundo afirma Hall, "o capitalismo contemporâneo funciona por meio da cultura". Gramsci é então convocado para, uma vez mais, ser um aliado na luta contra o "essencialismo" e o "determinismo" econômico – fantasmas que Hall pretende exorcizar. É o que veremos a seguir.

Contra o "essencialismo": a cultura popular e o negro

Levando adiante o projeto pós-estruturalista, Hall pretende desconstruir todos os referentes fixos. É o caso, por exemplo, da "cultura popular": "assim como não há um conteúdo fixo para a 'cultura popular', não há um sujeito determinado ao qual se pode atrelá-la – 'o povo'. O 'povo' nem sempre está lá, onde sempre esteve, com sua cultura intocada, suas liberdades e instintos intactos [...]".[159]

Em outro ensaio, Hall analisa a categoria "raça". Esta, tradicionalmente, nomeava e identificava um sujeito. Em seu empenho desconstrutivista, Hall recorre ao conceito de *etnicidade* para distinguir as várias subjetividades recobertas pela indistinta categoria "negro". Um negro jamaicano, como Hall, não é o mesmo que um negro africano ou estadunidense. Assim, contra o "essencialismo", ele acena para os *posicionamentos* e *reposicionamentos*. Não há mais ponto de apoio fixo, mas sim um deslizante hibridismo: "Os negros da diáspora britânica devem, nesse momento histórico, recusar o binário negro ou britânico" e aderir à fórmula "negro e britânico", pois assim se passa para "a lógica do acoplamento, em lugar da lógica da oposição binária". Mas, mesmo esses dois termos acoplados "não esgotam as nossas identidades".[160]

Saímos, portanto, da genética para ingressarmos na cultura e na vertigem das proliferantes diferenças: da classe ao povo, deste para os grupos sociais e para os indivíduos. O "negro essencial" não existe e, com essa convicção, Hall afirma que "é para a diversidade e não para a homogeneidade da experiência negra que devemos dirigir a nossa atenção", pois

---

[159] Hall, S. *Da diáspora: identidades e mediações culturais*, cit., p. 262-3.
[160] Idem, 345.

> há outros tipos de diferença que localizam, situam e posicionam o povo negro. [...] Estamos constantemente em negociação, não com um único conjunto de oposições que nos situe sempre na mesma relação com os outros, mas com uma série de posições diferentes. Cada uma delas tem para nós o seu ponto de profunda identificação subjetiva. Essa é a questão mais difícil da proliferação do campo das identidades e antagonismos: elas frequentemente se deslocam entre si.[161]

O negro, como se pode ver, é um significante flutuante que se posiciona e se reposiciona de acordo com os diferentes contextos que interpelam a sua subjetividade. Evidentemente, essa concepção traduz, no plano dos Estudos Culturais, as ideias pós-estruturalistas em seu movimento de afirmação das diferenças e de crítica das identidades "essenciais". É sobre esta última que se volta o comentário em que Hall força uma divergência entre Gramsci e Marx:

> Ele [Gramsci] nunca incorre no erro de acreditar que, já que a lei do valor tende a homogeneizar a força de trabalho em toda a época capitalista, então pode-se presumir que essa homogeneização exista em uma dada sociedade. De fato, creio que a abordagem de Gramsci nos conduz a questionar a validade dessa lei geral em sua forma tradicional, uma vez que, precisamente, ela nos encoraja a ignorar as formas pelas quais a lei do valor, que opera no global em oposição à escala meramente doméstica, funciona por meio de e por causa do caráter culturalmente específico da força de trabalho, e não – como a teoria clássica nos faria supor – pela sistemática erosão daquelas distinções como parte inevitável de uma tendência de época da história mundial [...].
> Conseguiríamos compreender melhor como o regime de capital funciona por meio da diferença e da diferenciação, e não por meio da semelhança e da identidade, se levássemos mais seriamente em consideração a questão da composição cultural, social, nacional, étnica e de gênero das formas de trabalho historicamente distintas e específicas.[162]

A lei do valor, uma vez mais, é vítima de interpretações distorcidas. Marx e, antes dele, a economia clássica, pretendia

---

[161] Idem, p. 346.
[162] Idem, p. 328 e p. 329.

explicar o princípio que regulava o intercâmbio entre mercadorias diversas. O que permite a comparação entre valores de uso diferentes? A referência ao tempo de trabalho necessário – *trabalho abstrato* – foi vista como a melhor resposta para um tema central da economia política. A dissolução das diferenças qualitativas numa *medida* foi a solução encontrada, pois só existe comparação possível entre coisas que tenham algo em comum. Essa redução, contudo, foi operada pelo próprio mercado e não por Smith, Ricardo e Marx – eles apenas captaram no plano conceitual uma realidade posta pela prática social dos homens. A teoria é "verdadeira" para o pensamento porque existente na vida real. Estamos no campo da ciência e da ontologia e não no discurso. Há outras decorrências da lei do valor que poderiam interessar às preocupações culturais e identitárias de Hall.

Para Marx, diferentemente de seus predecessores, a lei do valor, além de ser uma *medida*, é também e principalmente uma teoria sobre a sociabilidade reificada no mundo capitalista. O caráter *social* dos diferentes *trabalhos concretos* só se manifesta na forma--mercadoria que homogeneíza as diferenças, reduzindo as diversas formas operantes à condição de *trabalho abstrato*. Os resultados dessa homogeneização se estendem também à superestrutura, ao plano cultural. Mas, além do intercâmbio mercantil e da mercantilização da cultura, a lei do valor impõe um padrão de sociabilidade que molda a subjetividade dos indivíduos que não conseguem reconhecer a criação do valor das mercadorias como resultado de sua própria atividade e, por isso, vivem num mundo fantasmagórico em que as coisas parecem governar a realidade, sensação que reforça um comportamento resignado perante um mundo incompreensível.

Marx, entretanto, mostrou que os trabalhadores não podem se acomodar definitivamente a uma situação que os iguala às coisas. A força de trabalho – a mercadoria animada – reage à desumanidade do mundo burguês. E a sua revolta é possibilitada pela condição comum – pela igualdade – a que foram relegados e não pelos arranjos incertos e transitórios das variantes culturais, sexuais e étnicas.

A alienada sociabilidade capitalista estrutura-se sob a base da contradição social e é esta que põe os homens em movimento.

Mas Hall, contrariamente, prefere falar em "negociação", termo extraído do mundo mercantil, para referir-se à formação das identidades híbridas, que "confere a cada indivíduo, dilacerado e cindido pelo jogo do capitalismo, a ilusão da recomposição numa ótica de experiências, valores e projetos compartilhados".[163]

Contra o "determinismo": as classes sociais

A celebração das diferenças culturais, como vimos, voltou-se contra a lei do valor da economia clássica e procurou ter em Gramsci um aliado. O mesmo argumento que sustentou essa crítica – a recusa à homogeneização em nome das diferenças – reaparece na discussão sobre as classes sociais. Estas não se organizariam em função de uma mesma posição na estrutura produtiva. Para Hall, esta é uma concepção simplista de unidade pré-determinada. Por isso, prefere falar num processo instável de unificação, sujeito às mutantes "negociações":

> não há identidade ou correspondência automática entre as práticas econômicas, políticas e ideológicas. Isso começa a explicar como a diferença étnica e racial pode ser construída como um conjunto de antagonismos econômicos, políticos e ideológicos, dentro de uma classe que é submetida a formas mais ou menos semelhantes de exploração [...].[164]

A teoria marxista das classes é substituída por "modelos de estratificação mais pluralísticos". Para essa substituição, contudo, Gramsci não é um bom aliado. Quando fala em classes sociais e luta de classes, ele pensa sempre na necessidade de unificação a ser construída a partir dos interesses materiais: estes permitem a unidade e não a ideologia ontologizada, tal como a entende o estruturalismo e o pós-estruturalismo. Gramsci é explícito e vale citar mais uma vez: "Qual é o ponto de referência para o novo mundo em gestação? O mundo da produção, o trabalho".[165]

---

[163] Brunello, Y. "Identità senza revoluzione. Stuart Hall interprete di Gramsci", cit., p. 55.
[164] Hall, S. *Da diáspora: identidades e mediações culturais*, cit., p. 330.
[165] Gramsci, A. CC, v. 3, p. 261.

Com essa referência material, ele trouxe para o marxismo o conceito de vontade geral, que, nos *Cadernos do cárcere*, muitas vezes, é chamado de "vontade coletiva nacional-popular". Em todas as acepções, a vontade geral efetiva um princípio de universalização, representa a vitória do interesse comum sobre os interesses privados. Já em Rousseau, um dos interlocutores de Gramsci, ela é a vontade de uma comunidade determinada, a expressão da igualdade, do bem-comum perseguido, que protege os indivíduos contra suas próprias paixões. A *volonté générale* não se identifica com a vontade de todos – a soma das vontades particulares que expressam o interesse privado.

O conceito reaparece na *Filosofia do Direito* de Hegel, como uma decorrência do movimento objetivo do Espírito que se completa no Estado (visão distante do contratualismo rousseauniano). Entre os interesses privados e o interesse público há instâncias mediadoras que encarnam o que ele chama de "eticidade" – os valores que historicamente se desenvolveram na vida social e que fazem a ponte entre os interesses privados (a vontade singular dos indivíduos) e a vontade geral (que se realiza no Estado).

Carlos Nelson Coutinho observou que

> enquanto para o pensador genebrino a vontade geral resulta do esforço ético dos cidadãos para pôr o interesse geral acima do interesse particular, o que Hegel chama de '*die objektive Will*' é o resultado um pouco fatalista do próprio movimento do Espírito.[166]

Seria, digamos, um produto da "astúcia da razão", que, nos bastidores, comanda o movimento da vida social. Coutinho procurou mostrar como Gramsci oferece uma superação dialética entre a visão subjetivista, do primeiro, e objetivista, do segundo.

Para Gramsci, a vontade tem uma dupla determinação. Inicialmente, à vontade é reservado um papel ativo, uma iniciativa que foge do cego determinismo objetivista do sistema hegeliano. O exemplo citado por Carlos Nelson Coutinho é a reflexão gramsciana sobre o "Príncipe moderno" e sua ação consciente que não se

---

[166] Coutinho, C. N. *De Rousseau a Gramsci. Ensaios de teoria política.* São Paulo: Boitempo, 2011, p. 134.

rende ao determinismo. Mas isso não significa voluntarismo caprichoso, dever-ser abstrato movido pelo imperativo ético. A vontade, contrariamente, se orienta pelas "condições objetivas postas pela realidade histórica" – ela pressupõe, portanto, um núcleo "racional" e "concreto". Ou, como diz Gramsci: "a vontade como consciência operosa da necessidade histórica, como protagonista de um drama histórico real e efetivo".[167]

Como se pode ver, o foco de Gramsci procura ligar não só os indivíduos entre si como também os indivíduos com a "necessidade histórica de um drama real e efetivo". Há um claro movimento de transcendência: ir além do momento presente, recusando os grilhões da férrea necessidade e, também, o desejo de *universalização*, de superação da mera individualidade, pois nesta ficamos restritos à "vontade de todos", isto é, a somatória dos interesses privados. Na "vontade coletiva nacional-popular", há, contrariamente, uma superação da esfera privada, dos interesses econômico-corporativos, que faz nascer uma consciência ético-política. Os indivíduos, então, manifestam plenamente a sua sociabilidade, são "indivíduos sociais".

Com essa visão de quem quer ir além do imediato e projetar o caminho para uma nova sociedade e uma nova cultura, Gramsci não autonomiza a superestrutura e muito menos interpreta a cultura como um obstáculo intransponível entre os homens, um empecilho impedindo a unificação. Ilustrativa de sua posição é a correspondência com sua cunhada Tatiana a respeito do filme "Dois mundos", que conta a impossibilidade de amor entre uma jovem judia e um tenente austríaco. Tatiana assistiu ao filme e, escrevendo para Gramsci comentou: "[O filme] dá a entender que a união é impossível, dado que [os amantes] pertencem a dois mundos diferentes. O que pensa a respeito? Mas eu penso, realmente, que o mundo de um é diferente do mundo do outro, são duas raças diferentes, é verdade".

A resposta de Gramsci, em tom áspero, expressa a sua indignação com o comentário da cunhada: "Como pode acreditar que existam estes dois mundos? Este é um modo de pensar digno dos

---

[167] Gramsci, A. CC, v. 3, p. 17.

Cem-Negros, da Ku Klux Khan estadunidense ou das suásticas nazistas".[168] Em outra carta, voltou ao tema:

> O que quer dizer com a expressão 'dois mundos'? Que se trate de algo como duas terras que não podem se aproximar e estabelecer comunicação entre si? [...]. A quantas sociedades pertence cada indivíduo? E cada um de nós não faz esforços contínuos para unificar a própria concepção de mundo, na qual continuam a subsistir fragmentos heterogêneos de mundos culturais fossilizados? E não existe um processo histórico geral para unificar continuamente todo o gênero humano?[169]

Tal procedimento discrepa do encaminhamento proposto por Hall que exaspera as diferenças e, assim fazendo, mantém os indivíduos presos em seus particularismos étnicos, culturais, sexuais etc. O impulso *para fora*, o reencontro de todos como integrantes do gênero humano, como "indivíduos sociais", foi por ele substituído pelo movimento *para dentro*, que conduz ao interminável jogo serial da diferenciação. Assim, apoiando-se em Laclau, pôde afirmar que o universal é um signo vazio, "um significante sempre em recuo".[170]

O CENÁRIO HISTÓRICO

Caberia um comentário final para interpretar historicamente a oposição entre o universalismo e o culto às diferenças. Hegel foi o primeiro a observar que a ideia de universal não brotou da cabeça de nenhum filósofo. Ela, ao contrário, foi posta no interior da vida social antes de chegar à consciência dos homens. Coube ao cristianismo o mérito de afirmar a existência de um único deus para todos os homens. Rompendo com o politeísmo, o cristianismo introduziu na vida social o princípio universalista e, por extensão, a ideia da igualdade entre os homens. Com isso, ele foi além das antigas religiões nacionais e tribais que dividiam a humanidade em comunidades estanques e hostis, cada qual adorando o "seu" deus.

---

[168] Gramsci, A. C, v. 2, p. 89.
[169] Idem, p. 100.
[170] Hall, S. *Da diáspora: identidades e mediações culturais*, cit., p. 86.

O princípio universalista e a igualdade entre os homens foram bandeiras do Iluminismo que informaram a Declaração dos Direitos Humanos. Na sequência, o marxismo passou a lutar pela igualdade econômica entre os homens. Não por coincidência, as correntes intelectuais que celebram as irredutíveis diferenças são contemporâneas da derrocada do mundo socialista, que, bem ou mal, fazia da igualdade o objetivo a ser perseguido pela humanidade. No mesmo período, a Igreja Católica abandonou a Teologia da Libertação enquanto assistia à ascensão das seitas evangélicas e sua "teologia da prosperidade", e dos diversos fundamentalismos aferrados ao intolerante particularismo.

Eric Hobsbawm, analisando as tragédias do século XX, estava atento aos reflexos da igualdade derrotada nos estudos históricos:

> O maior perigo político imediato, que ameaça a historiografia atual, é constituído pelo 'antiuniversalismo' para o qual 'a minha verdade é tão válida quanto a sua, sejam quais forem os fatos'. O antiuniversalismo seduz, naturalmente, a história dos grupos identitários, nas suas diferentes formas, para os quais o objeto essencial da história não é o que aconteceu, mas de que modo o que aconteceu diz respeito aos membros de um grupo particular.
>
> Em geral, o que conta para esse tipo de história não é a explicação racional, mas 'o significado'; não, portanto, o acontecimento que se produziu, mas o modo pelo qual os membros de uma comunidade, que se define em contraposição a outras – em termos de religião, etnia, nação, sexo, modo de vida etc. –, percebem aquilo que aconteceu... O fascínio do relativismo impactou a história dos grupos identitários.[171]

Relativismo; recusa do universal; a interpretação em vez do acontecimento histórico; a desmaterialização da realidade – são esses os ingredientes principais que compõem o repertório dos Cultural Studies e dão vida ao mau infinito das proliferantes diferenças. Esse movimento cultural, como vimos, ganhou considerável impulso com a "derrota da igualdade". Este é o seu aspecto regressivo.

Stuart Hall, numa entrevista, acabou reconhecendo – *malgré lui* – a superioridade do princípio republicano e universalista da

---

[171] Hobsbawm, E. "La storia: una nuova epoca della ragione", em *L'uguaglianza sconfitta. Scritti e interviste*. Roma: Datanews, 2006, p. 18.

cidadania. Comparando Inglaterra e França, foi obrigado a reconhecer a importância da

> tradição laica e republicana emanada da Revolução Francesa, tradição que constitui a posição mais avançada sobre as questões da diferença cultural. Qualquer um, não importa quem, pode pertencer à civilização francesa, por menos que esteja integrado. Os britânicos jamais tiveram algo equivalente. Os britânicos jamais puderam acreditar que todo o mundo pudesse ser integrado. E os Britânicos sempre encontraram o meio de assegurar a coexistência de leis indianas e leis britânicas, de línguas indianas e da língua inglesa etc.

Completando o seu raciocínio, Hall citou uma conversa com Aimé Césaire, poeta, militante anticolonialista e o primeiro intelectual a divulgar o conceito de negritude. Ao ser interrogado sobre sua nacionalidade, ele, que nasceu na Martinica, respondeu a Hall: "É claro que eu sou francês! Como você pode me colocar essa questão?". Após mais de 60 anos vivendo na Inglaterra, Hall, contrariamente, afirmou: "Eu não sou britânico", ou, então, "eu sou um britânico negro".[172]

Se os princípios universalistas estão atualmente em baixa, como atesta o comentário de Hall, as "políticas da identidade", influenciadas pelas ideias culturalistas, estão presentes e atuantes em diversos países. Enquanto essas políticas identitárias permanecem prisioneiras de uma concepção de cultura autonomizada que glorifica os indivíduos híbridos, a crise estrutural do capitalismo segue em ritmo frenético, desorganizando a solidariedade social e neutralizando o potencial revolucionário das chamadas minorias. A imigração para os países desenvolvidos, que possibilitou o surgimento dos chamados estudos pós-coloniais, tem sua razão de ser fora do mundo celestial da cultura, como uma consequência do primado do capital financeiro e do processo de globalização.

"O multiculturalismo fracassou", disse a chanceler alemã Angela Merkel. A sociedade multicultural, longe de promover a harmonia e a integração, foi sacudida pela crise do capital. Os con-

---

[172] Hall, S. "Entretien", em Alizart, M., Hall, S., Macé, E., Maigret, E. *Stuart Hall*, cit., p. 50 e p. 52.

flitos sociais, agitações e ações terroristas atribuídas aos imigrantes e a reação xenófoba nada tem a ver com "choque de civilizações" e confrontos entre culturas, "lutas textuais" etc., mas sim com as condições precárias vividas pelos imigrantes no novo país, condições resumidas na frase "viver lado a lado, em vez de conviver". Do modo semelhante, o "caldeirão" cultural norte-americano redundou na não assimilação e na criação de guetos.

A celebração do hibridismo em Hall e nas teorias pós-coloniais tem desviado o foco da desregulamentação do *welfare state* e seus efeitos deletérios para as "lutas textuais" e a busca pelo reconhecimento de indivíduos e grupos sociais fragmentados. A condição material, como ensinou Gramsci, é o pano de fundo para se entender a situação da cultura, e não os "deslocamentos", "ressignificações simbólicas" e "negociações" que rodam em falso na esfera subjetiva.

RAYMOND WILLIAMS:
O MATERIALISMO CULTURAL

"Uma discussão oblíqua com o marxismo"

Até há pouco tempo, Raymond Williams era um autor desconhecido fora da Grã-Bretanha e raras vezes incluído entre os pensadores ligados à tradição marxista, apesar de ter escrito uma extensa obra em que inovou e elevou a um patamar superior o que os marxistas haviam escrito sobre cultura até então. Em diversas obras sobre a história do marxismo, o seu nome não é citado. Vejam-se, por exemplo, livros notáveis como a obra clássica de Predrag Vranicki, *Storia del marxismo*,[1] ou a grandiosa *História do marxismo* em 12 volumes de Hobsbawm[2] – ambas pesquisas minuciosas em que Williams não comparece –, ou ainda a obra organizada por Stefano Petrucciani,[3] na qual, no capítulo sobre o marxismo anglo-saxão escrito por Alex Callinicos, Raymond Williams tem seu nome citado uma única vez ao lado de outros autores representativos do marxismo britânico. Perry Anderson, escrevendo sobre o marxismo ocidental, reservou a Williams uma nota de rodapé, para afirmar que ele foi "o mais eminente pensador socialista saído da classe operária ocidental", embora entenda que o seu trabalho "não foi o trabalho de um marxista".[4]

Williams se considerava antes de tudo crítico literário e, também, escritor de romances, peças de teatro, roteiros cinematográficos etc. que permaneceu nas margens da academia, atuando longos anos na educação de adultos. Por uma ironia do destino, ficou conhecido e consagrado como teórico marxista da cultura. Marxista? O próprio Williams, contudo, contornou a pergunta definindo-se como alguém que pertence à tradição socialista e comunista, e considerava

---

[1] Vranicki, P. *Storia del marxismo*. Roma: Riuniti, 1973.
[2] Hobsbawm, E. *História do marxismo*. Rio de Janeiro: Paz e Terra, 1989.
[3] Petruccciani, S. *Storia del marxismo*. Roma: Carocci, 2015.
[4] Anderson, P. *Considerações sobre o marxismo ocidental*, cit., p. 137.

um erro "reduzir toda uma tradição, ou toda uma ênfase dentro da tradição, ao nome da obra de um só pensador". Trata-se, acrescentou, de "uma tradição militante, da qual participaram milhões de homens, ou uma tradição intelectual, da qual participaram milhares de homens".[5] Incluindo-se nessa corrente de pensamento, o crítico literário estabeleceu uma relação heterodoxa com o legado de Marx.

O marxismo, como se sabe, não teve grande influência política na Grã-Bretanha. A divulgação das ideias marxistas esteve a cargo principalmente do frágil e inexpressivo Partido Comunista, sendo, por outro lado, hostilizado por um Partido Trabalhista reformista com forte presença no movimento sindical. Williams militou nos dois partidos por um período curto. Depois, pouco antes de morrer, filiou-se a um partido que defendia o nacionalismo galês (Plaid Cymru, Partido Galês), no qual permaneceu por menos de dois anos. Não foi propriamente um "intelectual orgânico" no sentido gramsciano, pois faltava na Grã-Bretanha "uma contraesfera pública", como observou Terry Eagleton. Sem o respaldo de um forte movimento operário e de partidos revolucionários, Williams foi levado a "ocupar um espaço indeterminado a meio caminho entre uma academia atuante, mas reacionária, e uma contraesfera pública desejável, mas inexistente".[6] Stuart Hall, ao referir-se aos seus companheiros dos Estudos Culturais, utilizou a estranha definição "intelectuais orgânicos sem qualquer ponto orgânico de referência",[7] o que, também, está distante da concepção gramsciana.

Apesar do isolamento, da inexistência de forças sociais voltadas à revolução social, Williams nem por isso deixou de atuar até os últimos dias nos movimentos sociais, empenhando-se na campanha pelo desarmamento nuclear, na defesa da ecologia, na luta feminista etc. Em suma: foi sempre um combatente fiel à sua concepção de socialismo. Essa fidelidade, contudo, conviveu sempre com uma relação tensa com o legado marxiano, marcada por aproximações e distanciamentos sucessivos. Mas nem por isso se deve negar sua inestimável contribuição teórica nas questões culturais, área pouco

---

[5] Wiliams, R. *Recursos da esperança*. São Paulo: Unesp, 2014, p. 99.
[6] Eagleton, T. *A função da crítica*. São Paulo: Martins Fontes, 1991, p. 104.
[7] Hall, S. *Da diáspora: identidades e mediações culturais*, cit., p. 207.

frequentada pelos marxistas britânicos. Suas primeiras obras, como *Cultura e sociedade* e *A longa revolução,* obtiveram enorme sucesso de público, obtendo grandes tiragens. A presença de Williams no cenário cultural britânico foi marcante até a década de 1980, quando as discussões sobre multiculturalismo desviaram as atenções sobre o significado da tradição cultural.

Cultura e sociedade procurou problematizar a tradição cultural, resgatando seus aspectos críticos em relação aos efeitos da Revolução Industrial, presentes tanto em autores conservadores como progressistas – mas criticando em ambos a redução da cultura à alta cultura, acompanhada sempre de sua sombra, a degradada cultura de massas. Contra essa visão fragmentada e elitista, Williams reivindicou a ideia de uma cultura em comum, indicando com ela os caminhos que irá seguir, doravante, caminhos próprios, distante tanto da crítica literária conservadora quanto do marxismo.

O afastamento de Williams em relação à tradição marxista rendeu, à época, diversas críticas. A mais elaborada foi feita pelo consagrado historiador Edward Thompson, em 1961. Em dois longos ensaios, criticou *Cultura e sociedade* e *A longa revolução* minuciosamente, apontando seus pontos frágeis. Thompson constatou que Williams havia travado "uma discussão oblíqua com o marxismo" sem, contudo, confrontar-se com Marx. Outro ponto assinalado, entre tantos, é a definição de cultura como "um modo integral de vida" que, à semelhança de Eliot, excluía o conflito. Em vez de "modo de vida", Thompson prefere falar em "modo de luta".[8]

A tese marxiana segundo a qual é o ser social que determina a consciência havia sido convocada por Williams para substituir a relação base-superestrutura, mas convivia, segundo Thompson, com a ideia de uma "cultura comum"; esta ignorava o momento da contradição e da luta e, principalmente, a sua determinação material. Portanto, era a cultura o que determinava, naqueles livros, o ser social. Mas a história, acrescentou Thompson, é contradição, é luta de classes. Sendo assim, "somente numa sociedade livre e sem classes a história se tornará a história da cultura humana por-

---

[8] Thompson, E. "The long revolution", em *New Left Review*, n. 1/9, 1961.

que somente então a consciência social irá determinar o ser social". Portanto, só no comunismo se poderá falar em "cultura comum" e no papel da consciência conduzindo a produção material voltada enfim para satisfazer as reais necessidades humanas.

Williams não respondeu a Thompson. Muitos anos depois, lembrou que Thompson apontou "algumas coisas necessárias e corretas", mas procurou justificar a ausência do conflito como decorrência do momento histórico por ele estudado: "Senti nos textos de Edward um forte apego aos períodos heroicos da luta na história, o que era muito compreensível, mas tal como foram formulados eram particularmente inadequados para tratar a década não heroica que acabávamos de viver".[9]

Essa crítica e outras feitas à época calaram fundo em Williams, levando-o daí em diante a recuos e retificações conceituais, como se pode facilmente constatar em *A política e as letras*, livro em que toda a obra do autor foi submetida a interrogatório e contestações intensas sempre muito bem formuladas pelos entrevistadores Perry Anderson, Anthony Barnett e Francis Mulhern, integrantes do comitê editorial da prestigiosa *New Left Review*. Impressionam a coragem e a serenidade com que Williams defendeu suas ideias ou acatou as duras críticas. Respondeu a todos com modéstia e firmeza. Trata-se, até onde sei, de um livro único nas ciências sociais, uma hora da verdade em que todos os livros escritos por um autor são discutidos ponto a ponto sem condescendências. Sua leitura se tornou obrigatória para os estudiosos que, assim, podem consultar os capítulos referentes a cada uma das obras e pôr-se a par das críticas e das respostas do autor.

Romantismo revolucionário

Durante as entrevistas, Williams afirmou que nunca se esqueceu de suas origens proletárias e da vida comunitária que vivenciou no País de Gales. Olhando retrospectivamente para o livro *Cultura e sociedade*, lembrou: "A minha experiência galesa operava inconscientemente na estratégia do livro. Pois quando o concluí com uma

---

[9] Williams, R. *A política e as letras*. São Paulo: Unesp, 2013, p. 130.

discussão da comunidade e solidariedade cooperativa, eu estava de fato escrevendo sobre as relações sociais galesas".[10]

Comunidade: expressão de uma sociedade solidária e, também, referência central para a construção do socialismo. Robert Sayre e Michael Löwy encontraram em Williams um aliado na definição do marxismo como uma das expressões do "Romantismo revolucionário". Como outros autores, ele teria buscado no passado "uma inspiração para a invenção dum futuro utópico".[11] Esse passado, em Williams, caracteriza-se pela solidariedade operária e pela presença de uma cultura com potencial de resistência. Ciro Flamarion Cardoso observou, a propósito, que Williams "acreditava na existência de uma tradição de pensamento 'radical' sobre a cultura, especificamente britânica, na qual incluía Morris em posição de máximo destaque" e, também, na "possibilidade de uma revivescência cultural de base popular".[12]

Desde o início, a reflexão unificada sobre cultura, comunidade e política se fez presente na obra de nosso autor. Trata-se, sem dúvida, de um "pensamento vivido" fiel às suas origens e que o acompanhou em todos os momentos, como bem demonstrou o seu biógrafo Dai Smith.[13] Em 1982, a ideia de comunidade continuava orientando o horizonte político de Williams: "Em minha própria opinião, o único tipo de socialismo que tem alguma possibilidade de se implantar, nas velhas sociedades industrializadas burguesas, seria centrado em novos tipos de instituições comunais e coletivistas".[14]

Os temas tratados por Williams são os mais diversos, mas sua formação básica é de crítico literário numa Grã-Bretanha onde a literatura esteve no centro das preocupações intelectuais. Desde o século XIX, havia se consolidado uma tradição de pensamento que

---

[10] Idem, p. 104.
[11] Sayre, R.; Löwy, M. "A corrente romântica nas ciências sociais na Inglaterra: Edward Thompson e Raymond Wiliams", em *Crítica marxista*, n. 8, 1999, p. 44.
[12] Cardoso, C. F. "O grupo e os Estudos Culturais britânicos: E. P. Thompson em contexto", em: Müller, R. G. e Duarte, A. L. (orgs.). *E. P. Thompson: política e paixão*. Chapecó: Argos, 2012, p. 113.
[13] Smith, D. *Raymond Williams. El retrato de un luchador*. Universitat de Valencia, 2011.
[14] Wiliams, R. *Recursos da esperança*, cit., p. 401.

se opunha aos efeitos da Revolução Industrial sobre a civilização, conhecida pelo nome *Culture and Society* – não por coincidência título de uma das primeiras obras de Williams. A crítica ao industrialismo, feita em nome do humanismo romântico, atraiu um conjunto expressivo de autores, como Thomas Carlyle, Matthew Arnold, T. S. Eliot e William Morris. Mas foi um discípulo de Arnold, Frank Raymond Leavis, que, após a Primeira Guerra Mundial, pôs-se à frente na defesa da cultura inglesa ameaçada pela vulgaridade da cultura de massa. O caráter moral e político assumido pela literatura foi assim resumido: "Carlyle, Arnold e Leavis codividem um questionamento sobre o papel da cultura como instrumento de reconstituição de uma comunidade, de uma nação, em face das forças dissolventes do desenvolvimento capitalista".

Os Estudos Culturais participam desse questionamento, mas, na trilha de Morris, "optam de modo decisivo por uma abordagem via classes populares".[15] Nessa última direção, se inserem os trabalhos de Richard Hoggart, Edward Thompson e Raymond Williams. Em *Cultura e sociedade*, Williams percorreu as interpretações conservadoras sobre a crise da cultura cristalizadas na tradição. Curiosamente, não se ateve ao caráter politicamente conservador, quando não reacionário, da maioria desses intérpretes, pois o seu objetivo, como afirmou posteriormente, era "tentar recuperar a complexidade real da tradição que havia sido confiscada".[16] Com essa leitura a contrapelo, procurou resgatar os germes progressistas da tradição cultural britânica, radicados na crítica romântica da civilização industrial. No último capítulo, entra em cena a classe operária que, com seus escritores como Morris, mantinha também afinidades eletivas com a tradição romântica.

A longa revolução traz uma mudança na interpretação da Revolução Industrial: ela, como parte de uma "longa revolução", nada tem de regressiva e nem se restringe ao frio "industrialismo" que teria corroído a pretensa "comunidade orgânica", pois trouxe consigo o advento da democracia de massa, o letramento, o roman-

---

[15] Mattelart, A. e Neveu, E. *Introdução aos Estudos Culturais*. São Paulo: Parábola, 2004, p. 40.
[16] Williams, R. *A política e as letras*, cit., p. 88.

ce realista, os meios de comunicação de massa e a ampliação da democracia. Nesse contexto, a cultura deixa de se identificar apenas com as obras de arte desfrutadas por uma minoria e desligada da vida social para ser entendida como um "modo de vida", algo comum a todos, presente na vida social.

A GUINADA SUBJETIVA

Uma das principais características da obra de Williams é o deslocamento da ênfase das estruturas, tão comum nas versões dogmáticas do marxismo, para a valorização da subjetividade e das "práticas significativas" constitutivas da realidade social. Desse modo, ele se distanciou de Engels e Lenin, autores que afirmam a prioridade da natureza sobre a vida social, e do trabalho sobre a linguagem – afirmação que sustenta a teoria do reflexo. Williams é materialista, mas a matéria para ele é, desde o início, a matéria social plena de significados humanos.

Quando permanece na crítica literária, essa concepção mostra-se adequada, já que aí o objeto, o artefato literário, só existe pela atividade prévia do sujeito. Mas, para a teoria social, no caso, o marxismo, ela apresenta problemas, pois a prioridade ontológica da natureza coloca sempre resistências ao ativismo da consciência. Sem esse outro do ser social, a "consciência prática" se desenvolve sem enfrentar a dura resistência da natureza. O homem, assim, é visto não mais como um ser natural-social, e sim como um ser desde sempre social. Além disso, corre-se o risco de adentrar-se num pensamento anticientífico que submete a natureza à teoria da história.

Alguns dos representantes do chamado "marxismo ocidental", como o Lukács de *História e consciência de classe*, Karl Korsch e Gramsci, antecederam Williams nessa perspectiva, deslocando-se para as fronteiras do idealismo. A "superação" da natureza, numa realidade puramente social, facilitou o descarte da teoria do reflexo e do primado ontológico da matéria sobre a consciência. Virar as costas para o velho materialismo teve também implicações políticas: fez com que a "consciência prática", que em Lenin não ia além da "consciência sindical", bastasse a si mesma, não precisando mais ser socorrida pelos intelectuais revolucionários e pelo partido político. Não por acaso, Williams afirmava acreditar "na luta econômica da classe trabalhadora", considerando-a "a atividade mais criativa de nossa sociedade".[17] Essa visão trabalhista, conferindo centralidade às "práticas significativas" e à "consciência prática", reafirma a ênfase na subjetividade. Assim, coerentemente, Williams pôde escrever em *Recursos da esperança*, que o socialismo, além da ação e organização, "incluirá sentimento e imaginação".[18]

Conceitos inéditos na tradição dos estudos marxistas acompanham o resgate da subjetividade: "tradição seletiva", "experiência", "emoção", "estrutura de sentimento". Este último é o mais importante deles e o mais significativo das dificuldades de se fugir da visão dual que tradicionalmente separa objetividade de subjetividade, natureza de sociedade, ser de consciência. "Estrutura de sentimento" é uma expressão compósita visando unir aquilo que é duro e fixo (estrutura) com o que é maleável e fluido (sentimento). Essa junção anuncia uma dificuldade – ela é a antevisão de um problema, a tentativa de se aproximar de algo escorregadio, o esforço para nomear algo que ainda não se domina e não se deixa fixar por meio de conceitos definitivos.

Marx, em sua juventude, lançou mão de expressões assemelhadas. Inicialmente, falou em "atividade empírica" e "atividade sensível" para, assim, conciliar Hegel e Feuerbach. Depois, quando estudou a economia política, foi além desses dois autores, ao se referir à "atividade produtiva", ao "trabalho" e à "práxis" – mediações astuciosas que englobam numa unidade contraditória a matéria e a consciência. Assim, nas obras maduras de Marx, o que sobe para o primeiro plano no processo civilizatório é a mediação material, vale dizer, a fabricação de instrumentos de trabalho e o desenvolvimento das forças produtivas, e não mais o primado do trabalho sobre a linguagem, como quer Engels, ou a consideração de que ambos são fenômenos constitutivos sem hierarquia, como quer Williams.

---

[17] Williams, R. *Recursos da esperança*, cit., p. 112.
[18] Idem, p. 113.

A expressão "estrutura de sentimento" é sintoma de uma questão a ser enfrentada mais do que um conceito preciso. Sua origem provém da crítica literária, terreno em que Williams a utiliza com mestria para encontrar, em diferentes autores de uma geração, pontos em comum, sentimentos compartilhados. Apesar das diferenças, haveria neles traços semelhantes, o que sinaliza a existência de certa estruturação dos sentimentos. Um dos exemplos estudados no livro *Cultura e materialismo* é o grupo cultural conhecido como "O círculo de Bloomsbury", que reunia pessoas com ocupações tão diversas como Virginia Woolf e John Maynard Keynes.

A dificuldade surge quando o conceito passa da esfera literária para o estudo da sociedade. No livro *A longa revolução*, Williams afirma: "Em certo sentido, a estrutura de sentimento é o resultado específico da vivência de todos os elementos de uma organização geral". Essa definição sofreu críticas em *A política e as letras* por ser imprecisa, já que num determinado momento histórico convivem várias gerações. E, além disso, a expressão parece possuir um caráter pluriclassista – algo comum que englobaria todas as classes sociais.[19]

O conceito de "estrutura de sentimento" apoia-se na experiência dos indivíduos, na esfera do *vivido*. Mas "experiência vivida" equivale a conhecimento? Ela se relaciona diretamente com o real? Para o empirismo, sim. Em seu confronto com a metafísica, que pretendia encontrar a verdade no próprio pensamento, o empirismo a encontra na experiência. Esta, por sua vez, apoia-se na certeza imediata que dispensa a mediação. É justamente contra essa presunção do saber imediato que a dialética, desde Hegel, se constituiu. Tal saber fornecido pela experiência, dizia Hegel, é prisioneiro da particularidade. A passagem para o universal, como quer a dialética, se faz por meio da reflexão que nega, em seu movimento progressivo, em seu esforço de determinação, a imediatez e a certeza sensível. Os leitores de *O capital* escutam o eco da crítica hegeliana da imediatez já no primeiro parágrafo do livro: a presença imediata, "natural", da mercadoria cuja evidência empírica, aparência, é negada a seguir pelo trabalho da reflexão.

---

[19] Williams, R. *A política e as letras*, cit., p. 151 e p. 160.

Nas primeiras obras de Williams, encontramos a equivalência entre experiência e saber, o que, de certa forma, o aproxima de Sartre e o distancia radicalmente de Althusser, que inclui e dissolve, sem mais, a experiência na ideologia. No livro de entrevistas, Williams foi questionado a respeito, lembrado pelos arguidores de que há processos inacessíveis à experiência (a lei da acumulação do capital, a taxa de lucro etc.), o que impede a passagem das "estruturas de sentimento" e da "experiência" para o conhecimento, atestando a impropriedade de migrar o conceito do campo literário para as estruturas sociais. Williams aceitou a crítica, observando que o seu "apelo à experiência" para fundar a unidade do processo social "foi problemático". E mais: "em certas épocas é precisamente a experiência em sua forma mais fraca que aparece para bloquear qualquer realização da unidade do processo".[20] O uso de expressões compósitas nem sempre garante uma síntese bem realizada entre matéria e consciência, como aquela realizada por Marx. Fenômenos como alienação e reificação, não por acaso, não comparecem no centro das reflexões de Williams, sendo solenemente ignoradas pela soberana "consciência prática" e pelas virtudes de uma experiência prisioneira da imediatez.

BASE E SUPERESTRUTURA

Num ambiente acadêmico dominado pelas interpretações idealistas da literatura, Williams socorreu-se do marxismo para levar adiante seus estudos. No livro *Cultura e materialismo*, lembrou que na década de 1930 havia um forte debate entre os literatos da revista *Scrutiny*, liderados por F. R. Leavis e pelo marxismo – e nesse debate o marxismo foi derrotado. A razão da derrota estaria, segundo sua interpretação, no apego à "fórmula herdada de base e superestrutura",[21] que produzia análises reducionistas e superficiais. Por isso, Williams decidiu "deixar de lado" a tradição ortodoxa divulgada pelo marxismo russo (Plekhanov) e inglês (Christopher Caudwell), e buscar caminhos novos: "Se não estamos numa

---

[20] Idem, p. 132.
[21] Williams, R. *Cultura e materialismo*, São Paulo: Unesp, 2011, p. 26.

igreja, não nos preocupamos com as heresias",[22] disse Williams, afirmando sua liberdade de pensamento e a necessidade de buscar alternativas ao marxismo tradicional.

O eixo do redirecionamento teórico é a contestação da imagem estática do modo de produção como um edifício com dois andares, base e superestrutura, o que condenaria a última à passividade, a ser um mero reflexo do rígido determinismo econômico. Essa estática imagem espacial deveria ser substituída "pela ideia mais ativa de um campo de forças mutuamente determinantes, embora desiguais".[23] O redirecionamento teórico de Williams foi um longo parto, como ele mesmo diz: "Levei 30 anos, em um processo bastante complexo, para deslocar-me daquela teoria marxista herdada",[24] até formular uma teoria própria que ele batizou de "materialismo cultural".

As modificações no pensamento de Williams não decorreram de fatores internos, não foram somente esforços de aperfeiçoamento. Elas se explicam pela evolução da sociedade capitalista e, também, configuram respostas às críticas sofridas em seus primeiros livros. Desde a publicação de *Cultura e sociedade* e *A longa revolução*, o encanto que a crítica literária conservadora de Leavis exercia sobre Williams foi contestado por autores marxistas como Terry Eagleton, que o considerava então como "um leavista de esquerda",[25] ou Edward Thompson, que criticou o seu "pluralismo sociológico" negador da determinação material.[26] A ideia de cultura como "todo um modo de vida" defendida por Williams seria, assim, uma abstração, uma generalização – quase um sinônimo de *sociedade*, como ele mesmo acabou admitindo. A referência ao povo, e não à classe operária, foi considerada como expressão de um indisfarçável populismo. De modo semelhante, o apego à sociologia em detrimento do marxismo teria acarretado a substituição da totalidade e da determinação econômica por uma fragmentação da sociedade

---

[22] Idem, p. 29.
[23] Idem, p. 28.
[24] Idem, p. 331.
[25] Eagleton, T. "Introduction", em: *Raymond Williams. Critical perspectives.* Cambridge: Polity Press, 1989, p. 5;
[26] Thompson, "The long Revolution", *New Left Review*, cit.

em esferas separadas, no estilo da sociologia weberiana, fragmentação em que tudo parece estar colonizado pela preponderância da cultura.

Duas décadas depois, num debate com Edward Said, Williams lembrou que o conceito de cultura comum foi por ele desenvolvido contra a noção de cultura dominante que identificava cultura com alta cultura, reduzindo assim seu alcance e justificando o privilégio de classe. O conceito, afirmou, pertencia a "uma fase do argumento", mas, desde aquele momento ele havia "escrito principalmente sobre divisões e problemas dentro da cultura; fatos que evitam que concebamos a cultura comum como algo que exista agora".[27] O socialista Williams, aqui, dá a entender que a cultura comum é um projeto e não uma realidade dada, o que de certa forma guarda paralelismos com a ideia gramsciana de cultura nacional-popular.

As muitas deficiências das primeiras obras são facilmente visíveis. Em *A longa revolução*, por exemplo, Williams estudou as transformações radicais que formataram a Modernidade. Ao lado da Revolução Industrial ocorreram as revoluções democrática (extensão do voto) e cultural (extensão da educação e dos meios massivos de comunicação). Essas revoluções estão interligadas, mas reproduzem a separação entre as esferas econômicas, políticas e culturais, separação que guarda parentesco com as sociologias de Max Weber e Pierre Bourdieu. A fragmentação do social efetiva-se com a compreensão do capitalismo como um "sistema de manutenção" (econômico), ao lado do "sistema de decisão" (político), "sistema de comunicação" (cultural) e o "sistema de reprodução e criação" (familiar). Nessa perspectiva, a verdade sobre uma sociedade deve buscar-se nas relações "excepcionalmente complexas" entre esses subsistemas,[28] e não nas relações sociais de produção, como queria Marx.

Em Marx, como se sabe, não existe a fragmentação da sociedade em subsistemas, pois a totalização se faz por meio da categoria modo de produção capitalista e de suas formas históricas de

---

[27] Williams, R. *Cultura e materialismo*, cit., p. 235.
[28] Willliams, R. *La larga revolución*. Buenos Aires: Nueva Visión, 2003, p. 118.

extração de mais-valia (cooperação simples, manufatura, grande indústria). Por isso, até onde sei, Marx nunca usou a expressão "Revolução Industrial", que orienta a análise das primeiras obras de Williams. Tempos depois, em *O campo e a cidade*, Williams reconheceu o caráter integrado desses dois espaços e, desse modo, a Revolução Industrial perde a centralidade e deixa de ser vista como propulsora do desenvolvimento histórico. O capitalismo, lembrou então, nasceu no campo sob a forma primeira de capitalismo agrário.[29]

Posteriormente, Williams procurou também retificar a antiga abordagem sobre determinação econômica e cultura, observando:

> Tive a tendência a contrapor a ideia de processo cultural, que me parecia tão extraordinariamente preterida, ao que tomei como um processo econômico e político previamente enfatizado e adequadamente exposto. O resultado foi que acabei por abstrair minha área de ênfase de todo o processo histórico. No esforço por estabelecer a produção cultural como uma atividade primária, penso que às vezes passei a impressão [...] de que eu estava negando totalmente as determinações, embora meus estudos empíricos dificilmente sugiram isso.[30]

Pode-se observar aqui a consciência do autor perante o descompasso entre os seus refinados Estudos Culturais e literários e as limitações teóricas de suas primeiras obras. A cultura como "atividade primária" foi o mote mais criticado pelos marxistas e o mais divulgado pelos seus admiradores. Pressentindo talvez os perigos inerentes à sua concepção de cultura, Williams desabafou: "quantas vezes eu desejei não ter jamais ouvido essa palavra maldita".[31]

Publicado originalmente em 1971, *Marxismo e literatura* marca o momento decisivo da evolução de Williams. A partir daí, o seu pensamento, até então restrito aos referenciais britânicos, se internacionaliza. O encontro com o marxismo renovado de Gramsci, Lukács, Adorno, Benjamin, Brecht, Goldmann e Sartre

---

[29] Williams, R. *O campo e a cidade*. São Paulo: Companhia das Letras, 1989.
[30] Williams, R. *A política e as letras*, cit., p. 133.
[31] Idem, p. 149.

ampliou os seus horizontes teóricos. As reflexões sobre cultura são repostas num patamar mais elevado, refazendo e refinando o pensamento de Williams.

A superação da metáfora base-superestrutura, pedra angular de sua *démarche*, levou-o a buscar uma "abordagem alternativa" por meio da teoria gramsciana da hegemonia, que configuraria uma nova visão da totalidade, incluindo as disputas no interior da vida social e as relações de domínio. Há, aqui, entretanto, uma visível diferença entre os dois autores que se inicia pelo fato de Gramsci partir da metáfora arquitetônica que Williams rejeita. É na superestrutura, dizia Gramsci repetindo Marx, que os homens tomam consciência das contradições e atuam para modificá-las. Não há determinismo, afirmava Gramsci, mas sim o empenho de mostrar as brechas para a iniciativa política:

> A pretensão (apresentada como postulado essencial do materialismo histórico) de apresentar e expor qualquer flutuação da política e da ideologia como uma expressão imediata da infraestrutura deve ser combatida, teoricamente, como um infantilismo primitivo, ou deve ser combatida, praticamente, com o testemunho autêntico de Marx, escritor de obras políticas e históricas concretas.[32]

Recorrendo àquelas obras de Marx, Gramsci aponta as diferenças entre um plano categorial abstrato, o do "Prefácio" à *Contribuição à crítica da Economia Política*, e o estudo de momentos históricos concretos. O conceito de hegemonia, portanto, caminha ao lado da análise das "relações de força" em cada conjuntura. O "historicismo absoluto" de Gramsci põe em movimento a aparente rigidez da metáfora arquitetônica por meio do conceito de "bloco histórico" em que "as forças materiais são o conteúdo e as ideologias a forma".[33]

O conceito político de hegemonia em Gramsci ("direção mais domínio") tem como cenário a sociedade civil. Nessa esfera, os subalternos podem "sair da fase econômico-corporativa para elevar-se à fase de hegemonia político-intelectual na sociedade civil e tornar-se

---

[32] Gramsci, A. *CC*, v. 1, p. 238.
[33] Idem, p. 460 e p. 238.

dominante na sociedade política". Tal conceito, diz Gramsci, é tributário de Lenin, sendo considerado como a "contribuição teórica máxima" do revolucionário russo à filosofia da práxis.[34]

Williams, distanciando-se dessa abordagem política, transformou a hegemonia num "conceito em evolução", voltado preferencialmente para a esfera cultural. A diferença entre os dois autores é evidente. A tônica subjetiva continua presente em Williams: hegemonia, para ele, "é todo um conjunto de práticas e expectativas, sobre a totalidade da vida: nossos sentidos e distribuição de energia, nossa percepção de nós mesmos e nosso mundo. É um sistema vivido de significados e valores".[35] Em Gramsci, como vimos, é um conceito voltado à questão do poder, à luta dos subalternos para "tornar-se Estado".

Desenvolvendo o "conceito em evolução de hegemonia", Williams afirma que uma classe dominante nunca consegue impor sua dominação cultural a toda a sociedade. A partir dessa afirmação, desenvolveu análises detalhadas das três formas culturais da hegemonia: *a dominante, a residual e a emergente*. A segunda, constituída no passado, permanece ativa, escapando dos valores dominantes e postando-se como alternativa ou oposição à cultura dominante. A terceira pode assumir também a condição de alternativa ou, então, de clara oposição aos elementos dominantes. Esse esforço de discernimento é fiel ao pensamento de Gramsci, o qual afirma que "uma formação cultural nunca é homogênea". Aplicada à análise cultural, as tensões entre o dominante e o emergente abriram caminhos produtivos e inovadores para a crítica literária.[36]

Ao tratar da hegemonia, Gramsci, é bom lembrar, nunca se referiu à "contra-hegemonia", expressão de cunho dualista. A hegemonia gramsciana era vista como disputa pela direção política e cultural da sociedade, o "tornar-se Estado" dos subalternos, e não como luta entre duas concepções culturais separadas. Portan-

---

[34] Idem,
[35] Williams, R. *Marxismo e literatura*. Rio de Janeiro: Zahar, 1979, p. 113.
[36] Cf. Cevasco, *Para ler Raymond Willliams*. São Paulo: Paz e Terra, 2001, p. 181-277.

to, há uma diferença entre os planos de análise dos dois autores. Williams se refere ao conceito de hegemonia, em *Marxismo e literatura*, basicamente para criticar a metáfora base/superestrutura, e não para tratar a questão do poder. Em Gramsci, que parte justamente dessa metáfora, a reflexão sobre a centralidade do poder obrigou-o a acompanhar as sucessivas mudanças nas "relações de força" em cada conjuntura. Por esta razão, o conceito de hegemonia vai ganhando sucessivas modificações nos *Cadernos do cárcere* ditadas pelo "ritmo do pensamento", o que explica a inexistência de uma conceituação conclusiva de uma expressão que permanece subordinada às mutáveis "relações de força".

Williams, para usarmos uma expressão cara a Gramsci, fez uma "tradução" do conceito de hegemonia para construir a sua própria teoria – o materialismo cultural, distante da "filosofia da práxis" do revolucionário sardo. Involuntariamente, forneceu uma definição simplificada de hegemonia que surpreendentemente acabou obtendo enorme influência na antropologia cultural anglo-americana. A versão simplificada, segundo a antropóloga americana Kate Crehan, se deve ao fato de Williams ter se dispensado da "fadiga de enfrentar seriamente a complexidade dos *Cadernos do cárcere*", lembrando que ele não cita nenhuma passagem do livro. "O sistema vivido de significados e valores" tornou-se assim uma definição *"light"* e idealista apropriada por uma antropologia que consagrou a versão de um Gramsci "desprovido de seu intenso interesse pela *materialidade* do poder".[37] Observe-se ainda que, além da política, Gramsci relacionava à hegemonia a cultura e a literatura. Williams, escrevendo sobre os mesmos assuntos, não se deu ao trabalho de comparar o seu projeto com o de Gramsci.

A recusa da metáfora base-superestrutura orientou também a incursão de Williams nas questões literárias, momento em que critica as teorias que relacionam de forma dualista arte e sociedade, entendendo a segunda como epifenômeno. A longa revolução já antecipava as posições que Williams posteriormente desenvolveu. Naquele livro, lançou uma pergunta "convencional" e procurou

---

[37] Crehan, K. *Gramsci, cultura e antropologia*. Leche: Argo, 2010, p. 175.

respondê-la: "Qual é a relação desta arte com esta sociedade?" Mas a "sociedade", nesta pergunta, é um todo enganoso. Se a arte é parte da sociedade, não há à margem dela uma totalidade sólida a qual a forma de nossa pergunta conceda prioridade. A arte está ali, como uma atividade, como a produção, o comércio, a política, a formação de famílias. Para estudar com propriedade as relações, devemos estudá-las dinamicamente, vendo todas as atividades como formas particulares e contemporâneas da energia humana". Sendo assim, trata-se de "estudar todas essas atividades e suas inter-relações sem outorgar prioridade a nenhuma".[38]

Esse direcionamento reaparece na crítica que Williams fez em *Marxismo e literatura* da teoria do reflexo de Lukács, da teoria adorniana da "mediação" e das "imagens dialéticas" de Benjamin – as duas primeiras consideradas, sem mais, formas mais elaboradas da teoria do reflexo. No "debate sobre o expressionismo" nos anos 1930, Lukács defendeu uma concepção de reflexo próxima do materialismo mecanicista. Naqueles textos voltados à polêmica, Lukács partiu, num registro epistemológico, da oposição entre materialismo e idealismo, tal como exposta por Engels e pelo Lenin de *Materialismo e empiriocriticismo*. Exemplo claro pode ser visto no ensaio "Arte e verdade objetiva",[39] cujo título fala por si: arte (= reflexo); verdade objetiva (verdade posta fora do sujeito).

Mas, mesmo nesse texto de cariz epistemológico, a arte é concebida como uma forma específica de reflexo, e nela a consciência não permanece passiva pois há um lugar de destaque para a fantasia. O reflexo artístico não duplica a aparência imediata, já que produz uma concentração, uma exasperação dos traços mais típicos e significativos. Esse encaminhamento dado à especificidade da arte marca uma clara repulsa em relação à aplicação da teoria mecânica do reflexo feita tanto pelo positivismo quanto pelo "realismo socialista", consagrado como a estética oficial em 1934 (mesmo ano da publicação do ensaio de Lukács). Tais diferenças anunciam os desdobramentos da futura *Estética*. O enfoque epis-

---

[38] Williams, R. *La larga revolución*, cit., p. 54-55.
[39] Lukács, G. "Arte y verdad objetiva", em: *Problemas del realismo*. México: Fondo de Cultura Economica, 1966.

temológico foi progressivamente substituído na obra madura de Lukács por uma interpretação ontológica que incluía a arte no processo civilizatório.

O dualismo sujeito-objeto ganhou assim uma mediação material: o trabalho, a atividade humana interposta como entre matéria e consciência. No trabalho, forma inaugural da práxis, já está pressuposta a prioridade do ser sobre a consciência, da natureza sobre o homem. A consciência, contudo, não permanece passiva graças à intervenção ativa dos homens e da presença "astuciosa" dos instrumentos de trabalho. Negando a passividade, a consciência se antecipa em sua ação teleológica, tal como Hegel expôs em seus textos juvenis do período de Iena, ou como Marx escreveu em *O capital*, ao tomar como exemplo a diferença entre a atividade mecânica da abelha e o ato teleológico do trabalho do arquiteto. Partindo do trabalho, Lukács desenvolveu na *Estética* as duas formas principais de reflexo: o científico e o artístico. O caráter altamente mediado do reflexo artístico levou Lukács progressivamente a preferir a palavra *mimese* para referir-se à especificidade da arte.

Williams se poupou da "fadiga" de estudar as mutações do pensamento de Lukács, que ele conhecia de segunda mão, limitando-se a criticar previamente qualquer referência à teoria do reflexo. Curiosamente, no sétimo capítulo de *A longa revolução* ("O realismo e a novela contemporânea"), Williams esteve muito próximo das concepções lukacsianas, a ponto de ter sido considerado o "Lukács britânico".[40] Depois, os caminhos se separaram.

No que diz respeito à teoria estética lukacsiana, Williams assinalou algumas divergências indiretamente quando resenhou três livros sobre aquele autor.[41] A partir desses livros, constatou que a relação indivíduo-classe social, que havia orientado *História e consciência de classe*, foi substituída nas obras maduras pela dialética indivíduo-espécie. Algumas citações do livro de Ágnes Heller, *Lukács revalued*, são reproduzidas para esclarecer o leitor sobre o

---

[40] Pinkney, T. "Raymond Williams and the 'The too faces of modernism'", em: Eagleton, T. (org.) *Raymond Williams. Critical perspectives*, cit., p. 12.
[41] Williams, R. "A man without frustration", em: *Londres Review of Books*, v. 6, n. 9, 17 maio 1984.

significado lukacsiano de mimese (imitação e ethos), expressão que caracteriza a especificidade do reflexo artístico:

> uma obra de arte é mimética se ela capta a espécie no individual e representa deste modo a esfera do assim chamado 'particular' (das Besondere) [...]. Por meio da intensificação da subjetividade, o artista atinge a objetividade; por meio de sua experiência extremamente profunda e sensitiva do tempo ele atinge o nível da espécie. Essa experiência do tempo [...] constitui a eternidade do temporal, a validade universal do que emergiu no *aqui e agora* históricos [...]. É no 'particular' que a experiência, ascendendo ao nível da espécie, toma forma.

Williams assinala a semelhança dessa conceituação com o idealismo do século XIX, mas ressalta o elemento novo: a ligação com o processo histórico e "a culminação desse processo na libertação humana geral que as obras de arte já prefiguram". Dessa conceituação, contudo, Williams "deseja manter distância", pois a ele não interessa compor uma teoria da arte, mas

> um meio para compreender as diversas produções sociais e materiais [...] de obras às quais as categorias da arte, conectadas, mas também em mudança, têm sido historicamente atadas. Eu chamo esta posição de materialismo cultural, e a vejo como uma resposta diametricamente oposta às questões que Lukács e outros marxistas colocaram.

Quanto a Adorno, a identificação mediação = reflexo soa estranha, considerando a crítica radical desse autor à teoria do reflexo e, por complemento, ao realismo. Williams cita uma passagem em que Adorno afirma que a mediação não é um meio entre os extremos, mas é algo que ocorre por meio dos extremos e nos próprios extremos. Essa passagem reproduz a tese de Hegel, segundo a qual tudo é mediado. Adorno exemplificou esse raciocínio em sua polêmica com Paul Lazarsfeld, quando, estudando a recepção de música no rádio, afirmou que ela não é imediata, pois tanto a música quanto o rádio e o ouvinte estão submetidos às diversas mediações. Seja como for, mediação não é reflexo, não é um artifício lógico para reatar as relações entre arte e sociedade, base e superestrutura, processo social material e linguagem.

Quanto à pretensão do realismo de refletir fielmente o real, ela é vista, segundo Adorno, como uma impossibilidade e uma tentativa de participação naquilo que deveria ser criticado – a realidade reificada. A distância estética proposta por ele é condição básica para a arte não se identificar com a realidade degradada e, assim, afirmar seu caráter utópico, sua recusa em reconciliar-se com o real.

Williams, portanto, não fez justiça a esses dois grandes pensadores, descartados nas poucas linhas dedicadas a eles em *Marxismo e literatura*. Nesse livro, há uma crítica sofisticada às formas mecânicas assumidas pela teoria do reflexo: os modelos de estímulo e resposta, o "segundo sistema de sinais" de Pavlov, o "sistema de signos" de Voloshinov etc. Lukács e Adorno, contudo, não mereceram uma crítica mais detalhada à altura de suas inestimáveis contribuições à teoria estética. Também aqui Williams dispensou-se da "fadiga" de enfrentar seriamente esses dois grandes autores.

Já Lucien Goldmann foi objeto de um longo e respeitoso artigo. Williams encontrou planos paralelos entre o seu pensamento e o de Goldmann. O conceito de estrutura, unindo fatos sociais e criação cultural, desloca a atenção tradicionalmente conferida ao autor individual visto em suas relações de exterioridade com a sociedade. O sujeito da criação cultural, em Goldmann, é um "sujeito-transindividual", e com essa formulação unificada ele procurou pôr fim à dualidade autor-sociedade. Assim, a ênfase se desloca para a correspondência entre as estruturas mentais dos grupos sociais nos quais o autor está inserido, e dos quais se torna porta-voz, e as estruturas da sociedade. Williams percebeu com simpatia a proximidade das "homologias estruturais" goldmannianas com a sua própria concepção de "estruturas de sentimento". Mas Goldmann, observou, sob a influência do estruturalismo permaneceu num plano estático e a-histórico restrito às análises sincrônicas dos fenômenos culturais.

Voltando às relações com Lukács e Adorno, cabe lembrar que as diferenças existentes decorrem dos projetos teóricos distintos perseguidos por cada um desses autores. Tanto Lukács como Adorno procuraram, cada um a seu modo, desenvolver uma teoria estética – sistemática no primeiro e assistemática no segundo, mas sempre em diálogo com o marxismo (em Lukács, a retomada das relações indivíduo-espécie dos *Manuscritos econômico-filosóficos*; em Adorno, uma ampliação do fetichismo mercantil e da lei do valor a partir de *O capital*).

Williams seguiu outro caminho. No verbete "Estética", do livro *Palavras-chave*, assinalou as modificações históricas ocorridas no significado da palavra, para concluir:

> O que é evidente nessa história é que *estético*, com suas referências especializadas à arte, à aparência visual e a uma categoria do que é 'formoso' ou 'belo', é uma formação-chave em um grupo de significados que enfatizaram e ao mesmo tempo isolaram a atividade sensorial SUBJETIVA como base da arte e da beleza enquanto distintas, por exemplo, das interpretações *sociais ou culturais*. É um elemento da cindida consciência moderna de *arte* e de *sociedade*.[42]

Para superar essa cisão que condenava a arte a permanecer como uma esfera espiritual desgarrada do mundo real, Williams se distanciou das teorias estéticas inseridas na "tradição marxista" para desenvolver uma *sociologia da cultura* voltada às condições de possibilidade das diversas "práticas significativas" (literatura, teatro, cultura de massa, televisão, jornalismo, moda, publicidade). Desse modo, abriu sendas novas para os Estudos Culturais. Observo, apenas, o despropósito de afirmar que em Lukács e Adorno a arte permanecia uma esfera à parte, alheia aos embates sociais. O desejo de exorcizar o fantasma de Leavis talvez explique a descabida inclusão de todos sob o mesmo registro idealista.

Materialismo cultural

No texto "Marx on culture", Williams fez um balanço e uma crítica do modo como aquele autor interpreta a cultura.[43] Três aspectos são destacados. Inicialmente, encontra-se em Marx comentários gerais sobre escritores e artistas espalhados em diversos textos. Em segundo lugar, há o esboço do que seria uma teoria geral da cultura que decorre de sua posição geral sobre o desenvolvimento humano.

---

[42] Williams, R. *Palavras-chave*. São Paulo: Boitempo, 2007, p. 156-7.
[43] Williams, R. "Marx on culture", em: *What I came to say*. Londres: Hutchinson Radius, 1989.

Finalmente, há uma série de questões levantadas e deixadas de lado ou respondidas apenas parcialmente.

Curiosamente, o segundo aspecto, explorado amplamente nos *Manuscritos econômico-filosóficos* (que, como se sabe, foi o ponto de partida das ideias estéticas de Lukács após 1930), não despertou maior interesse em Williams. Sua atenção se voltou para a famosa passagem de *A ideologia alemã* na qual se afirma que não existe uma história da arte autônoma desenvolvendo-se independentemente da história social. Marx aqui combatia o idealismo dos jovens hegelianos que viam a história real como um produto da consciência. A inversão materialista, contrariamente, quer que se inicie com a produção material da vida para, a partir daí, se passar para a consciência:

> Quer dizer, não se parte daquilo que os homens dizem, imaginam ou representam, tampouco dos homens pensados, imaginados ou representados para, a partir daí, chegar aos homens de carne e osso; parte-se dos homens realmente ativos e, a partir de seu processo de vida real, expõe-se também o desenvolvimento dos reflexos ideológicos e dos ecos desse processo de vida.[44]

A base da argumentação de Williams em sua crítica a esses novos interlocutores acompanha o giro teórico por ele realizado, que deslocou a ideia de reflexo para a afirmação do caráter *material e ativo* da superestrutura. A arte, por exemplo, é considerada material não só porque os seus produtos são materiais (livros, discos, quadros), como também os meios com que trabalha são materiais (papel, petróleo, tinta etc.). Numa passagem célebre, ampliando essa tese, escreveu:

> Dos castelos, palácios e igrejas, até as prisões, oficinas e escolas; das armas de guerra até uma imprensa controlada: qualquer classe dominante, de várias maneiras, mas sempre materialmente, produz uma ordem social e política. Tais atividades não são nunca superestruturais. São a produção necessária dentro da qual só um modo aparentemente autossuficiente de produção pode ser realizado.[45]

---

[44] Marx, K; Engels, F. *A ideologia alemã*, cit., p. 94.
[45] Williams, R. *Marxismo e literatura*, cit., p. 96.

A compreensão do caráter material da cultura, que deixa de ser vista como um reflexo pairando acima da produção de bens básicos, ganhou posteriormente especial relevância com a criação da chamada "economia criativa", cujo peso é cada vez mais significativo na produção da riqueza no interior das sociedades capitalistas desenvolvidas. Este é o momento mais significativo, a contribuição mais lembrada de Williams para a teoria marxista.

Paralelamente, essa atenção ao desenvolvimento recente da sociedade capitalista fez com que Williams não transformasse a valorização da vida comunitária numa mera condenação moral do mundo moderno. O socialista Williams viu com otimismo esse processo que ele denomina "a longa revolução". Nesse ponto, ele se distancia de Lukács, Adorno e Goldmann, autores que conferem centralidade ao processo de reificação – tema distante das preocupações de Williams, empenhado que estava na tarefa de ressaltar o potencial de resistência da esfera cultural. E, por isso mesmo, nunca endossou a problemática tese marxiana da "decadência ideológica" encampada de diferentes modos por aqueles três autores e, também, por Christopher Caudwell.

Sendo material, a cultura é considerada também como uma força produtiva. Essa expressão em Marx dirigia-se à esfera econômica, à produção mercantil. Mas, diz Williams, o capitalismo não produz somente mercadorias, produz também escolas, prisões, controle da imprensa e outras coisas sem as quais a produção de mercadorias não se realiza. Assim pensando, Williams desenvolveu uma original *sociologia da cultura*. Temas como instituições e formações da produção cultural, meios de produção, processos de reprodução social e cultural etc. receberam um tratamento magistral no livro *Cultura*.[46] Nele, contudo, não se credita à arte um papel decisivo no processo de humanização (Lukács) ou de negação do mundo alienado (Adorno). Fica ainda em suspenso a questão da *especificidade* da produção artística, tema que irá se dissolver posteriormente na equivalência e no relativismo proclamados pelos Estudos Culturais pós-modernos.

---

[46] Williams, R. *Cultura*. São Paulo: Paz e Terra, 1992.

Há, entretanto, uma questão de fundo, relativa à economia política, que distancia Williams de Marx. A afirmação da materialidade física das mercadorias culturais (livros, discos, quadros) e dos meios usados na confecção (papel, petróleo, tinta), citada para afirmar que elas não são superestruturais, nada tem a ver com aquilo que para Marx é fundamental: a categoria *valor*. Antes da materialidade física visível, o que existe para Marx é a natureza, essa realidade primeira, o "substrato material". E não são fatores culturais que se imiscuem desde o início na produção. Os valores de uso, "os corpos das mercadorias, são nexos de dois elementos: matéria natural e trabalho". Por isso, diz Marx, "ao contrário da objetividade sensível e crua dos corpos das mercadorias, na objetividade de seu valor não está contido um único átomo de matéria natural". A objetividade do valor, assim, é "puramente social" e anterior a qualquer acréscimo.[47] A presença esmaecida da natureza e do trabalho em Williams permitiu a substituição do "substrato natural" pela materialidade aparente e, também, a sobreposição dos elementos culturais para explicar a dinâmica do modo de produção capitalista. O que em Marx era exclusivamente social ganhou desse modo uma roupagem cultural.

O mesmo argumento se reapresenta em seguida numa breve crítica à noção de trabalho produtivo em Marx. Insistindo na crítica ao dualismo base-superestrutura, Williams aponta o que lhe parece uma ambiguidade naquele autor: a definição de forças produtivas, ora como "qualquer um dos, e todos os, meios de produção e reprodução da vida real", ora como uma conceituação mais restrita que inclui somente a base material ou econômica. Nessa última, além da exclusão dos fenômenos ditos "superestruturais" (política, cultura), haveria um determinismo econômico que vê as forças produtivas como algo que parece ser "um mundo autossubsistente ao lado dos indivíduos" (frase extraída de *A ideologia alemã*).

Essa indecisão teórica não se resolve: de um lado, uma conceituação ampla, que inclui "o caráter material da produção de uma ordem social e política", de outro, uma visão estreita, que restringe

---

[47] Marx, K. *O capital*, v. 1, cit., p. 125.

a produção ao trabalho sobre matérias primas e que, desse modo, projeta e aliena "todo um corpo de atividades que tem que ser isoladas como "o reino das artes e ideias", como "estética", como "ideologia", ou menos lisonjeiramente, como a "superestrutura".[48]

O exemplo citado por Williams para criticar Marx não é dos mais felizes, mas ilustra bem as diferenças entre os planos teóricos em que ambos operam: a afirmação, contida nos *Grundrisse*, segundo a qual um fabricante de pianos é um trabalhador produtivo, mas o pianista não o é, pois não reproduz capital. Williams afirma a propósito a "inadequação extraordinária dessa distinção para o capitalismo avançado, no qual a produção de música (e não apenas de seus instrumentos) é um ramo importante da produção capitalista".[49]

O "erro real" atribuído a Marx é revelador de uma incompreensão de quem não enfrentou a discussão sobre trabalho produtivo no livro II de *O capital* e nas *Teorias da mais-valia*. Nessas obras, o trabalho produtivo não diz respeito à natureza do processo de produção, ao conteúdo concreto do trabalho, ou à natureza do produto, mas às relações de produção nas quais o trabalhador está inserido. Assim, o pianista amador que toca apenas pelo prazer de tocar não está realizando um trabalho produtivo, ao contrário do pianista profissional inserido no mercado de trabalho.

Toda a argumentação de Williams, como vimos, deriva da insistência em combater o que chama de modelo base-superestrutura. Mas cabe lembrar que Marx raras vezes falou em "superestrutura". Williams, ao contrário, apega-se a esse modelo para, por meio da crítica, reivindicar o caráter material da cultura. Essa surpreendente valorização da esfera cultural, o momento mais ousado de sua obra, acabou influenciando as teorias sociais contemporâneas. Ela convive, entretanto, com um conceito escorregadio de cultura.

Em seus diversos textos, a cultura é pensada por vezes numa concepção restrita, como se pode ler nessa passagem: "Usamos a palavra cultura nesses dois sentidos: para designar todo um modo

---

[48] Williams, R. *Marxismo e literatura*, cit., p. 94 e p. 96.
[49] Idem, p. 96-7.

de vida – os significados comuns; e para designar as artes e o aprendizado – os processos especiais de descoberta e esforço criativo".[50] Em *A longa revolução*, contudo, encontrava-se uma surpreendente ampliação do conceito que incluía "a organização da produção, a estrutura da família, a estrutura das instituições que expressam ou governam as relações sociais, as formas características por meio das quais se comunicam os membros da sociedade".[51]

Estamos, portanto, perante um impasse cujas origens remetem ao abandono da metáfora espacial base-superestrutura e da determinação econômica sempre presentes desde as primeiras obras de Williams. Engels foi o primeiro a propor uma leitura não determinista do "Prefácio" de 1857 à *Contribuição à crítica da economia política*, lembrando a ação de retorno da superestrutura sobre a base material. A questão, entretanto, está longe de estar resolvida com aquela advertência. Perry Anderson, diante de tanta polêmica, propôs o abandono do conceito, sugerindo-lhe um "funeral decente". Mas o que pôr no lugar?

Para fugir do determinismo monocausal que a todos assombra, os autores marxistas escolheram seguir caminhos diferentes. Althusser, por exemplo, entende a categoria "modo de produção" como uma estrutura complexa formada por três instâncias (a econômica, a jurídico-política e a ideológica), sendo que cada uma delas possui um nível específico de historicidade. Desse modo, a antiga causalidade econômica é substituída pela *causalidade estrutural ou causalidade metonímica*, expressões usadas para designar uma estrutura invisível que, à semelhança do Sujeito em Lacan, produz efeitos. Althusser, assim, recorreu à psicanálise, importando o conceito de sobredeterminação para, com ele, fugir da determinação econômica.

Williams procurou contornar o problema entendendo determinação como "fixação de limites" e "pressões", e não leis inflexíveis. Mas a questão continuou aberta, e em *A política e as letras*, ela

---

[50] Williams, R. *Recursos da esperança*, cit., p. 5.
[51] Williams, R. *La larga revolución*, cit., p. 52.

voltou. Foi então observado a Williams que a sua ênfase na materialidade das práticas culturais

> nos leva de volta a um todo social circular. Pode-se sugerir que, uma vez que elas são materiais, elas podem ter uma causalidade equiparada às práticas materiais de um tipo convencionalmente entendido como mais econômico. Isso seria um avanço além das versões idealistas de um todo social, mas seria uma resposta adequada ao nosso problema? No seu caso, afinal, não é certamente por acaso que tenha sido a manufatura têxtil, com o seu vasto potencial de demanda por objetos de necessidade física básica, o que puxou o gatilho da Revolução Industrial?[52]

A recusa do "determinismo econômico" conduziu Williams a um impasse: afirmar que estamos diante de "um processo real, único e indissolúvel", sem hierarquia, mantém o autor longe do materialismo vulgar, mas, como lhe foi observado, nas fronteiras do idealismo. Em alguns momentos, Williams demonstrou estar consciente dos perigos que corria, acenando para um recuo ao dizer que aprendeu com Lukács que "A dominação da ordem econômica da sociedade é peculiar à ordem capitalista".[53] De fato, nas sociedades pré-capitalistas, segundo Lukács, "a economia não atingiu, nem mesmo objetivamente, o nível do ser-para-si, e é por isso que, no interior de uma tal sociedade, não há posição possível a partir da qual o fundamento econômico de todas as relações sociais possa tornar-se consciente".[54] Na sociedade capitalista, contrariamente, a forma mercantil penetra o conjunto da vida social, transformando tudo à sua imagem.

Mas, seja qual for o estágio evolutivo, há sempre uma hierarquia no interior das diversas formações sociais. Marx, quando relacionou produção material e cultura, esteve atento à necessidade de estabelecer prioridades, mesmo nas formas mais primitivas de vida social. Assim, numa passagem famosa de *O capital*, afirmou que no estudo das sociedades extintas o historiador deveria priorizar os restos de antigos instrumentos de trabalho para a avaliação

---

[52] Williams, R. *A política e as letras*, cit., p. 140.
[53] Idem, p. 135.
[54] Lukács, G. *História e consciência de classe*, cit., p. 72.

das formações econômico-sociais, pois "o que diferencia as épocas econômicas não é 'o que' é produzido, mas 'como', 'com que meios de trabalho'". Esses meios indicam "as condições sociais nas quais se trabalha". Numa analogia com as espécies animais, observou que os instrumentos de trabalho teriam a mesma importância do sistema ósseo para o conhecimento das espécies animais desaparecidas, e

> oferecem características muito mais decisivas de uma época social de produção que aqueles meios de trabalho que servem apenas de recipientes do objeto do trabalho e que podemos agrupar sob o nome de *sistema vascular* da produção, como tubos, barris, cestos, jarros etc.[55]

Marx cita com aprovação a definição dada por Benjamin Franklin do homem como *tool-making animal*, reafirmando a prioridade ontológica da atividade produtiva e o caráter complementar e constitutivo da cultura, o que afasta qualquer "circularidade" no interior das formações sociais. O trabalho do negativo, representado pelos instrumentos de produção, refuta a passividade da consciência e, ao mesmo tempo, põe um freio no ativismo da consciência quando ela se confronta com a "dureza" da natureza.

As observações de Marx sobre os "sistemas ósseos" e "vasculares" podem ser lidas como uma antecipação crítica de certa antropologia culturalista que desloca a prioridade para o "sistema vascular", ao estudar utensílios, tubos, barris e adereços como expressões culturais prévias que definiriam, por si só, o caráter da sociedade. Mas vale também como advertência às tentações de um todo circular em que as práticas culturais possuem uma causalidade equiparável às práticas materiais. E, principalmente, contradizem os usos e abusos que o materialismo cultural de Williams posteriormente sofreu nos Estudos Culturais.

O abandono do primado da base material tem consequências políticas quando acompanhadas da ideia de comunidade e do papel redentor da cultura. Em vários momentos, Williams afirma que o capitalismo gera contradições que não guardam relações com as

---

[55] Marx, K. *O capital*, cit., p. 257-8.

leis econômicas. Trata-se das "necessidades humanas permanentes" que escapam da produção mercantil: "a saúde, a habitação, a família, a educação, o que chamamos de lazer", contradições "menos possíveis de serem resolvidas do que as geradas dentro do mercado". Sendo assim, a luta política extrapola a esfera econômica e chama em seu socorro a cultura:

> A revolução cultural encontra a sua fonte na resistência perene à supressão, pelo capitalismo, de formas de produção tão básicas e necessárias. A revolução cultural é, dessa forma, contra toda a versão de cultura e sociedade que o modo de produção capitalista impôs.[56]

A dinâmica infernal da "produção pela produção", da acumulação progressiva do capital, teria, segundo Williams, contaminado o socialismo real que também aderiu ao "produtivismo" e ao "industrialismo". Num texto pouco conhecido, de 1961, escreveu que "a revolução industrial é assim o primordial, e o capitalismo e o socialismo são simplesmente formas alternativas de organizá-la", entendendo que "a luta mundial atual frequentemente se apresenta como uma concorrência direta entre o capitalismo e o socialismo para ver quem pode fazer funcionar melhor o industrialismo".[57]

O determinismo aqui é evidente ao borrar contextos sociais tão diferentes. A "produção pela produção" no capitalismo está a serviço da extração da taxa de mais-valia. No caso da União Soviética, diferentemente, a industrialização forçada, projeto concebido por Trotsky e Preobrajenski e posto em prática por Stalin, foi o resultado de uma escolha política – a saída encontrada para resistir ao cerco dos países capitalistas após a revolução e, depois, durante todo o período da Guerra Fria. A voz discordante desse método brutal foi Bukharin, adepto do gradualismo evolucionista, derrotado nas lutas internas e fuzilado em 1938.

O desenvolvimento das forças produtivas conduzido à força permitiu que a Rússia derrotasse a máquina de guerra do nazismo, o que, por sua vez, garantiu a sobrevivência não só do socialismo

---

[56] Williams, R. *A política e as letras*, cit., p. 146.
[57] Williams, R. "El futuro del marxismo", *New Left Review*, n. 114, 2018, p. 63.

como também da tão decantada democracia burguesa na Europa, segundo a fundamentada análise de Hobsbawm.[58]

A crítica do produtivismo em Williams se apoia numa concepção alternativa que enxerga a sociedade como uma "organização humana com necessidades comuns" e não mais uma esfera exclusivamente econômica e política como a teriam entendido tanto o capitalismo como o socialismo realmente existente. Tal defesa de uma "ordem humana" levou Williams a olhar com simpatia para os movimentos sociais que, diferentemente da luta de classes tradicional baseada nas relações de produção, trouxe questões gerais com visibilidade política cada vez maior. É o caso do movimento feminista e do movimento ecológico, bem como do movimento pacifista contra as armas nucleares.

A emergência de tais movimentos serviu de referência para a crítica do produtivismo no "socialismo real" e no capitalismo. Williams observou, a propósito, que os marxistas souberam denunciar a exploração das mulheres, mas não escreveram nenhum estudo sobre o processo reprodutivo que parecia sempre estar à margem da produção. A *ubiquidade da mercadoria* é criticada, pois as atividades que não geram mercadorias são também uma forma de produção ou, pelo menos, sem elas a produção não se realiza.[59]

Desse modo, Williams desdobrou sua tese sobre o caráter material da superestrutura e de sua inclusão como força produtiva e, ao mesmo tempo, reafirmou a complementaridade entre o "sistema de manutenção" (econômico) e o "sistema de reprodução e criação" (família), tal como escrevera décadas atrás em *A longa revolução*. Desse modo, ele se aproximou das bandeiras levantadas pelo movimento feminista a partir dos anos 1960. A sensibilidade de Williams para as novas reivindicações e seu empenho militante atestam sua abertura intelectual e seu compromisso com o socialismo e o humanismo – mas não alteraram o eixo de seu pensamento.

O descentramento da esfera econômica continua presente e, com isso, a cultura é superdimensionada. Estamos, portanto, dian-

---

[58] Hobsbawm, E. *A era dos extremos. O breve século XX (1914-1991)*. São Paulo: Companhia das Letras, 1997.
[59] Williams, R. *A política e as letras*, cit., p. 142.

te de uma versão heterodoxa do marxismo, que vê o socialismo não como uma consequência do desenvolvimento contraditório das forças produtivas, como pensava Marx, mas como alteração democrática nas relações de produção, visando a um redirecionamento consciente da atividade produtiva voltado para a satisfação das reais necessidades humanas.

A transição ao socialismo, segundo Williams, pressupõe, portanto, uma revolução cultural que objetiva a criação de uma cultura comum cujo alicerce é a solidariedade – revolução que tem o seu germe na tradição comunitária e nas instituições criadas pela classe trabalhadora. O "trabalho intelectual e educacional", a revolução cultural, surge como pré-condição necessária para não se repetir a experiência stalinista comandada pela força.

Nessa ênfase concedida à tomada de consciência, pode-se observar certa distância em relação às primeiras análises de Williams em que a cultura permanecia num estado de "semi-inconsciência, como algo que é sempre em parte conhecida e não percebida"[60] pelos indivíduos que a vivenciam. A "experiência vivida" continua a ser reivindicada nas obras maduras de Williams, mas convive agora numa relação de subordinação com o trabalho pedagógico que quer ir além da imediatez. Ambas devem caminhar juntas: não mais a autossuficiência da "consciência prática" e nem a pretensão difusionista de introjetar na classe trabalhadora conceitos teóricos distantes da experiência de vida.

As incursões de Williams na política são coerentes com sua autoinclusão na tradição militante e combativa do movimento operário e não na "tradição marxista", como observou Hoggart. A relação tensa do grande crítico literário com o marxismo foi, sem dúvida, um capítulo marcante na história do "marxismo ocidental".

---

[60] Williams, R. *Cultura e materialismo*, cit., p. 358.

REFERÊNCIAS

ADORNO, Theodor. *Justificación de la filosofía*. Madrid: Taurus, 1964.

ADORNO, Theodor. Introducción. Em: ADORNO, Theodor et al. *La disputa del positivismo en la sociología alemana*. Barcelona: Grijalbo, 1973.

ADORNO, Theodor. Parataxis. Em: ADORNO, Theodor. *Notas de literatura*. Rio de Janeiro: Tempo Brasileiro, 1973.

ADORNO, Theodor; HORKHEIMER, Max. *Temas básicos de sociologia*. São Paulo: Cultrix, 1973.

ADORNO, Theodor. *Filosofia da nova música*. São Paulo: Perspectiva, 1974.

ADORNO, Theodor. *Teoria estética*. Lisboa: Edições 70, 1982.

ADORNO, Theodor; HORKHEIMER, Max. *Dialética do esclarecimento*. Rio de Janeiro: Zahar, 1986.

ADORNO, Theodor. Por que é difícil a nova música. Em: COHN, Gabriel. *Theodor W. Adorno*. São Paulo: Ática, 1986.

ADORNO, Theodor. *Prismas. Crítica cultural e sociedade*. São Paulo: Ática, 1998.

ADORNO, Theodor. Em defesa de Bach contra os seus admiradores. Em: ADORNO, Theodor. *Prismas. Crítica cultura e sociedade*. São Paulo: Ática, 1998.

ADORNO, Theodor. Moda intemporal – sobre o *jazz*. Em: ADORNO, Theodor. *Prismas. Crítica cultura e sociedade*. São Paulo: Ática, 1998.

ADORNO, Theodor. *Epistemología y ciencias sociales*. Madrid: Frónesis, 2001.

ADORNO, Theodor. *Notas de literatura 1*. São Paulo: Duas Cidades/Editora 34, 2003.

ADORNO, Theodor. Introducción. Em: ADORNO, Theodor. *Sociología y filosofía de Émile Durkheim*. Obra completa, v. 8. Madrid: Akal, 2004.

ADORNO, Theodor. *Três estudos sobre Hegel*. São Paulo: Unesp, 2007.

ADORNO, Theodor. *Introdução à sociologia*. São Paulo: Unesp, 2007.

ADORNO, Theodor. Sobre el *jazz*. Em: ADORNO, Theodor. *Escritos musicales IV*. Madrid: Península, 2008.

ADORNO, Theodor. *Dialética negativa*. Rio de Janeiro: Zahar, 2009.

ADORNO, Theodor. *Introducción a la dialéctica*. Buenos Aires: Eterna Cadencia, 2013.

ADORNO, Theodor. "Abschied vom *jazz*", apud BERENDT, Joachim-Ernest e HUESMANN, Günther. *O livro do jazz*. São Paulo: Sesc/Perspectiva, 2014.

ADORNO, Theodor. *Indústria cultural*. São Paulo: Unesp, 2020.

ADORNO, Theodor. Transparência do filme. Em: ADORNO, Theodor. *Sem diretriz – Parva aesthetica*. São Paulo: Unesp, 2021.

ADORNO, Theodor. El estilo de madurez en Beethoven. Em: ADORNO, Theodor. *Reación y progreso*. Barcelona: Tusquets Editor, s/d.

ALIZART, Mark; MACÉ, Éric Macé; MAIGRET, Éric. *Stuart Hall*. Paris: Éditions Amsterdam, 2007.

ALTHUSSER, Louis. *Análise crítica da teoria marxista*. Rio de Janeiro: Zahar, 1967.

ALTHUSSER, L. et al. *Para una crítica del fetichismo literario*. Madrid: Akal, 1975.

ALTHUSSER, Louis; RANCIÈRE, Jaques; MACHEREY, Pierre. *Ler O capital*, v. 1. Rio de Janeiro: Zahar, 1979.

ALTHUSSER, Louis; BALIBAR, Étienne; ESTABLET, Roger. *Ler O Capital*, v. 2. Rio de Janeiro: Zahar, 1980.

ALTHUSSER, Louis. *Écrits philosophiques et politiques*, tomo II. Paris: Stock/Imec, 1995.

ALTHUSSER, Louis. *Sobre a reprodução*. 2ª ed. Petrópolis: Vozes, 2008.

ANDERSON, Perry. As antinomias de Gramsci. Em: ANDERSON, Perry et al. *Crítica marxista. A estratégia revolucionária da atualidade*. São Paulo: Joruê, 1986.

ANDERSON, Perry. *Considerações sobre o marxismo ocidental*. Porto: Afrontamento, s/d.

ARANTES, Paulo Eduardo. Uma reforma intelectual e moral. Em: ARANTES, Paulo Eduardo. *Ressentimento da dialética*. São Paulo: Paz e Terra, 1996.

AUSILIO, Manuela. "La volontà coletiva nazionale-popolare: Rousseau, Hegel e Gramsci a confronto". *Critica marxista*, n. 6, 2007.

BARTHES, Roland. *Aula*. São Paulo: Cultrix, s/d.

BIANCHI, Álvaro. *O laboratório de Gramsci*. São Paulo: Alameda, 2008.

BONDARENKO, Maria. *Reflet et réfraction chez les philosophes marxistes du langage des années 20-30 en Russie* : V. Volochinov lu à travers V. Abaev, Langage et pensée URSS années 20-30, Cahier de l'ISIL, 24 (Université de Lausanne). Ed. P. Sériot & J. Friedrich, 2008, p. 113-148.

BOBBIO, Norberto. *Profilo ideologico del '900*. Milão: Garzanti, 1995.

BOBBIO, Norberto. *Estudos sobre Hegel*. São Paulo: Unesp, 1995.

BOSI, Alfredo. A estética de Benedetto Croce: um pensamento de distinções e mediações. Em: BOSI, Alfredo. *Céu, inferno. Ensaios de crítica literária e ideológica*. São Paulo: Duas cidades/Editora 34, 2003.

BORGES, Jorge Luis. Pierre Menard, autor del Quijote. Em: BORGES, Jorge Luis. *Ficções*. São Paulo: Círculo do Livro, 1975.

BRUNELLO, Yuri. "Identità senza rivoluzione. Stuart Hall interprete di Gramsci", *Crítica Marxista*, n. 5, 2007.

BUCI-GLUCKSMANN, Christine. *Gramsci e o Estado*. Rio de Janeiro: Paz e Terra, 1980.

BUCK-MORSS, Susan. *Origen de la dialéctica negativa*. México: Siglo veintiuno, 1981.

BUKHARIN, Nicolai. *Tratado de materialismo histórico*. Lisboa/Porto/Luanda: Centro do Livro Brasileiro, s/d.

BUKHARIN, Nicolai. *Theory and practice from the standpoint of dialectical materialism*. (Marxists Internet Archives). Texto disponível em www. marxists.org. diamat.

CANDIDO, Antonio. *Formação da literatura brasileira. Momentos decisivos*. 16ª edição. São Paulo/Rio de Janeiro: FAPESP/Ouro sobre Azul, 2017.

CANDIDO, Antonio. A passagem do dois ao três (Contribuição para o estudo das mediações na análise literária). Em: CANDIDO, Antonio. *Textos de intervenção*. São Paulo: Duas Cidades/Editora 34, 2002.

CARDOSO, Ciro Flamarion. O Grupo e os Estudos Culturais britânicos: E. P. Thompson em contexto. Em: MÜLLER, Ricardo Gaspar e DUARTE, Adriano Luiz (orgs.) *E. P. Thompson: política e paixão*. Chapecó: Argos, 2012.

CARONE, Iray. *Adorno em Nova York*. São Paulo: Alameda, 2019.

CARPEAUX, Otto Maria. *História da literatura ocidental*. v. 6. Rio de Janeiro: Alhambra, 1982.

CARPEAUX, Otto Maria. *Uma nova história da música*. Rio de Janeiro: Edições de ouro, s/d.

CAUDWELL, Christopher. *La agonía de la cultura burguesa*. Buenos Aires: CEICS/Ediciones Ryr, 2008.

CEVASCO, Maria Elisa. "Cultura: um tópico britânico no marxismo ocidental." Em: MUSSE, Ricardo; LOUREIRO, Isabel (orgs.) *Capítulos do marxismo ocidental*. São Paulo: Unesp, 1998.

CEVASCO, Maria Elisa. *Para ler Raymond Williams*. São Paulo: Paz e Terra, 2001.

CHADWICK, Nick. Mátyás Seiber's collaboration in Adorno's *jazz* Project, 1936. *British Library Journal*, 1995.

COHN, Gabriel. Weber, Frankfurt. *Teoria e pensamento social*, v. 1. Rio de Janeiro: Azougue Editorial, 2017.

COHEN, Stephen. *Bukharin, uma biografia política*. São Paulo: Paz e Terra, 1980.

COSPITO, Giuseppe. *El ritmo del pensamiento de Gramsci. Una lectura diacrónica de los Cuadernos de la cárcel*. Buenos Aires: Continente, 2016.

COUTINHO, Carlos Nelson. Vontade geral e democracia em Rousseau, Hegel e Gramsci. Em: COUTINHO, Carlos Nelson. *Marxismo e política. A dualidade de poderes e outros ensaios*. São Paulo: Cortez, 1994.

COUTINHO, Carlos Nelson. *Gramsci, um estudo sobre o seu pensamento político*. Rio de Janeiro: Civilização Brasileira, 1999.

COUTINHO, Carlos Nelson. *O estruturalismo e a miséria da razão*. São Paulo: Expressão Popular, 2010.

COUTINHO, Carlos Nelson. *De Rousseau a Gramsci. Ensaios de teoria política*. São Paulo: Boitempo, 2011.

COUTINHO, Carlos Nelson. Relações de força. *Em*: LIGUORI, Guido e VOZA, Pasquale (orgs.) *Dicionário gramsciano*. São Paulo: Boitempo, 2017.

CREHAN, Kate. *Gramsci, cultura e antropologia*. Lecce: Argo, 2010.

CROCE, Benedetto. *Teoría e historia de la historiografía*. Buenos Aires: Imán, 1953.

CROCE, Benedetto. *El carácter de la filosofía moderna*. Buenos Aires: Imán, 1959.

CROCE, Benedetto. *Breviário de Estética. Aesthetica in nuce*. São Paulo: Ática, 1997.

CROCE, Benedetto. *Materialismo histórico e economia marxista*. São Paulo: Centauro, 2007.

DASPRE, André. "Dos cartas sobre el conocimiento del arte". *Pensamiento crítico*. Havana, 1967, n. 10.

DEBORIN, A., REVAI, A.; RUDAS, L. *Intellectuali e conscienza di classe*. Il debattito su Lukács 1923-4. Milão: Feltrinelli, 1977.

DEL ROIO, Marcos. Gramsci e as ideologias subalternas. Em: DEL ROIO, Marcos (org.) *Gramsci. Periferia e subalternidade*. São Paulo: Edusp, 2017.

DEL ROIO, Marcos. *Os prismas de Gramsci. A fórmula política da frente única (1919-1926)*. 2ª ed. São Paulo: Boitempo, 2019.

DESCOMBES, Vicent. *Lo mismo y lo otro. Cuarenta y cinco años de filosofia francesa (1933-1978)*. Madrid: Catedra, 1998.

DOSSE, François. *História do estruturalismo*, v. 1: *O campo do signo, 1945/1966*. São Paulo: Ensaio, 1993.

DOSSE, François. *La historia. Conceptos y escrituras*. Buenos Aires: Nueva Visión, 2003.

DUARTE, Rodrigo. ADORNOS. *Ensaios sobre o filósofo frankfurteano*. Belo Horizonte: UFMG, 1997.

EAGLETON, Terry. Introduction. Em: EAGLETON, Terry. *Raymond Williams*. Critical Perspectives. Cambridge: Polity Press, 1989.

EAGLETON, Terry. *A função da crítica*. São Paulo: Martins Fontes, 1991.

EAGLETON, Terry. *Ideologia. Uma introdução*. São Paulo: Boitempo/Unesp, 1997.

EAGLETON, Terry. *A ideia de cultura*. São Paulo: Unesp, 2000.

ECO, Umberto. *Interpretação e superinterpretação*. São Paulo: Martins Fontes, 2001.

ENGELS, F. Ludwig Feuerbach e o fim da filosofia clássica alemã. Em: MARX, K.; ENGELS, E. *Obras escolhidas*, v. 3. Rio de Janeiro: Vitória, 1963.

FEHÉR, Ferenc. Música y racionalidad. Em: FEHÉR, Ferenc e HELLER, Ágnes. *Políticas de la postmodernidad*. Barcelona: Península, 1989.

FEUERBACH, Ludwig. *Manifestes Philosophiques*. Paris: Presses Universitaires de France, 1973.

FOUCAULT, Michel. *Arqueologia do saber*. Rio de Janeiro: Forense, 1997.

FREDERICO, Celso. *A sociologia da cultura. Lucien Goldmann e os debates do século XX*. São Paulo, Cortez, 2006.

FREDERICO, Celso. Recepção: as divergências metodológicas entre Adorno e Lazarsfeld. Em: FREDERICO, Celso. *Ensaios sobre marxismo e cultura*. Rio de Janeiro: Mórula, 2016.

GIANOTTI, José Arthur. Contra Althusser. Em: GIANOTTI, José Arthur. *Exercícios de filosofia*. São Paulo: Brasiliense/Cebrap, 1977.

GLASER, André. Raymond Williams. *Materialismo cultural*. São Paulo: Biblioteca 24 horas, 2011.

GRAMSCI, Antonio. *Quaderni dal carcere*. Turim: Einaudi, 1975.

GRAMSCI, Antonio. *Cadernos do cárcere*, v. 1. Rio de Janeiro: Civilização Brasileira, 1999.

GRAMSCI, Antonio. *Cadernos do cárcere*, v. 2. Rio de Janeiro: Civilização Brasileira, 2000.

GRAMSCI, Antonio. *Cadernos do cárcere*, v. 3. Rio de Janeiro: Civilização Brasileira, 2000.

GRAMSCI, Antonio. *Cadernos do cárcere*, v. 4. Rio de Janeiro: Civilização Brasileira, 2001.

GRAMSCI, Antonio. *Cadernos do cárcere*, v. 5. Rio de Janeiro: Civilização Brasileira, 2002.

GRAMSCI, Antonio. *Cadernos do cárcere*, v. 6. Rio de Janeiro: Civilização Brasileira, 2002).

GRAMSCI, Antonio. *Escritos políticos*. Rio de Janeiro: Civilização Brasileira, 2004.

GRAMSCI, Antonio. *Cartas do cárcere*. Rio de Janeiro: Civilização Brasileira, 2005.

GRUPPI, Luciano. *O conceito de hegemonia em Gramsci*. Rio de Janeiro: Graal, 1978.

HALL, Stuart. *A identidade cultural na pós-modernidade*. Rio de Janeiro: DP&A, 1999.

HALL, Stuart. *Da diáspora*: identidades e mediações culturais. Belo Horizonte: UFMG, 2003.

HALL, Stuart. *Identité et cultures*: politiques des cultural studies. Paris: Éditions Amsterdam, 2008.

HALL, Stuart Hall e GAY, Paul du (orgs.) *Cuestiones de identidade cultural*. Buenos Aires:Amorrortu, 2011.

HARNECKER, Marta. *Los conceptos elementales del materialismo histórico*. Santiago de Chile: Ed. Universitaria, 1972.

HEGEL, G. W. *Filosofía del derecho*. Buenos Aires: Claridad, 1968.

HEGEL, G. W. *Enciclopédia das ciências filosóficas em compêndio* (1830). v. 1, A ciência da lógica. São Paulo: Loyola, 1995.

HEGEL, G. W. F. *A razão na história*. Lisboa: Edições 70, 2020.

HOBSBAWM, Eric (org.) *História do marxismo*. Rio de Janeiro: Paz e Terra, 1989.

HOBSBAWM, Eric. *História social do jazz*. Rio de Terra: Paz e Terra, 1991.

HOBSBAWM, Eric. *A era dos extremos*. O breve século XX (1914-1991). São Paulo: Companhia das Letras, 1997.

HOBSBAWM, Eric. *Nação e nacionalismo desde 1870*. São Paulo: Paz e Terra, 2004.

HOBSBAWM, Eric. La storia: una nuova epoca della ragione. Em: HOBSBAWM, Eric. *L'uguaglianza sconfitta*. Scritti e interviste. Roma: Datanews, 2006.

HORKHEIMER, Max. "Art and mass society". *Critical Theory*. New York: The Continuum Publishing Corporation, 1989.

INFRANCA, Antonino. Hungria: da epidemia à ditadura. *A Terra é redonda*, 2020. Disponível em: https://aterraeredonda.com.br/hungria-da-epidemia-a-ditadura/. Acesso em: 04 jun. 2024.

JAMESON, Fredric. *O marxismo tardio*. São Paulo: Ática, 1996.

JAMESON, Fredric. *Pós-modernismo*. A lógica cultural do capitalismo tardio. São Paulo: Ática, 2000.

JAMESON, Fredric. *A cultura do dinheiro*. Petrópolis: Vozes, 2001.

JAUSS, Hans Robert. *A história da literatura como provocação à teoria literária*. São Paulo: Ática, 1994.

JAY, Martin. *La imaginación dialéctica*. Una historia de la Escuela de Frankfurt. Madrid: Taurus, 1986.

JIMENES, Marc. *Para ler Adorno*. Rio de Janeiro: Livraria Francisco Alves, 1977.

KIERAN, V. G. "Culture and Society". *The New Reasover*, n. 9, 1959.

KONDER, Leandro. "Hegel e a práxis". *Temas de ciências humanas*, n. 6, 1979.

LACAN, Jacques. O estágio do espelho como formador da função do eu. Em: LACAN, Jacques. *Escritos*. Rio de Janeiro: Zahar, 1998.

LENIN, Vladmir. Carta ao Congresso (testamento político de Lenin). *Marxists Internet Archive*. Disponível em: www.marxists.org/portugues/lenin/1923/01/04.htm. Acesso em: 04 jun. 2024.

LIGUORI, Guido. Ideologia. Em: FROSINI, Fabio e LIGUORI, Guido (orgs.) *Le parole di Gramsci*. Roma: Carocci, 2010.

LOSURDO, Domenico. *Hegel, Marx e a tradição liberal*. São Paulo: Unesp, 1997.

LOSURDO, Domenico. *Antonio Gramsci*: do liberalismo ao "comunismo crítico". Rio de Janeiro: Revan, 2006.

LUKÁCS, Georg. "Arte y verdad objetiva". Em: LUKÁCS, Georg. *Problemas del realismo*. México: Fondo de Cultura Economica, 1966.

LUKÁCS, Georg. *História e consciência de classe*. Porto: Escorpião, 1974.

LUKÁCS, Georg. Tecnologia, e relações sociais. Em: BERTELLI, Antonio Roberto (org.) *Bukharin, teórico marxista*. Belo Horizonte: Oficina de Livros, 1989.

LUKÁCS, Georg. *O romance histórico*. São Paulo: Boitempo, 2011.

LUKÁCS, Georg. *Ontologia do ser social*. São Paulo: Boitempo, 2012.

LUPORINI, Maria Bianco. Alle origini del "nazionale-popolare". Em: BARATTA, Giorgio; CATONE, Andrea (orgs.) *Antonio Gramsci e il progresso intellettuale di massa*. Milão: Unicopli, 1995.

MACCABELLI, Terenzio. "A "grande transformação": as relações entre Estado e economia nos Cadernos do cárcere. Em: AGGIO, HENRIQUES, Luiz Sérgio; VACCA, Giuseppe (orgs.) *Gramsci no seu tempo*. Rio de Janeiro: Contraponto, 2010.

MACHADO, Carlos Eduardo Jordão. *O debate sobre o expressionismo*. São Paulo: Unesp, 2011.

MACHEREY, Pierre. *Para uma teoria da produção literária*. Lisboa: Estampa, 1971.

MANACORDA, Mario Alighiero. *O princípio educativo em Gramsci*. Campinas: Alínea, 2013.

MANDEL, Ernest. *O capitalismo tardio*. São Paulo: Abril, 1982.

MARX, Karl. *Anotaciones a la correspondencia entre Marx y Engels*. 1844-1883. Barcelona: Grijalbo, 1976.

MARX, Karl. *Contribuição à crítica da economia política*. São Paulo: Martins Fontes, 1977.

MARX, Karl. *Miséria da filosofia*. São Paulo: Ciências Humanas, 1982.

MARX, Karl. *Teorias da mais-valia*, v. 2. São Paulo: Difel, 1980.

MARX, Karl; ENGELS, Friedrich. *A sagrada família*. São Paulo: Cortez, 1987.

MARX, Karl; ENGELS, Friedrich. *A ideologia alemã*. São Paulo: Boitempo, 2007.

MARX, Karl; ENGELS, Friedrich. *Cultura, arte e literatura*. Textos escolhidos. São Paulo: Expressão Popular, 2010.

MATTELART, Armand; NEVEU, Érik. *Introdução aos Estudos Culturais*. São Paulo: Parábola, 2004.

MELLINO, Miguel. "Teoria senza disciplina. Conversazione sui 'Cultural Studies' con Stuart Hall". *Studi Culturali*, n. 2, 2007.

MÉSZARÓS, István. A teoria crítica de Adorno e Habermas. Em: MÉSZARÓS, István. *O poder da ideologia*. São Paulo: Ensaio, 1996.

MONDOLFO, Rodolfo. *Estudos sobre Marx*. São Paulo: Mestre Jou, 1967.

MONTAG, Warren. O que está em jogo no debate sobre o pós-modernismo? Em: KAPLAN, Elizabeth Ann. *O mal-estar do pós-modernismo*. Rio de Janeiro: Jorge Zahar Editor, 1993.

MONTAG, Warren. Hacia una teoría de la materialidad del arte. Em: PEZONAGA, Aurelio Sainz (org.) *Escritos sobre el arte*. Madrid: Terra de Nadie Ediciones, 2011.

MULHERN, Francis. "Culture and society, entonces y ahora". *New Left Review*, n. 55, 2009 (edição em espanhol).

MÜLLER-DOOHM, Stephan. *En tierra de nadie*. Barcelona: Herder, 2003.

MUSTO, Marcello. "Vicissitudes e novos estudos de *A ideologia alemã*". *Antítese, marxismo e cultura socialista*. Goiânia, n. 5, 2008.

PALACIOS, Fabio Azevedo. *Marxismo, comunicação e cultura*. São Paulo: Edusp, 2014.

PAYNE, Michael (org.) *Diccionario de teoría crítica y estudios culturales*. Buenos Aires: Paidós, 2006.

PINKNEY, Tony. Raymond Williams and the "Two faces of modernism". Em: EAGLETON, Terry (org.) *Raymond Williams*. Critical perspectives. Cambridge: Polity Press, 1989.

POLLOCK, Friedrich. State capitalism: its possibilities and limitations. Em: ARATO, Andrew; GEBHARDT, Eike (orgs.) *The essential Frankfurt School reader*. Nova York: The Continuum Publishing Company, 1994.

RICUPERO, Bernardo. *O romantismo e a ideia de nação no Brasil (1830-1870)*. São Paulo: Martins Fontes, 2004.

RIVETTI, Hugo. *Crítica e modernidade em Raymond Williams*. São Paulo: Edusp, 2015.

RIVETTI, Hugo. *A longa jornada*: Raymond Williams, a política e o socialismo. São Paulo: Edusp, 2012.

SAMPAIO, Benedicto Arthur; FREDERICO, Celso. *Dialética e materialismo. Marx entre Hegel e Feuerbach*. Rio de Janeiro: UFRJ, 2006.

SAYRE, Robert; LÖWY, Michael. "A corrente romântica nas ciências sociais na Inglaterra: Edward P. Thompson e Raymond Williams". *Crítica marxista*, n. 8, 1999.

SCHLESENER, Anita Helena. *Revolução e cultura em Gramsci*. Curitiba: UFPR, 2002.

SMITH, Dai. *Raymond Williams*. El retrato de un luchador. València: Universitat de València, 2011.

SOUZA MARTINS, Angela Maria e NEVES, Lúcia Maria Wanderley. *Cultura e transformação social*. Gramsci, Thompson e Williams. Rio de Janeiro: Mercado de Letras, 2021.

STALIN, J. "Sobre o marxismo na linguística". Disponível em: https://www.marxists.org/portugues/stalin/1950/06/20.htm. Acesso em: 04 jun. 2024.

STIPCEVIC, Niksa. *Gramsci e il problemi litterari*. Milão: Mursia, 1968.

TAMBOSI, Orlando. *O declínio do marxismo e a herança hegeliana*. Lúcio Coletti e o debate italiano (1945-1991). Florianópolis: UFSC, 1999.

TERTULIAN, Nicolas. *Lukács e seus contemporâneos*. São Paulo: Perspectiva, 2016.

THOMPSON, Edward. "The Long Revolution". *New Left Review*, n. 1/9, mai.-jun. 1961 e n. 1/10, jul.-ago. 1961.

TOSEL, André. "La presse comme appareil d'hégémonie selon Gramsci", em: *Le Marxisme au 20eme siècle* (Paris: Syllepse, 2009).

TROTSKY, L. "Las tendencias filosóficas del burocratismo". *CEIP León Trotsky* Disponível em: https://ceip.org.ar/Las-tendencias-filosoficas-del-burocratismo. Acesso em: 04 jun. 2024.

ZEDONG, Mao. *Sobre a prática e a contradição*. Zahar: Rio de Janeiro, 2008.

VAISMAN, Ester. *A determinação marxista da ideologia*. Belo Horizonte: UFMG, 1996.

VASOLI, C. "Il "giornalismo integrale", em: GARIN, BOBBIO et alii. *Gramsci e la cultura contemporanea II*. Roma: Riuniti, 1975.

WIGGERHAUS, Rolf. *A escola de Frankfurt*. São Paulo: Difel, 2002.

WILLIAMS, Raymond. "El futuro del marxismo". *The twentieth century*, jul. 1961.

WILLIAMS, Raymond. *Marxismo e literatura*. Rio de Janeiro: Zahar, 1979.

WILLIAMS, Raymond. *O campo e a cidade*. São Paulo: Companhia das Letras, 1989.

WILLIAMS, Raymond. Marx on culture. Em: WILLIAMS, Raymond. *What I came to say*. Londres: Hutchinson Radius, 1989.

WILLIAMS, Raymond. *Cultura*. São Paulo: Paz e Terra, 1992.

WILLIAMS, Raymond. *La larga revolución*. Buenos Aires: Nueva Visión, 2003.

WILLIAMS, Raymond. *Palavras-chave*. São Paulo: Boitempo, 2007.

WILLIAMS, Raymond. *Cultura e materialismo*. São Paulo: Unesp, 2011.

WILLIAMS, Raymond. *A política e as letras*. São Paulo: Unesp, 2013.

WILLIAMS, Raymond. *Recursos da esperança*. São Paulo: Unesp, 2014.

WISNIK, José Miguel. *O som e o sentido*. Uma outra história das músicas. São Paulo: Companhia das Letras, 1989.

ZANARDO, Aldo. O Manual de Bukharin visto pelos comunistas alemães e por Gramsci. Em: BERTELLI, Antonio Roberto (org.). *Bukharin, teórico marxista*. Belo Horizonte: Oficina de Livros, 1989.

ZANOLA, Gisele. "Inversão ideal e inversão real: a crítica da ideologia em A ideologia alemã". *Cadernos de Filosofia Alemã*. São Paulo, v. 27, número 2, 2022.

GRÁFICA PAYM
Tel. [11] 4392-3344
paym@graficapaym.com.br